Nördlich der Sonne

Fred Hatfield

Nördlich der Sonne

Allein in den Wäldern Alaskas

Ein Trapperleben

Weltbild

Genehmigte Lizenzausgabe für Verlagsgruppe Weltbild GmbH,
Steinerne Furt, 86167 Augsburg

Die amerikanische Originalausgabe erschien 1992 unter dem Titel
North of the Sun bei Citadel Press Book.
Published by Carol Publishing Group, New York, N. Y. 10022

Umschlaggestaltung: Atelier Seidel, Verlagsgrafik, Teising
Umschlagmotiv: Masterfile, Düsseldorf (© masterfile/Minden Pictures)
Gesamtherstellung: GGP Media GmbH, Pößneck
Printed in the EU

978-3-8289-3008-7

2012 2011 2010 2009
Die letzte Jahreszahl gibt die aktuelle Lizenzausgabe an.

Inhalt

Für Ann

Anmerkung des Autors

Der hier wiedergegebene Bericht über John Shipton aus dem Jahr 1938 entspricht genau den tatsächlichen Ereignissen und ist in allen Einzelheiten wahrheitsgetreu – mit einer Ausnahme. Um seine Familie zu schützen, habe ich ihm einen anderen Nachnamen gegeben.

In den historischen Aufzeichnungen über den Zweiten Weltkrieg konnte ich nur wenig über die Schlacht um Attu finden. Der einzige Bericht, den ich entdeckt habe, ist kurz und beschränkt sich ausschließlich auf militärische Belange:

»Am 14. Juni 1942 rückten japanische Truppen auf dem Seeweg an, um die der Küste von Alaska vorgelagerten Aleuteninseln Kiska, Attu und Agattu zu erobern und in Besitz zu nehmen. Dieser Teil von Nordamerika, der einzige, der im Lauf des Krieges direkt angegriffen wurde, blieb in der Hand des Feindes, bis am 11. Mai 1943 amerikanische und kanadische Truppen, insgesamt 100 000 Mann stark, auf Attu landeten und die 2350 japanischen Verteidiger in einem außerordentlich brutal geführten Feldzug vernichteten. Drei Monate später evakuierten die Japaner Kiska und zogen sich von den Aleuten zurück.«

Mir kam es immer merkwürdig vor, daß nirgendwo die Menschen erwähnt wurden, die auf Attu lebten, weder ihr grausamer, sinnloser Tod noch das andere Unheil, das ihnen durch die Japaner widerfuhr. Es ist fast so, als hätten sie niemals existiert.

F. H., 1990

UdSSR
ALASKA
BERINGSTRASSE
Nome
Yukon
Kuskokwim
KUSKOKWIM-BERGE
DENALI-
NATIONA
PARK UNI
-RESERVA
Holy Cross
Aniak
Stony River
Sleetmute
Kuskokwim
Bethel
Eklutn
Anchorage
Kuskokwim-Bai
siehe Kartenausschnitt
ST. PAUL
St. Paul
Platinum
Togiak
Wood River
Dillingham
Home
Sewa
Cook-Bai
Kachemak-Bai
PRIBILOW-INSELN
Bristol-Bai
HALBINSEL
ALASKA
Kodiak
KODIAK
ALEUTEN einschließlich UNALASKA-INSEL und ATTU

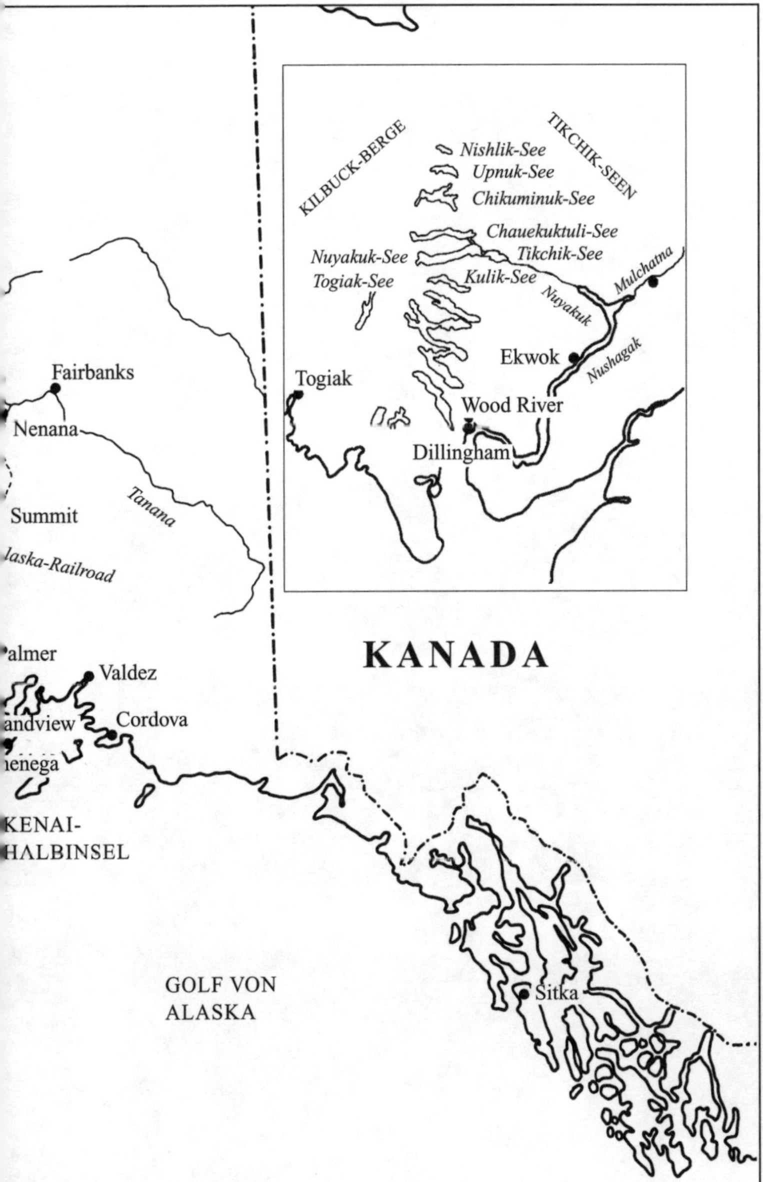

KILBUCK-BERGE
TIKCHIK-SEEN
Nishlik-See
Upnuk-See
Chikuminuk-See
Chauekuktuli-See
Tikchik-See
Nuyakuk-See
Togiak-See
Kulik-See
Mulchatna
Nuyakuk
Ekwok
Nushagak
Togiak
Wood River
Dillingham
Fairbanks
Nenana
Tanana
Summit
laska-Railroad
KANADA
almer
Valdez
andview
Cordova
ienega
KENAI-
HALBINSEL
GOLF VON
ALASKA
Sitka

1

Alaska: das weite Land

Es war im Dezember. Die Nächte waren lang und kalt, und erst gegen neun Uhr morgens brach die Dämmerung an. Beim ersten Tageslicht trat ich aus der Hütte, und dann hörte ich es: ein Grollen, das von den hohen Bergen herunterschallte.

Es war wie Musik, herrliche Klänge in wechselnder Tonart, als ob irgendwo eine Reihe mächtiger Orgelpfeifen den neuen Tag ankündigte. Das Geräusch erstarb schließlich, und es war wieder vorbei. Ich glaube, die Hitze der aufgehenden Sonne stieß auf die Kälte, die über den eisigen Bergen lag, und die Natur tat ein übriges dazu.

An diesem Morgen muß es mindestens vierzig Grad unter Null gewesen sein, und ich kehrte rasch in die warme Hütte zurück. Ich lebte seit fünf Jahren in diesem weiten Tal, und die Natur hatte mich vielerlei gelehrt, doch nach wie vor staunte ich über das Mysterium und die Erhabenheit, die all dem innewohnten. Aber vielleicht war es einfach so, wie Peetla, der alte Eskimo, mir erklärt hatte – daß dieses Tal die Heimstatt der Götter war.

Ich bin im amerikanischen Bundesstaat Maine geboren, und meiner Meinung nach gibt es für einen heranwachsenden Jungen keinen schöneren Flecken Erde. Stets konnte man jede Menge Forellen angeln, und als ich alt genug war, ging ich im Herbst auf die Hirschjagd.

Als ich die High School hinter mir hatte, kam die Weltwirtschaftskrise, die große Depression. Doch zu guter Letzt fand ich Arbeit. Zehn Stunden pro Tag, an sechs Tagen pro Woche bei einem Stundenlohn von fünfundzwanzig Cents. Eine weitere Schulausbildung kam für mich nicht in Frage, und im Frühjahr 1933 war ich bereit für das, was ich im Sinne hatte.

Der Aufruf »Geh nach Westen, junger Mann, geh nach Westen« war längst verstummt, aber noch gab es ein Gebiet, in dem reichlich Platz für Menschen war. Ich hatte seit jeher viel gelesen und war fasziniert von dem, was ich über Alaska erfahren hatte: die gewaltigen Flüsse, die weiten, tiefen Täler voller Wild, der Raum. Mir kam das alles schlichtweg herrlich vor.

An einem Frühlingstag dieses Jahres umarmten mich meine Mutter und mein Vater ein letztes Mal zum Abschied. Meine Mutter bat mich, vorsichtig zu sein, und mein Vater sagte, wenn er zehn Jahre jünger wäre, würde er mit mir kommen. Damals wußte ich es noch nicht, aber viele lange Jahre sollten vergehen, bis ich meine Familie wiedersah. Ich fuhr mit der Eisenbahn nach New York, stieg an der Grand Central Station aus und brach noch am gleichen Tag mit dem Greyhound-Bus nach Seattle auf.

Seinerzeit gab es nur eine Möglichkeit, nach Alaska zu gelangen: eine Reise mit der Alaskan Steamship Line. Als ich in Seattle eintraf, begab ich mich sofort zum Hafen und versuchte, als einfacher Matrose anzuheuern, doch zu viele

Männer waren auf die gleiche Idee gekommen, und ich ging leer aus. Statt dessen kaufte ich mir eine Karte für eine Zwischendeckpassage nach Seward, dem südlichen Endpunkt der Alaska Railroad.

Wir liefen am nächsten Tag aus und gerieten nach etwa hundert Meilen in eine Reihe miteinander verbundener Meerengen und Wasserstraßen, die der Küste von British Columbia vorgelagert sind. Zwei Tage lang fuhren wir an einem mächtigen Gebirgsmassiv vorbei, das sich jäh aus dem Wasser erhob. Die Gipfel ragten bis zum Himmel auf, und manche waren in Wolken gehüllt. Die niedrigeren, nicht minder steil abfallenden Hügel waren hie und da mit schneeweißen Bergschafen und -ziegen gesprenkelt. An manchen Stellen hätte man einen Stein an die Küste werfen können; auf der anderen Seite des Fahrwassers lag eine Inselkette nach der anderen. Allenthalben waren Tümmler und Robben zu sehen, und gelegentlich flitzten die Tümmler am Schiff vorbei und tollten vor dem Bug herum. Für sie war das ein Spiel, und es war eine Freude, ihnen dabei zuzuschauen.

Am sechsten Tag erreichten wir Seward. Ein Haufen Schauerleute stand am Pier, bereit, die Fracht zu löschen. Die Matrosen warfen schwere Leinen aus, und in kürzester Zeit war das Schiff fest vertäut, und die Landungsplanke wurde ausgelegt. Nachdem die Passagiere der ersten Klasse von Bord waren, kamen wir an die Reihe, die Männer, die im Zwischendeck gereist waren.

Seward war eine kleine Stadt, die zwischen hohen Bergen und der Resurrection-Bai eingebettet lag. Die Dampfschiff-Reederei hatte ein kleines Büro am Pier. Ich trug meinen Koffer hinein und hinterließ ihn in der Obhut des dortigen Sekretärs. Vom Pier aus führte eine kurze Brücke zum Land. Ich überquerte sie, ging den Gehsteig entlang und hatte binnen kurzer Zeit die ganze Hauptstraße abgelaufen: zwei Geschäfte, eine Bank, ein Restaurant und eine kleine Pension. Etwas abseits der Hauptstraße stand ein Gebäude, an dem ein Schild mit der Aufschrift Seward Fire Dpt. prangte. Darunter stand Seward Police Dpt. Ich ging zu der als »Office« ausgewiesenen Tür, öffnete sie und trat ein. Der Mann, der am Schreibtisch saß, war schwergewichtig, hatte aber kein Gramm fett am Leib. Er schaute mich ein paar Sekunden lang an.

»Wollten Sie mich sprechen?«

»Ich suche Arbeit.«

Er schüttelte den Kopf. »Für Arbeit sind Sie hier ein bißchen zu früh dran. Die meisten Männer, die mit dem Schiff hierherkommen, ziehen nach Norden weiter.«

»Mit dem Geld, das ich habe, komme ich nicht viel weiter.«

»Wir wollen diesen Sommer einen Bootshafen bauen. Dann werden Sie Arbeit finden. Wo kommen Sie her?«

Ich sagte es ihm.

»Das ist ein weiter Weg. Hören Sie, ich habe drunten am Strand eine kleine Hütte. Für fünf Dollar im Monat können Sie die haben.«

»Ich nehme sie.« Ich zückte meine Brieftasche und fing an, das Geld abzuzählen.

»Stecken Sie das lieber wieder ein. Die Miete können Sie mir zahlen, wenn Sie Arbeit gefunden haben. Warten Sie einen Moment.«

Er stand auf und ging hinaus. Ich hörte, wie er die Treppe außen an dem Gebäude hinaufstieg. Als er zurückkam, hatte er einen Karton dabei.

»Meine Frau hat ein bißchen Lachs, Elchfleisch und andere Sachen eingedost. Bin gleich wieder da.«

Als er wieder herunterkam, brachte er einen weiteren vollen Karton mit. Er stellte ihn ab und streckte die Hand aus.

»Fred Kilcheski. Ich bin der Polizeichef und die Polizeitruppe. Außerdem bin ich der Feuerwehrkommandant. Wir haben hier eine freiwillige Feuerwehr. Kommen Sie, wir bringen die Kartons zu dem Pickup draußen.«

Wir fuhren die Straße entlang bis zum Stadtrand und dann quer über den Strand. Die Hütte hatte einen vorgebauten Windschutz, und als wir hindurchgingen, bemerkte ich einen Sägebock, an dem eine Handsäge lehnte. Die Küche war ordentlich, enthielt einen Holzofen und allerlei auf Regalen verstaute Teller, Töpfe und Pfannen. Im Schlafzimmer stand auf jeder Seite ein kleines Bett mit Decken und Kissen.

»Draußen im Windschutz sind ein paar Angelschnüre. Wenn Sie vom Pier aus fischen, fangen Sie mehr Klippenbarsche, als Sie essen können, und ab und zu auch einen Heilbutt. Wenn Sie irgendwas brauchen, kommen Sie einfach zu mir.«

Das war vor langer Zeit, und Fred Kilcheski ist mittlerweile dorthin gegangen, wo alle guten Menschen hinkommen. Er war einer der freundlichsten Männer, die ich je kennengelernt habe.

* * *

Ich war seit etwa drei Wochen in Seward, als ich im Schaufenster der Bank of Seward ein Schild sah: Männer für Preßlufthammerarbeit gesucht. Ich ging hinein und wandte mich an das Mädchen, das an einem Schreibtisch saß. Ich sagte, daß ich einen Preßlufthammer bedienen könne und Arbeit suche. Sie erklärte mir, wenn ich die Straße entlangginge, die aus der Stadt führte, würde ich nach kurzer Zeit zu der Stelle kommen, wo bereits gearbeitet werde. Sie gab mir einen Zettel mit einem Namen und sagte, ich sollte nach dem Mann fragen. Die Arbeit bestand darin, einen etwa siebzig Meter langen Stollen in den Fuß einer mächtigen Felsklippe zu treiben und dann zu beiden Seiten je etwa dreißig Meter lange Quergänge zu bohren. Die wollte man mit Dynamitstangen füllen und dann den vorderen Teil des Berges wegsprengen, damit man genügend Felsbrocken für den Bau des Bootshafens bekam, den die Stadt dringend brauchte. Der Boß brauchte mir nicht lange zu erklären, was ich machen mußte, aber es war, wie sich herausstellte, die härteste Arbeit, die ich jemals gemacht habe. Gebohrt wurde rund um die Uhr, und meine Schicht trat um sechs Uhr abends an. Der Stollen war knapp einen Meter vierzig hoch, und wenn wir nicht dran dachten und uns zu weit aufrichteten, schürften wir uns ein ums andere Mal die Haut vom Rücken. Doch es wurde mit einem Dollar pro Stunde entlohnt, und das war zu Zeiten der Depression viel Geld.

Die Arbeit zog sich fast vier Monate lang hin, dann kam der große Tag. Ich stieg mit dem Vormann zur Klippe hinauf, wo wir uns weit zurückzogen, damit wir aus dem Weg waren. Wir hatten einen elektrisch betriebenen Zündkasten dabei, der an Hunderte von Dynamitstangen angeschlossen war, die in den Stollen lagerten. Wir hatten die aus der Stadt führende Überlandstraße im Blick und sahen, wie die dort postierten Männer, die den Verkehr anhalten sollten, das Zeichen gaben, daß alles klar war. Der Boß drückte den Handgriff herunter, worauf die ganze Felswand vorne zusammensackte. Noch ehe der Winter anbrach, hatte Seward einen Bootshafen. Meine Arbeit war für dieses Jahr getan, und ich hatte mehr Geld, als ich je gesehen hatte.

Es war Spätherbst und so kalt, daß sich das Fleisch hielt. Ich hatte noch keinen festen Wohnsitz in Alaska, und ein Jagdschein für Zugereiste kostete mehr Geld, als ich ausgeben wollte. Daher redete ich mit dem für die Gegend zuständigen Wildhüter und fragte ihn, was passieren würde, wenn ich loszöge, um mir ein bißchen Fleisch für den Winter zu besorgen. Er wollte lediglich wissen, wie lange ich schon in Seward sei und ob ich vorhabe, den Winter über hierzubleiben. Ich erklärte ihm alles ganz genau, und er sagte, niemand würde mich behelligen.

Den ganzen Sommer über hatte die Alaska Railroad Arbeitstrupps im Einsatz, die den Schienenstrang in Schuß hielten und in den alle zehn Kilometer entlang der Strecke stehenden Bahnwärterhäusern Quartier bezogen. Das war jetzt vorbei, aber in jedem dieser Bahnwärterhäuser war ein Mann den ganzen Winter über auf Posten.

Sechzig Meilen außerhalb von Seward befand sich ein Ort namens Grandview. Dort gab es ein Bahnwärterhaus, und ich wußte, daß auch im Winter jemand da wohnte. Ich besaß bereits eine 22er Büchse und ein Krag-Gewehr vom Kaliber .30–40, das fast fünf Kilo wog. Ich besorgte mir ein Packbord, ein hölzernes Tragegestell mit Schulterriemen, und ein paar andere Sachen, die ich brauchte, dann stieg ich in den Zug. Es war die bequemste Art zu reisen, denn der Zug hielt immer wieder auf freier Strecke an, nahm Fahrgäste auf und setzte andere ab. Ich stieg in Grandview aus.

Es war ein herrlicher Landstrich, inmitten von Bergen gelegen, die sanft anstiegen, sich höher und höher zu fernen, schroffen Gipfeln auftürmten. Ich ging zu dem Bahnwärterhaus und klopfte an die Tür. Die Tür ging auf, und vor mir stand ein Mann und starrte mich an. Er sah aus wie Mitte Sechzig.

»Du kannst ruhig reinkommen.«

Ich ging hinein.

»Stell dein Zeug irgendwo ab, und zieh dir einen Stuhl ran. Möchtest du eine Tasse Kaffee?«

»Danke, aber gern.«

Ich stellte mein Gepäck auf den Boden, lehnte meine Gewehre daneben und setzte mich an den Tisch. Er brachte meinen Kaffee und stellte ihn vor mir hin. »Wie ich sehe, willst du auf die Jagd gehen.« Ich setzte zu einer Erklärung an, aber er hob die Hand. »Moment mal. Weißt du, daß du in einem Naturschutzgebiet bist?«

»Nein, das habe ich nicht gewußt.«

»Na ja, so ist es aber. Du bist im Chugach-Wildschutzreservat. Das heißt, daß hier nicht gejagt wird.«

Er ging zu meinem Krag und nahm es in die Hand. Es hätte eine alte Donnerbüchse aus dem Burenkrieg sein können, war aber noch einigermaßen zielgenau.

»Wie alt bist du, mein Sohn?«

»Vierundzwanzig.«

Er nickte und sagte: »Dieses Gewehr ist älter als du. Wo hast du das her?«

»Ich hab' es am Pier in Seward von jemand gekauft, der zurück in die Staaten gegangen ist.«

Er stellte das Gewehr hin, holte sich ebenfalls eine Tasse Kaffee und setzte sich mir gegenüber hin.

»Hast du immer noch vor, in diesen Bergen zu jagen?«

»Na ja, meiner Meinung nach tut eine Ziege niemand weiter weh.«

»Nein«, sagte er. »Eine Ziege würde niemand weiter weh tun, aber nehmen wir mal an, jeder denkt so.«

Ich erklärte ihm, daß meiner Ansicht nach niemand anders hier jagen würde.

»Weißt du, ich glaube, du hast recht. Meiner Meinung nach wäre niemand anders so saublöd. Und ich will dir noch was sagen. Du kannst hier gern bleiben, aber nur aus einem Grund – weil ich nicht viel Gesellschaft habe. Aber mit deiner Wilderei will ich nichts zu tun haben.«

Das war anscheinend alles, was er mir klarmachen wollte, und so verbrachten wir einen einigermaßen angenehmen Abend zusammen. Er hieß Mack Danby und war seit der Zeit, als die Bahnlinie gebaut worden war, Vorarbeiter auf dem Streckenabschnitt um Grandview.

Der nächste Morgen war frisch und klar. Ich überquerte die Bahngleise und stieg einen steilen Hang hoch, der schließlich in ein Plateau überging. Leichtfüßig marschierte ich vor mich hin, fühlte mich wohl inmitten dieser Berge, so wohl, wie man sich in alten, bequemen Kleidungsstücken fühlt. Ich kam um eine Wegbiegung und sah keine hundert Meter vor mir einen Ziegenbock und eine etwas kleinere Geiß am Fuße eines großen Felsblocks liegen. Sie waren ein leichtes Ziel, und ich erwischte sie beide.

Da ich sie hinunter zu dem Bahnwärterhaus schleppen mußte, ließ ich das Fell dran, weidete sie aber aus und trennte die Köpfe ab. Der Bock hatte herrliche Hörner, die ich unbedingt haben wollte. Ich ließ sie an Ort und Stelle liegen, damit ich sie am nächsten Tag holen konnte, und machte mich auf den Rückweg. Heimwärts ging es hauptsächlich bergab, so daß ich die beiden Ziegen ohne große Mühe zu der Bahnstrecke schleppen konnte. Ich zog den Bock über die Gleise und ließ die Geiß im Unterholz liegen. Der alte Bahnwärter sah mich kommen und sagte, ich sollte die verdammte Ziege hinter das Haus bringen. Ich tat, wie geheißen, wußte dann aber nicht recht weiter. Die andere Ziege war eigentlich für ihn bestimmt, aber ich zögerte, wollte es ihm nicht sagen. Zu guter Letzt rückte ich mit der Wahrheit heraus. »Mack, ich habe eine Ziege für dich. Sie ist auf der anderen Seite der Bahngleise.«

Er schaute zu Boden, und es kam mir so vor, als ob er stundenlang vor sich hinstarrte, aber es konnten allenfalls ein paar Sekunden gewesen sein. Mit heiserer Stimme wandte er sich schließlich an mich.

»Dann hol sie schleunigst!«

Wir hängten die toten Tiere an einem Balken hinter dem Haus auf und zogen ihnen das Fell ab. Ich glaube, er fluchte und grummelte ununterbrochen vor sich hin, bis wir damit fertig waren. Er hatte ein Fleischhaus, das im Sommer von dem Arbeitstrupp genutzt wurde, und dort hängten wir das Wildbret auf. Die dicken, doppelten Wände sorgten für ausreichende Kühlung. Mack, der es nach wie vor eilig hatte, kam mit einer Schaufel an und sagte, ich sollte ein tiefes Loch ausheben und die Felle darin vergraben. Anschließend bereitete er uns ein leckeres Abendessen zu, und wir saßen beisammen und redeten miteinander. Er hatte sich wieder einigermaßen beruhigt und konnte mir allerhand erzählen. Er war schon lange in Alaska. Ich nehme an, daß er etwa um die Zeit, als ich geboren bin, hierherkam.

Ich hatte tags zuvor an den höher gelegenen Hängen eine Schar weißer Schneehühner gesehen, und da der nächste Morgen erneut schönes Wetter verhieß, zog ich wieder mit meinem 22er los. Nach kurzem Marsch kam ich zu der Stelle, wo ich das Ziegengehörn hinterlassen hatte, doch es war weg. Ich schaute mich um und sah zerfetzte Eingeweide, hier ein Stück, dort das nächste, die hangaufwärts verstreut waren. Als ich hinaufschaute, reckte sich ein großer brauner Kopf über den Kamm. Es war ein Grizzlybär, der erste, den ich zu Gesicht bekam, und er hatte mein Ziegengehörn.

Ich hatte über Grizzlys gelesen und wußte, daß sie einem allerhand Respekt einflößen konnten, aber ich dachte nicht daran, dem hier mein Gehörn zu überlassen. Ich lief den Hang hinauf, hatte meinen 22er in der einen Hand, wedelte mit der anderen und schrie lauthals, um ihn zu verscheuchen. Das gelang mir auch. Der mächtige Kopf verschwand, und als ich oben ankam, war er weg. Unmittelbar vor mir waren die Überreste eines alten Gletschers, ein Eisfeld voller Spalten und Kavernen. Ich bückte mich, um das Gehörn aufzuheben, und dann hörte ich ein derart schreckliches Geräusch, daß es mir vorkam, als bräche der Himmel zusammen. Es drang unter einer großen, überhängenden Eisplatte hervor. Der Grizzly war allenfalls zehn Meter entfernt, und er kam rasch auf mich zu. Er war unglaublich groß. Das mächtige Maul war weit aufgerissen, und sein wütendes Gebrüll ließ die Berge erbeben.

Der Hang, den ich hinaufgestiegen war, war zerfurcht und voller schroffer Felsen, aber im Nu war ich unten und lief weiter. Das Gebrüll hörte nicht auf, kam aber allem Anschein nach nicht näher, und mir wurde klar, daß der Bär mich nicht verfolgte. Ich hielt kurz inne, schaute zurück und sah, daß er noch immer oben am Kamm stand, den mächtigen Leib schüttelte und von einem Bein aufs andere trat, sich offenbar nicht entscheiden konnte, ob er hinter mir herrennen sollte. Während ich ihn noch beobachtete, machte er kehrt und verschwand.

Meine rechte Hand schmerzte, und als ich nach unten blickte, sah ich, daß die Knöchel schneeweiß waren, so fest hatte ich das Ziegengehörn umklammert. Ich hatte es vollkommen vergessen.

Ich hielt mich nicht lange auf – dachte überhaupt nicht mehr an Schneehühner, sondern machte mich schleunigst auf den Weg zurück in die Geborgenheit des Bahnwärterhauses. Auf dem Abstieg mußte ich eine Felsnadel umgehen, die aus einem flachen Stück Boden etwa sechs Meter neben einer steil abfallenden Wand aufragte. Kaum kam ich um die Biegung, als unmittelbar vor mir mindestens dreißig Ziegen auftauchten, die auf mich zuhielten. Ich rührte mich nicht von der Stelle, worauf sich die Herde teilte und an mir vorüberzog. Es waren Tiere jedweden Alters, große, kleine, halb ausgewachsene. Gemächlich und ohne einen Schritt schneller zu werden, liefen sie weiter. Ich hätte die wilden Bergziegen mit beiden Händen berühren können. Wenn sie die Flucht ergriffen hätten, wären vermutlich viele von ihnen in den Abgrund gestürzt. Da Ziegen normalerweise sehr scheu sind, gibt es für mich nur eine Erklärung: Die Begegnung muß auch für sie so völlig unerwartet gewesen sein, daß sie mich einfach für ein Stück Fels hielten. Ich freute mich für sie, als sie unbehelligt weiterzogen.

Bei meiner Ankunft im Bahnwärterhaus war ich ein ganzes Stück klüger als beim Aufbruch an diesem Morgen. Ich hatte zwei wichtige Lektionen gelernt. Erstens, versuche niemals einen Grizzly einzuschüchtern, und zweitens, begib dich nie mit einem leichten 22er in Grizzlygebiet.

Über Nacht blieb ich wieder bei Mack, und am nächsten Morgen hielt er den Zug für mich an.

»Fred, du könntest diesen Winter auf den Zug springen und ein paar Tage bei mir verbringen. Mitunter wird's hier ziemlich einsam.«

»Mach ich, Mack, du kannst dich drauf verlassen.«

In diesem Winter fuhr ich dreimal hinaus nach Grandview. Der alte Mack war ein feiner Kerl.

* * *

In Seward gab es einen Handelsposten namens Cowen & Hawkins. Ein paar, die dabeigewesen waren, als man in der Gegend von Nome und am Klondike Gold gefunden hatte, hatten sich hier niedergelassen. Ich verbrachte in diesem Winter allerhand Zeit mit ihnen, weil ich soviel wie möglich über das Goldschürfen erfahren wollte. Alle wußten sie Geschichten zu erzählen, meistens darüber, wie sie beinahe ihr Glück gemacht hätten. In einem Punkt waren sich alle einig: Der alte Cowen von Cowen & Hawkins war einst Mitglied von Soapy Smiths Gang gewesen. Ich schaute ihn immer an und fragte mich, welche Gedanken ihm durch den Kopf gehen mochten, wenn er sich an die Zeit mit Soapy erinnerte.

Smith war der Anführer einer schlimmen Bande. Jeder Mann, der auch nur mit einem kleinen Beutel voller Gold aus den Bergen kam, lief Gefahr, daß er in irgendeiner Nebenstraße oder drunten im Hafenviertel tot aufgefunden wurde. Frank Reed war seinerzeit Bürgermeister von Skagway und zugleich Herausgeber der Lokalzeitung. Die Kriminalität in der Stadt nahm derartige Ausmaße an, daß er beschloß, eigenhändig für Recht und Ordnung zu sorgen. Er lud sein Gewehr und begab sich auf die Suche nach Soapy. Er entdeckte ihn am Pier drunten im Hafen und forderte ihn auf, die Stadt zu verlassen, andernfalls würde er eingesperrt werden. Smith zog seinen Revolver, Reed legte sein Gewehr an, und beide Männer drückten ab. Smith war auf der Stelle tot, Frank Reed starb zwei Tage später.

Cowen trug stets einen hübschen Anzug und hatte einen schneeweißen, aufgezwirbelten Schnurrbart. Er war ein vornehm wirkender alter Herr. Vielleicht war er in jüngeren Jahren einfach ein wilder Bursche gewesen. Man schrieb jetzt das Jahr 1934, und all das hatte sich sechsunddreißig Jahre vor meiner Zeit in Alaska zugetragen.

2

Togiak

Manchmal verändert eine Kleinigkeit den Gang unseres ganzen Lebens. Ich kaufte mir in diesem Winter nur ein einziges Mal die Zeitung von Anchorage; und ganz gewiß veränderte ein Artikel, den ich darin las, meines.

Ein Rentierhirt hatte im tiefsten Winter einen großen Goldklumpen in das kleine Dorf Dillingham gebracht. Er sagte, er habe ihn am oberen Ende des Togiak-Sees gefunden, in einem offenen Bachlauf, der von warmen Quellen gespeist wurde und deshalb nicht zufror. Je mehr ich darüber nachdachte, desto größer wurde der Goldklumpen in meiner Phantasie. Ich besorgte mir eine Karte von Alaska. Dillingham lag weit im Westen, an der Küste zum Beringmeer, und der Togiak-See befand sich von dort aus noch mal ungefähr siebzig Meilen weiter westlich im Inland. Die Geschichte ging mir fortwährend durch den Kopf, wie ein Lied, das einem bruchstückhaft immer wieder einfällt. Ich wußte, wo ich im kommenden Sommer hin wollte.

Schließlich brach der Frühling an, und das Gold droben am Togiak-See beschäftigte mich nach wie vor. Ich stieg in den Zug nach Anchorage und machte mich auf den Weg; der

Zug fuhr an Grandview vorbei, und ich fragte mich, wie es Mack wohl ergehen mochte. Dann kamen wir zu einem Ort namens Summit, wo die Strecke so steil bergauf führte, daß trotz der zwei Loks, die uns zogen, alle unten aussteigen und hinter dem Zug herlaufen mußten. Oben stiegen wir wieder ein.

Anchorage war seinerzeit keine große Stadt: die Fourth Avenue war die einzige Hauptstraße. Damals gab es, obwohl Reisen über größere Entfernungen hinweg nur auf dem Luftweg möglich waren, in ganz Alaska keine siebzig Verkehrsflugzeuge, die über das gesamte Territorium verstreut waren, und der Großteil davon waren kleine Buschflieger. Star Airways hatte ein Büro an der Fourth Avenue. Ich ging hin, erklärte, wo ich hin wollte, und erfuhr, daß bald ein Pilot vorbeikommen würde, der mich nach Dillingham fliegen könne.

Ich trieb mich zumeist in der Nähe des Büros herum, hatte aber trotzdem reichlich Zeit und konnte mir die Stadt anschauen. Eins machte mich stutzig. An den Fenstern des Restaurants hingen Schilder: *Kein Zutritt für Eingeborene* oder *Eingeborene nicht erwünscht.* Es machte mich stutzig, weil ich in Seward viele Eingeborene gekannt hatte. Ich war bei ihnen daheim gewesen, und sie waren meine Freunde. Dort hatten keine Schilder in den Restaurants gehangen. Mir gefiel das, was ich da in Anchorage sah, ganz und gar nicht.

Drei Tage darauf traf mein Pilot ein. Am nächsten Morgen verließen wir Anchorage und landeten noch am gleichen Nachmittag in Dillingham. Es war bloß ein kleines Fischerdorf an der Mündung des Nushagak. Ich besorgte mir im Handelsposten Vorräte und wünschte, ich hätte mehr Geld; die Flugkosten hatten eine großes Loch in mein Säckel gerissen.

Der Togiak-See lag etwa siebzig Meilen nordwestlich von Dillingham, und am nächsten Morgen gelangten wir nach rund einstündigem Flug dorthin. Wir landeten an der Einmündung eines Flusses in den See und luden meine Vorräte aus. Der Pilot erklärte mir, daß ich, wenn ich von dort weg wollte, etwa fünfzehn Meilen weit den See entlanggehen und dann dem Fluß folgen sollte, der davon wegführte. Nach ungefähr neunzig Meilen käme ich an die Küste des Beringmeers. Er jagte den Motor hoch, und binnen weniger Minuten war er außer Sicht. Ich starrte zu dem Gebirgspaß, bei dem ich ihn zuletzt gesehen hatte, und dann wurde mir klar, daß ich endgültig draußen in der Wildnis war.

Das Togiak-Tal war allenfalls fünf Meilen breit. Eine von Nord nach Süd verlaufende Bergkette bildete die westliche Begrenzung, und im Osten ragte eine ganz ähnliche Kette auf. Zwanzig Meilen nördlich von mir vereinten sie sich und bildeten eine beinahe senkrecht aufragende, wild zerklüftete Barriere. Im Süden lag natürlich der See, und dahinter erstreckte sich ein scheinbar endloser Streifen Niemandsland bis zum Horizont. Zu beiden Seiten davon, in weiter Ferne, ragten zwei Berggipfel auf. Meiner Meinung nach endeten dort die beiden Bergketten, und dahinter konnte es nicht mehr allzu weit zum Beringmeer sein.

Zunächst suchte ich eine Stelle, an der ich mir eine Hütte bauen konnte, und dabei stellte ich sehr zu meinem Mißvergnügen fest, daß mich der Pilot auf der falschen Seite des Flusses abgesetzt hatte – nach Norden hin wuchs, so weit das Auge reichte, nichts als Erlengestrüpp. Ich war zu weit im Westen, als daß es noch Fichten gegeben hätte, aber auf der anderen Seite des Flusses standen stattliche Pappeln, ein ganzer Wald, der sich weit hinzog. Das Ufer des Sees war mit trockenem Treibholz übersät, und im Handumdrehen hatte ich die dicksten Stämme zu einem Floß vertäut, lud meine Vorräte auf und paddelte um die Mündung des Flusses zur anderen Seite. Drüben ging ich an Land, fand schließlich eine halbwegs ebene Stelle, die so aussah, als hätte sie noch nie unter Wasser gestanden, und beschloß, dort meine Hütte zu bauen. Ich hatte eine kleine Segeltuchplane dabei, die ich aufhängen und vorübergehend als Unterschlupf benutzen konnte, und ich wollte gerade zurück zum See gehen und sie holen, als es im Unterholz knackte und ein heiseres Grunzen ertönte. Ich ließ die Plane Plane sein und stürzte statt dessen zu meinem Gewehr. Dann kehrte ich zurück, pirschte mich langsam und vorsichtig vor und stieß auf die Spur eines Schwarzbären. Das war nicht weiter schlimm. Schwarzbären sind ziemlich scheu und friedfertig, es sei denn, man stört sie, wenn sie Junge dabeihaben, und meines Wissens gab es so weit im Westen keine Grizzlybären mehr.

Ich baute mir eine knapp zehn Quadratmeter große Hütte – mehr Platz brauchte ich nicht. Die Stämme auf dem Dach deckte ich mit einer dicken Schicht Moos ab, und darauf packte ich der Festigkeit halber eine Schicht Grassoden. Ich hatte nicht bedacht, daß sich mit einer kleinen Scheibe Glas ein schönes Fenster hätte herstellen lassen. Außerdem hatte ich vergessen, mir einen ordentlichen Vorrat an Kerzen mitzunehmen, mit denen ich mir die Nächte ein bißchen gemütlicher hätte gestalten können. Immerhin gab es um diese Jahreszeit reichlich Stachelschweine, die ich sieden und zu Fett verarbeiten konnte. Heraus kam eine dicke, suppige Schmiere, die mit roter Flamme abbrannte. Allzu viel Licht spendete sie nicht, aber dafür erzeugte sie eine Menge schwarzen Qualm.

Im See und in den Flüssen wimmelte es von Forellen. Rundum tummelten sich Stock- und Krickenten. Ich lebte wie ein König und gierte geradezu danach, meine Ländereien zu erkunden. Eines Tages verließ ich die Hütte, marschierte gen Norden und stieß kurz vor dem Fuß der Berge auf einen Wildwanderpfad. Er war gut zweieinhalb Meter breit, und offenbar waren hier einstmals Karibus entlanggezogen. Die kleinen, rund zehn Zentimeter dicken Bäume, die jetzt darauf wuchsen, deuteten darauf hin, daß dort seit langem kein Tier mehr vorbeigekommen war. Die weiter westlich am Kuskokwim gelegene Siedlung hatte sie offenbar verschreckt.

Ich marschierte das Tal entlang und stieß zehn Meilen weiter nördlich auf einen Paß in Richtung Westen. Der Wildpfad führte dorthin, und an den hielt ich mich. Den ganzen Tag über gab es bis auf den breiten Bachlauf tief unter mir nichts zu sehen; er strömte durch den Paß und mündete nördlich von meiner Hütte in den Fluß. Ich schlug mein Nachtlager in einer schmalen Klamm auf, war dankbar dafür, daß sie mir Schutz vor dem Wind bot, der hier anscheinend unentwegt wehte. Da drunten gab es trockenes Pappelholz für ein Lagerfeuer.

Am nächsten Tag stieg ich auf einen Bergkamm, hielt inne und schaute mich um. Es sah nicht so aus, als ob man hier irgendwo Gold finden könnte, aber auf der anderen Seite des Bachlaufs entdeckte ich eine Herde Rentiere. Daß es Rentiere waren, konnte ich an der Färbung erkennen; manche waren schwarzweiß gescheckt, andere braun, und sie wurden von einem perlweißen Bullen angeführt. Ich stieg den Hang hinab und überquerte mühelos den Bach. Rentiere sind beinahe handzahm, und sie ließen mich ohne weiteres bis auf sichere Schußweite an sich herankommen. Ich erlegte den weißen Bullen und ein kleines, schwarzes Kalb. Die dünne Haut des Kalbes wollte ich für ein Fenster verwenden – wenn man sie auf beiden Seiten abschabte, wurde sie fast durchsichtig. Die übrige Herde zog weiter westwärts; sie hatte sich irgendwo am Kuskokwim von einer größeren Herde abgesondert und kehrte jetzt dorthin zurück.

Ich zerlegte das Fleisch und trug alles hinunter zu dem Bachlauf, wo ich mein Lager aufschlug. Glücklicherweise hatte ich die Plane dabei, denn es regnete fünf Tage und Nächte lang ununterbrochen. Das Fleisch verdarb, und mit Ausnahme dessen, was ich gegessen hatte, verlor ich alles. Der Bach war vom langen Regen angeschwollen, und ich wußte, daß ich naß werden würde, wenn ich ihn überqueren und zum Karibupfad zurückkehren wollte. Ich ließ meine Stiefel an, zog aber sämtliche Kleidung aus, band sie oben auf mein Gepäck und watete gradewegs hinein. Nach rund drei Metern reichte mir das brodelnde Wasser bis zur Brust, und ich spürte, wie meine Stiefel auf den glatten Steinen am Boden des Bachlaufs wegrutschten. Etwa zwanzig Meter hinter mir strömte er in eine Schlucht mit steilen, fünfzehn Meter hohen Felswänden. Ich wußte, wenn ich dort hineingeriet, würde ich nie wieder herauskommen. Ich kämpfte gegen die Strömung an, mühte mich mit meinem Gepäck ab, zog die Füße seitwärts, während mich die Fluten zurückdrängten, schleppte mich langsam in knietiefes Wasser und gelangte mehr oder weniger dorthin zurück, wo ich aufgebrochen war.

Als ich am Ufer entlangging und eine breitere, flachere Stelle suchte, wo ich hinüber konnte, stieß ich an der Einmündung eines schmalen Nebenlaufes auf eine kleine Hütte. Sie stand da schon seit langer Zeit; die Dachsparren waren noch an Ort und Stelle, aber das Moos und die Grassoden waren samt und sonders weg. Ich ging hinein. Sie war leer, und nichts deutete darauf hin, daß hier einmal jemand gewohnt hatte. Seinerzeit war mir das nicht klar, aber derjenige, der diese Hütte gebaut hatte, hatte hier gearbeitet, und an diesem Paß gab es nur eine Art von Arbeit. Ein Mann hatte dort gelebt und in dem kleinen Bach nach Gold geschürft.

Ich war vierundzwanzig Jahre alt, und ich muß ziemlich dumm gewesen sein. Ich war in dieses Land gekommen, um nach Gold zu suchen, und warum ich diesen Bach nicht genauer erkundet habe, werde ich nie begreifen. Statt dessen marschierte ich weiter und gelangte schließlich an eine breite, flache Stelle, an der auf der anderen Seite ein weiterer Bach einmündete, so daß ich mühelos hinüberwaten konnte. Ein kurzes Stück weiter oben war eine seltsame Felsformation – eine Art Grat oder Kamm, durch den sich der Bach ein Bett gegraben hatte, und dort stand ein kleiner Pappelhain, der mir Schutz bot und in dem ich genügend Holz für ein Feuer fand, an dem ich meine Stiefel und Socken trocknen konnte. Als ich meine Kleidung anzog, bemerkte ich, daß es in dem Bachlauf jede Menge Quarz gab, und so holte ich meine Goldpfanne aus dem Gepäck. Die erste Pfanne voller Kies bescherte mir recht groben Goldsand und ein Nugget, so groß wie eine kleine Murmel. Im weiteren Verlauf des Tages wusch ich acht Unzen Gold aus der oberen Schicht der Kiesbank.

An diesem Abend aß ich Haferschrot. Er war während des langen Regens feucht geworden und schmeckte nicht besonders gut. Müde, wie ich war, fiel mir ein, daß ich eine Angelschnur im Gepäck hatte, und da es noch hell genug war, versuchte ich in dem breiten Bachlauf Forellen zu fangen. Nichts tat sich. Ich bereitete mir ein Nachtlager und versuchte am nächsten Morgen an etlichen anderen Stellen Fische zu fangen, bis mir schließlich klar wurde, daß es keine gab.

Doch ich befand mich an einem guten, ergiebigen Bach, und ich wußte das. Ich hatte gedacht, daß es schwierig wäre, Gold zu finden, aber es war anders gekommen: Die Suche nach Nahrung hatte Vorrang. In dem Tal gab es kein Wild, und die Rentiere, die ich gesehen hatte, waren längst wieder dorthin unterwegs, wo sie hergekommen waren. Mir blieb nichts anderes übrig, als das Lager abzubrechen und zum See zurückzukehren. Ich mußte mir erst die entsprechende Nahrung beschaffen, die ich zu dem Bachlauf mitnehmen konnte, Nahrung, die haltbar war und bei feuchter Witterung nicht verdarb. Das hieß, daß ich ein Zelt brauchte und einen kleinen Yukon-Ofen. Das Geld dafür mußte ich mir durch die Pelztierjagd verdienen. Vielleicht würde es im nächsten Jahr klappen.

Als meine Hütte zwischen den Pappeln auftauchte, hatte ich das Gefühl, als käme ich heim. Die ersten Lachse zogen zum Laichen die Flüsse hinauf, und bald waren sie so zahlreich, daß ich sie mit einem Stock ans Ufer schleudern konnte. Ich bearbeitete die Kalbshaut für mein Fenster, schabte sämtliche Fleischreste ab. Dann band ich eine Schnur darum, warf sie in den See und befestigte sie. Nach fünftägigem Einweichen zog ich die Haut aus dem Wasser und entfernte die Haare, schabte auch diese Seite mit dem Messer ab, bis sie dünn und fast durchsichtig war. Ich sägte ein viereckiges Loch in die Wand meiner Hütte und nagelte die Haut davor. Sie ließ reichlich Licht durch.

Ich hatte mich bislang noch nicht an der Südspitze des Sees umgesehen, daher beschloß ich, mir ein neues Floß mitsamt primitiven Ruderdollen zu bauen. An einem schönen, klaren Morgen brach ich auf. Es dauerte eine Weile, bis ich die fünfzehn Meilen zurückgelegt hatte. Kurz bevor ich das südliche Ende des Sees erreichte, entdeckte ich draußen in der Tundra ein großes, braunes Tier. Ich konnte nicht erkennen, was es war, daher zog ich mein Floß ans Ufer und stieg die Böschung hinauf. Das ganze Land bestand aus lauter kleinen Hügelketten mit flachen Senken dazwischen. Eine Erhebung war wie die andere. Nirgendwo war etwas zu sehen. Ich hoffte inständig, daß es kein Grizzly war, an den ich mich hier anpirschte, nicht auf diese Weise.

Ich robbte zum Kamm einer Anhöhe hinauf, und unmittelbar vor mir, nicht mehr als fünf Meter entfernt, stand ein Osborne-Karibu. Ich schoß ihm in die Brust, worauf es den Hang hinabrannte und am Seeufer zusammenbrach, keine zehn Meter von meinem Floß entfernt. Das Osborne ist ein stattliches Tier, und das hier war fast so groß wie ein dreijähriger Elch. Voller Freude weidete ich es aus, lud das Fleisch auf mein Floß und ruderte wieder seeaufwärts.

Ein Monat verging, und allmählich wurde es kühler. Ich legte eine Strecke Minkfallen (Nerzfallen) aus und machte gute Beute. Die Enten waren seit einiger Zeit weg, aber es gab nach wie vor eine Menge Forellen, so daß es mir an Nahrung nicht mangelte, auch wenn mir die köstlichen Lachse fehlten – die hatten abgelaicht und waren gestorben. Dann trat ich eines Morgens aus der Tür und sah etwas, das alles andere als angenehm war. Der See trug eine dünne Eisschicht.

Ich angelte am Fluß und in den Bächen, aber die Forellen waren in den See gewandert, als das Wasser kalt wurde, und ich fing nichts. Ich glaube, damals machte ich mir erstmals ernsthaft Gedanken über den kommenden Winter.

Das Karibu, das ich geschossen hatte, hatte gut dreihundert Pfund gewogen. Ich hätte einen Gutteil davon in dünne Streifen schneiden und für den Winter räuchern können, denn meine Hütte eignete sich hervorragend als Räucherkammer. Wenn ich mitten im blanken Erdboden eine kreisrunde Grube ausgehoben und darin mit dürrem Pappelholz ein kleines Feuer geschürt hätte, hätte ich genau die erforderliche Menge an trockenem, nur geringfügig qualmendem

Rauch erzeugen können. Ich hätte so viel Fleisch, Forellen und Lachse räuchern können, daß zehn Männer davon satt geworden wären. Ich hatte alles falsch gemacht.

Der See fror schließlich so weit zu, daß ich darauf gehen konnte, und ich schlug viele Löcher ins Eis und legte meine Angelschnur aus, fing aber nichts. Ich wußte damals nicht, daß sich die Fische im Winter an die tiefen Stellen des Sees zurückziehen, wo das Wasser wärmer ist. Den Pelztierfang gab ich gänzlich auf und jagte nur noch der Nahrung wegen. Stachelschweine waren das einzige, auf das ich ab und zu stieß, und dann waren auch die weg. Nun kam der Schnee, und die ganze Welt war weiß und tief gefroren.

In diesen Tagen begriff ich eine bittere Wahrheit. In den Sommermonaten ist die Natur reich und üppig – Vögel singen in den Bäumen, schnatternde Enten tummeln sich auf dem Fluß und entlang des Seeufers und kümmern sich um ihre Jungen, Fische und Wild gibt es tagtäglich zuhauf. Jetzt hörte ich nur das laute Knacken, wenn das Eis unter dem Druck barst, oder den heulenden Nordwind, der weiteren Schnee brachte. Ich hatte den Sommer vertan und wußte, daß ich nun eine Zeitlang würde Hunger leiden müssen.

Ich stellte jetzt mit aller Macht den Stachelschweinen nach, und gelegentlich konnte ich eins aufspüren, das mir bei Winteranbruch entgangen war. Es reichte kaum aus, um mich vor dem Verhungern zu bewahren. Mit dem tiefen Schnee kamen Schneehühner von den Bergen herab, aber sie hielten sich im Weidendickicht entlang des Ufers auf, und man kam nur schwer an sie heran. Ab und zu hatte ich Glück. Der Hunger ist ein guter Lehrmeister. Eines Tages entdeckte ich, daß sich die Vögel über Nacht zum Schlafen in den Schnee eingruben, bis sie völlig davon bedeckt waren. Nach einer Weile entstand durch Körperwärme und Atem ein kleines, rundes Luftloch, und wenn ich nah genug herankam, ohne sie aufzuschrecken, konnte ich meinen Schneeschuh über das Loch legen, hineingreifen und mir mein Frühstück fangen. Es war eine mühselige Arbeit in Kälte und Nässe, aber mit der Zeit beherrschte ich sie ganz gut – und dann waren die Tiere, die mir als Proviant dienten, eines Morgens nicht mehr da. Viele Meilen legte ich auf Schneeschuhen zurück und fand nichts. Viel später erfuhr ich, daß sich Schneehühner von Weidenknospen ernähren und weiterziehen, wenn das Futter zur Neige geht.

Der strenge Winter bescherte mir ungebetene Gäste: Ich wurde regelrecht von Spitzmäusen heimgesucht, die sich in meiner Hütte häuslich niederließen. Es waren so viele, daß ich ihrem Treiben zusehen konnte, wenn ich still auf meiner Pritsche saß; nachts, wenn ich schlief, knabberten sie manchmal an meinem Hals oder an der Hand. Schließlich hatte ich den Schaden satt, den sie in der Hütte anrichteten, und so ließ ich mir etwas einfallen, wie ich die Plage loswerden konnte. Ich hatte eine Kaffeekanne, und die grub ich bis zum Rand im Boden ein. Abends legte ich einen kleinen, runden Stock darüber, in dessen Mitte ich ein Stück Stachelschweinfleisch anbrachte. Die Spitzmäuse liefen über den Stock, aber unter der Last geriet er ins Rollen, worauf sie in die Kanne fielen. Eine ganze Zeitlang war nie mehr als eine lebendige Spitzmaus in der Kanne. Wenn die zweite Maus hineinfiel, gab es einen erbitterten Kampf, und im Handumdrehen hatte der Sieger den Verlierer gefressen. Am nächsten Morgen waren ein Haufen Fell, viele kleine Knochen und eine lebendige Spitzmaus in der Kanne. Ich habe seither gelesen, daß eine Spitzmaus vierundzwanzig Stunden am Tag fressen kann, und ich glaube das aufs Wort. Immerhin wurde ich ihrer auf diese Weise Herr.

Am ersten März geschah etwas, das mir nur zwei Möglichkeiten übrigließ, und keine davon war angenehm.

Ich wollte ein Stück Feuerholz in meine Hütte schleppen. Ich hatte es auf der Schulter liegen, und irgendwie fiel ich hin und verrenkte mir das Knie. Ich kroch hinein, wußte aber, daß es tagelang dauern würde, bis ich wieder gehen, geschweige denn jagen konnte. In einer Hinsicht hatte ich Glück – ich hatte gerade das meiner Meinung nach garantiert letzte Stachelschwein im ganzen Tal aufgespürt. Ich schränkte mich ein, gönnte mir nur ein kleines Stück Fleisch pro Tag, doch als ich auf dem Bein wieder stehen konnte, hatte ich außer einer Menge Tee keinerlei Proviant mehr in meiner Hütte.

Hunger ist etwas Heimtückisches, denn wenn man ihn über längere Zeit hinweg erduldet, nimmt er wider Willen das ganze Bewußtsein in Beschlag. Man denkt nur noch ans Essen. Fortwährend nagender Hunger beherrscht jegliches Trachten und Sinnen.

Ich überlegte, ob ich an Ort und Stelle bleiben und versuchen sollte, bis zum Frühling auszuhalten. Dann wäre das Eis weg, und ich könnte mit dem Floß bis zur Küste fahren. Aber ich war mir nicht sicher, ob ich bis dahin durchhalten konnte. Ich mußte jetzt zur Küste aufbrechen, solange ich noch halbwegs bei Kräften war. Ich zerbrach mir den Kopf darüber, was ich mitnehmen und was ich zurücklassen sollte. Die Pelze, die ich erbeutet hatte, wogen nicht allzu schwer, wohl aber mein Gewehr, das Krag, und der Gedanke daran, daß es die ganze Zeit an meiner Schulter hängen würde, gab den Ausschlag – es mußte hierbleiben. Meine Plane war ebenfalls zu schwer, daher ließ ich auch sie zurück.

Mitte März war ich bereit zum Aufbruch. Es war Mitternacht, und der Vollmond schien hell am Himmel. Ich stand eine Zeitlang draußen vor der geschlossenen Hüttentür. Da drin war es warm, dort war ich geborgen, und ich verließ sie ungern, aber hier litt ich Hunger. Ich hatte meine Pelze und meine einzige Decke dabei. Ich hatte Tee und Streichhölzer mit, eine Axt, mit der ich Holz für ein Lagerfeuer schlagen konnte, und eine kleine Taurolle.

Die Stille war so überwältigend, daß sie mir geradezu bedrohlich vorkam. Die Bergketten zu beiden Seiten wirkten wie fahle Schatten. Die Kälte, die durch meine Kleidung kroch, machte mir klar, daß ich in Bewegung bleiben mußte, und so brach ich auf, und das einzige Geräusch weit und breit war das Knirschen meiner Schneeschuhe, während ich über den weichen Untergrund glitt.

Nach einer Weile verdrängte das anbrechende Tageslicht die Dunkelheit, und die Berge zeichneten sich scharf am Himmel ab. Ich erreichte das untere Ende des Sees, als sich gerade die ersten verheißungsvoll goldenen Strahlen der Sonne über den Horizont tasteten. Es würde ein schöner Tag werden, und ich kostete den Anblick, der sich mir darbot, in vollen Zügen aus. Der Fluß war eisfrei. Das hieß, daß ich mühelos mit einem Floß bis zur Küste fahren konnte.

Ich verlor keine Zeit. Vor mir lag ein Pappelgehölz mit vielen dürren, abgestorbenen Bäumen. Ich fällte so viele Stämme, wie ich für ein ordentliches Floß brauchte, hieb sie zurecht und schleppte sie zum Fluß. Es war mir einerlei, daß mein Knie dabei schmerzte, denn bald würde ich mit einem Floß unterwegs sein. Dann schlug ich noch einen langen, schlanken Baum, den ich zum Staken und Steuern benutzen wollte, vertäute mein Gepäck mitten auf dem Floß und stieß es vom Ufer ab.

Die Strömung war nicht allzu schnell, aber das kam daher, daß ich noch in der Nähe des Sees war. Ich wußte, daß sie stärker werden würde, wenn ich ein Stück flußabwärts in die ersten Kurven und Biegungen geriet. Nachdem ich zwei Stunden langsam dahingetrieben war, kam ich um eine scharfe Biegung, und mein Floß blieb an einer festen Eisschicht hängen. Mir wurde sofort klar, daß der Fluß bis zur Küste unpassierbar sein würde.

Die Erkenntnis traf mich wie ein Faustschlag. Ich stakte mein Floß ans Ufer und warf das Gepäck an Land. Ich war wütend auf den Fluß, und ich war erschöpft. Ich nahm meine Stange, stieß das Floß so weit wie möglich hinaus in den Fluß und warf die Stange hinterher. Ich machte Feuer und ruhte mich aus, während ich ein bißchen Wasser kochte. Der heiße Tee, den ich schlürfte, vertrieb die Schmerzen aus meinen Knochen. Es war noch früh am Tag, und so beschloß ich, wieder aufzubrechen.

Jedesmal, wenn ich zu einer Senke kam, in der Weiden wuchsen, machte ich halt und pflückte mir eine Handvoll Knospen. Sie waren trocken und hart, aber wenigstens bekam ich dadurch etwas in den Magen. Jede Nacht bereitete ich mir auf die gleiche Art ein Lager: eine Grube, die ich im Schnee aushob, einige Zweige, die ich am Boden ausbreitete, damit ich trocken blieb, und ein bißchen Schnee, den ich von den Seitenwänden kratzte und über meine Decke schaufelte. Es war einigermaßen warm. Ich verlor jegliches Zeitgefühl, glaube aber, daß es am fünften Tag war, als ich in eine ziemlich tiefe Senke hinabstieg. Die Sonne hatte den Schnee am Grund weggeschmolzen, und es sah warm aus dort unten. Ein Bachlauf plätscherte zwischen Sandbänken dahin. Ich zog meine Schneeschuhe aus, und es tat gut, wieder auf blankem Boden zu laufen.

Vor mir waren kleine Fußstapfen im Sand. Ein paar Sekunden lang wußte ich nichts damit anzufangen, doch dann wurde mir schlagartig klar, daß ich nicht allein war. Ich kniete mich hin und tastete die Spuren mit den Fingern ab. Sie waren so frisch, daß von der Seite noch Sand nachrieselte. Sie führten den steilen, schneebedeckten Hang hinauf, und ich kroch hinterher. Als ich den Kopf über den Hügelkamm reckte, sah ich nur wenige Zentimeter vor meinem Gesicht vier Paar in Mukluks steckende Beine.

Ich blickte auf und sah das kleine Mädchen, das die Fußstapfen hinterlassen hatte. Bei ihr waren ein junger Mann, eine junge Frau und eine ältere Frau, die alle Pelzparkas trugen.

Der Mann bückte sich, faßte mich mit beiden Händen unter den Achseln und half mir auf.

»Du kommen langsam hierher.«

»Ich komme nur langsam voran. Ich habe ein schlimmes Knie.«

Er nahm mein Gepäck und die Schneeschuhe.

»Du kommen, und du essen.« Er verlor kein Wort zuviel. Er sagte kurz etwas in Eskimosprache zu der alten Frau und wandte sich dann wieder an mich.

»Meine Mutter, du mit ihr gehen.«

Sie lächelte, ergriff mich am Arm und führte mich zu dem tunnelartigen Eingang einer kleinen Grassodenhütte. Ein Stück entfernt stand eine weitere Hütte. Der Eingang zu einer Eskimohütte weist immer nach Süden – ein oben abgerundeter Tunnel, der etwa einen Meter zwanzig hoch und rund einen Meter achtzig lang ist. Nach einer scharfen Biegung und einem weiteren, ebenso großen und genauso geformten Tunnel gelangt man zur eigentlichen Tür. Mit dieser Bauweise soll der scharfe Wind abgehalten werden. Es war das erste Mal, daß ich in eine Eingeborenenhütte kam. Durch ein kleines, mit Robbengedärm bespanntes Fenster oben im

Dach gelangte Licht ins Innere; der Boden bestand aus festgestampfter Erde, und die Grassodenwände waren glatt geklopft. Sie enthielt einen mit Holz befeuerten Kochherd, einen kleinen, von Hand behauenen Tisch und einen großen Block, der offenbar aus Hartholz bestand. An der einen Wand befand sich eine breite Pritsche mit vier Bettpfosten, zwischen denen mit Heu bedeckte Rentierhäute gespannt waren. Mit Ausnahme des Herdes war alles von Hand gefertigt.

Ich muß müde gewirkt haben, denn die Mutter brachte mich zu dem Bett und ließ mich hinsetzen. Sie kniete sich, band meine Stiefel auf, zog sie aus und nahm mir meinen Parka ab. Sie lächelte, sagte etwas zu mir und ging. Bald darauf kam sie mit einem Brocken gefrorenen Rentierfleischs zurück. Sie legte ihn auf den Block und hieb mit einer Hacke kleine Stücke ab, die sie in einen Topf mit kochendem Wasser auf dem Herd warf. Kurze Zeit später goß sie alles, das Fleisch mitsamt der Brühe, in eine große Schale und gab mir einen Löffel. Es war das beste Essen, das ich je kosten durfte. Sie nahm die leere Schale und winkte mir zu, daß ich mich hinlegen sollte. Ich schlief ein, noch ehe ich dazu kam, über das Glück nachzudenken, das mir an diesem Tag widerfahren war.

Als ich aufwachte, war es dunkel. Jemand hatte mich mit einer weichen, gegerbten Rentierhaut zugedeckt. Ich schlief wieder ein. Als ich das nächste Mal aufwachte, war heller Tag, und die Mutter war da. Sie lächelte, sagte etwas zu mir, und ich wußte, daß sie mir einen guten Morgen wünschte. Ich sah zu, wie sie Mehl und Wasser in einer Schüssel verrührte und in einer Bratpfanne Pfannkuchen zubereitete. Nachdem ich gegessen hatte, fragte ich sie nach Togiak. Ich wußte, daß sie bei diesem Wort begreifen würde, was ich meinte. Sie ging hinaus, und bald darauf kam ihr Sohn herein. Er setzte sich neben mich auf das Bett.

»Wenn du kommen, du sehen schlimm aus. Du bleiben noch einen Tag. Du essen und schlafen.«

»Sag mal, wie weit ist es bis Togiak?«

»Für dich vielleicht fünf, sechs Tage. Du gehen langsam. Woher du kommen?«

»Vom Togiak-See.«

»Du machen Jagd auf Pelze?«

»Ja, ich bin Trapper. Sag mal, hier, wo ihr lebt, geht ein starker Wind – keine Bäume, nur offene Tundra. Drunten im Flußtal hättet ihr Bäume. Ihr könntet euch Blockhütten bauen.«

Er nickte. »Ja, jetzt es schlecht hier. Einstmals, zur Zeit von meines Vaters Vater vielleicht, es geben viel Karibu. Sie schon von weitem zu sehen. Sie sehen sie kommen, und sie warten. Wenn der Schnee weg ist, ich glaube, wir vielleicht gehen zur Küste. Dort ein paar von meinem Volk. Wir leben dort, jagen Robbe und Walroß.« Er stand auf. »Einen Tag noch, dann du vielleicht wieder gut fühlen.«

Dann verließ er mich. Ich dachte an den Wanderpfad der Karibus, der durch den Paß und die Klamm, in der ich gewesen war, in das Togiak-Tal führte. Er hatte recht. Dies war einst ein guter Aufenthaltsort gewesen, aber jetzt nicht mehr, und es würde auch nie wieder einer werden. Schuldbewußt wurde mir klar, daß ich kein Wort über Gold verloren hatte, aber vielleicht hätte ihn das auch gar nicht interessiert. Ich schlief den ganzen Tag über, wachte auf, bekam von seiner Mutter etwas zu essen und schlief weiter. Ich bin seither in vielen Eskimohütten gewesen, aber ich glaube, ich habe niemals Menschen gesehen, die so wenig besaßen wie diese Familie. Alles, was sie hatten, teilten sie mit mir, und ich mußte wieder an die Schilder denken, die ich vor einem Jahr an den Fenstern der Restaurants in Anchorage gesehen hatte.

In dieser Nacht schlief ich gut, und am Morgen war ich bereit weiterzuziehen. Der Gedanke an den Marsch, der mir bevorstand, stimmte mich alles andere als freudig, aber ich wollte unbedingt zur Küste gelangen. Ich band mir die Schnüre meiner Schneeschuhe um die Knöchel und streifte die Riemen meines Rucksacks über die Schulter. Der Sohn kam mit einem Stück Rentierfleisch und stopfte es in mein Gepäck. »Das wird gut sein heute abend.«

Ich verließ sie, und nach einer Weile drehte ich mich um. Sie schauten mir immer noch hinterher und winkten. Ich hob die Hand und marschierte weiter. Ich wußte nicht einmal, wie sie hießen.

Als das Tageslicht schwand, schlug ich mein Lager auf, kochte das Fleisch in der Teekanne und aß es. Meine Augen brannten und fühlten sich an wie gereizt, und ich wußte, daß sie durch die helle Sonne auf dem Schnee und den beißenden Qualm meines Erlenholzfeuers in Mitleidenschaft gezogen worden waren. Der nächste Tag war wieder sonnig und hell, und ich kam gut voran, aber meine Augen machten mir ziemlich zu schaffen. Sie fühlten sich an, als hätte jemand Sand hineingestreut. An diesem Abend stieß ich auf eine Herde von mindestens zweitausend Rentieren, die große Togiak-Herde, wie ich später erfuhr. Damals wünschte ich, ich hätte mein Gewehr nicht in der Hütte zurückgelassen. An diesem Abend bereitete ich mir ein kaltes Lager. Nirgendwo gab es ein Gebüsch, in dem ich Schutz und Feuerholz hätte finden können, und weit und breit war keine Bodensenke zu sehen. Ich hob eine Grube im Schnee aus, die gerade lang genug für mich war, wickelte mich in die Decke ein, legte mich hin und schlug mir die Kapuze meines Parkas übers Gesicht. Der Wind hatte zugelegt, und ich trug die Wände der Grube ab, damit ich halbwegs geschützt war. Ich klopfte den Schnee fest, schob ihn von meinem Gesicht weg und zog meine Parkakapuze zurück. Mein Gesicht war frei, ich war gut aufgehoben, und mir war warm. Irgendwann in dieser Nacht wurde ich von Wolfsgeheul geweckt. Ich wußte, daß sie hinter den Rentieren her waren. Nach kurzer Zeit wurde es wieder still. Bei Tagesanbruch entdeckt ich drei blutige Flecken im Schnee. Die Wölfe hatten ihren Nahrungsbedarf gedeckt, und die Rentiere waren talaufwärts weitergezogen. Ich hoffte, daß die Freunde, die ich verlassen hatte, sie sahen.

Und dann kam mir ein Gedanke: Die Wölfe hatten vermutlich etwas übriggelassen. Ich ging zu jeder der Stellen, an denen sie Beute gerissen hatten, und fand vier schöne lange Beinknochen. Das Fleisch war abgenagt, aber mir ging es um das, was innen drin war. Ich verstaute die Knochen in meinem Gepäck und brach wieder auf. Es war ein weiterer heller Sonnentag, und bis zum Nachmittag war ich fast schneeblind. Wenn ich gewußt hätte, daß ich mir Holzkohle unter die Augen reiben mußte, hätte ich es verhindern können, aber damals wußte ich vieles noch nicht. Gegen Abend machte ich an der erstbesten baumbestandenen Bodensenke halt, zu der ich kam. Ich baute ein großes Lagerfeuer, denn ich brauchte ein ordentliches Glutbett. Nachdem das Feuer niedergebrannt war, nahm ich die Knochen, welche die Wölfe übriggelassen hatten, legte sie nebeneinander auf die glühende Holzkohle und wartete bangen Muts. Es dauerte einige Zeit, doch dann gab es ein lautes Knacken. Einer der Knochen war auf voller Länge gesprungen. Mit Hilfe meiner Axt hatte ich ihn im Handumdrehen gespalten und das saftige Mark freigelegt. Knochenmark ist immer gut, aber für mich war das damals etwas ganz Besonderes. Ich kratzte alle vier Knochen aus und legte mich schlafen.

Am nächsten Morgen war es um meine Augen nach wie vor schlimm bestellt. Die Nachtruhe hatte nicht viel genützt. Ich schlug einen anderen Weg ein, weil mir nichts Besseres einfiel, und achtete darauf, daß die Sonne zu meiner Linken stand; dadurch hielt ich mich in Richtung Süden. Zur fortgeschrittenen Nachmittagsstunde, als die Sonne bereits zu meiner Rechten stand, stieß ich auf eine Grassodenhütte. Ich ging hinein, und es sah so aus, als wäre hier seit langem niemand mehr gewesen. Ich beschloß, an diesem Tag nicht mehr weiterzuziehen, sondern die Nacht hier drin zu verbringen. Nachdenklich ging ich hinaus und fragte mich, wie weit es noch bis zur Küste sein mochte. Das Dach wirkte warm und trocken, und so stieg ich hinauf und saß dort eine Zeitlang. Dann hörte ich ein Geräusch, Laute, die ich seit langem nicht mehr gehört hatte. Irgendwo bellten Hunde, doch fast im gleichen Moment brachen sie ab.

Ich stand auf und schrie, so laut ich konnte. Ich hörte knirschende Schlittenkufen, die durch den Schnee schnitten. Die Hunde blieben dicht vor der Hütte stehen, und ich rutschte vom Dach und ging hin. Ein Eskimojunge steuerte den Schlitten. Er lächelte.

»Ich habe nicht gewußt, was da los ist, bis Sie aufgestanden sind. Ihre Augen sind von der Sonne schlimm zugerichtet. Wo kommen Sie her?«

»Vom See, an dem der Fluß entspringt. Kommst du von der Küste?«

»Ja, ich lebe an der Küste. Ich heiße Wasilly.«

»Was machst du denn so weit hier draußen?«

»Ich suche Rentiere. Die Wölfe treiben sie ständig fort.«

»Mit deinen Hunden stößt du in etwa drei Stunden dahinten, wo ich herkomme, auf jede Menge Rentiere. Die Wölfe sind schon bei ihnen.«

»Ich sag meinem Vater Bescheid, und wir kommen zurück.«

»Ich heiße Fred. Nimmst du mich mit?«

»Natürlich. Sie kommen mit zu mir nach Hause.«

Wir verstauten mein Gepäck und die Schneeschuhe auf dem Schlitten. Dann stellte ich mich auf die eine Kufe, und Wassily stellte sich auf die andere; wir hatten beide einen Griff, an dem wir uns festhalten konnten. Er sagte etwas zu seinen Hunden, die Zugleinen strafften sich, und los ging es.

3

Die Küste des Beringmeers

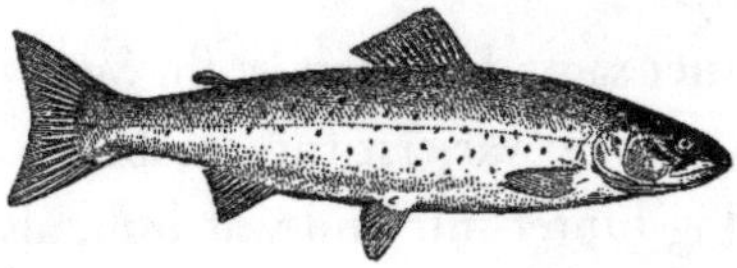

Keine zwei Stunden später erreichten wir sein Zuhause, eine große Grassodenhütte, die auf einer Hügelkuppe stand. Das Beringmeer, nicht weit entfernt, war nach wie vor fest gefroren und voller welliger Schneewehen.

Wasilly kippte den Schlitten auf die Seite, damit die Hunde stehenblieben, und führte mich hinein. Unterwegs hatte ich einiges über meinen neuen Freund erfahren. Sein Vater und seine Mutter zogen jeden Sommer zur Bristol-Bai, hundertfünfzig Meilen weit im Osten gelegen, wo sie in den Lachskonservenfabriken arbeiteten. Die Geldwirtschaft des weißen Mannes hatte sie dazu gezwungen, so wie die meisten andern auch, es sei denn, sie hatten Glück und durften auf einem der hölzernen Segelboote fischen gehen; aber die Lachs verarbeitende Industrie spielte an der Bristol-Bai eine gewichtige Rolle. Wassily hatte von den Weißen, mit denen er sich dort herumgetrieben hatte, Englisch gelernt. Sein Vater und seine Mutter, sagte er, scherten sich nicht darum.

Seine Eltern hatten die Hunde gehört und standen bereit, als wir hineinkamen. Wassily sagte etwas in Eskimosprache zu seiner Mutter, und sie kam auf mich zu und bedeutete mir, daß ich meinen Parka ausziehen sollte. Danach geleitete sie mich zum Tisch. Im Nu brachte sie eine große Platte, gehäuft voll mit Lachspüree, die sie vor mir hinstellte, und legte einen Löffel daneben. Ich wartete auf den Teller. Sie sagte etwas zu Wasilly.

»Meine Mutter sagt, das Essen ist für Sie.«

Ich aß alles auf. Es war erst früher Abend, aber ich hatte einen langen Tag hinter mir und war froh, als Wasilly nach dem Essen sagte, ich sollte mich hinlegen und ausruhen. Das Bett war breit und lang, bestand wie üblich aus Holzpfosten, zwischen denen mit Heu bedeckte Rentierhäute gespannt waren. Ich setzte mich auf die Kante und wollte gerade meine Stiefel ausziehen, als ich den kleinen Jungen sah, der reglos unter der Decke lag.

»Ist das dein kleiner Bruder? Geht's ihm nicht gut?«

»Er hat lange Zeit Schmerz gehabt, hier.« Wasilly legte die Hand auf seine Brust. Der Kleine wandte den Kopf und schaute mich an, und vermutlich hat er sich gefragt, wer ich war und woher ich kam, aber ehe ich mich's versah, war ich eingeschlafen.

Ich wachte erst am Morgen, nach Tagesanbruch, wieder auf. Die Mutter saß am Tisch. Ansonsten war niemand da. Der kleine Junge war ebenfalls weg, und ich freute mich, daß es ihm besserging. Ich lag eine Zeitlang still da. Es tat gut, sich auszuruhen, keine Sorgen zu haben. Wasilly kam in die Hütte.

»Geht es deinem Bruder besser?«

Gestern war er ein fröhlicher Junge gewesen, lächelnd und gesprächig, aber jetzt nicht mehr. Er schaute mich an und schüttelte den Kopf.

»Mein Bruder ist letzte Nacht gestorben.«

Daraufhin schaute ich zur Mutter. Sie starrte auf ihre gefalteten Hände. Ich wußte nicht, was ich machen sollte, und sagen konnte ich sowieso nichts. Die ganze Nacht hatte ich geruht, und die bleierne Müdigkeit, die mir in den Knochen steckte, war verflogen. Aber in dieser Nacht war auch ein kleiner Junge, der neben mir gelegen hatte, aus dem Leben geschieden.

»Mein Vater sagt, Sie müssen bald weiter. Das Eis auf dem Fluß wird aufbrechen.«

»Ich mach' mich bereit.«

Ich zog meine Stiefel an und schlüpfte in meinen Parka. Ich ging zu der Mutter des Kleinen und ergriff ihre Hände. Ich sah ihr die ganze Trauer an, die sie trug, dann wandte sie sich ab.

Draußen waren die Hunde bereits angeschirrt und zerrten an den Zugleinen, während der Vater den Leithund hielt. Ich ging zu ihm, ergriff seine Hand und sprach ihm mit hohlen Worten »mein Beileid« aus.

Wasilly stand auf der einen Kufe, und ich stellte mich auf die andere, genau wie am Vortag. Er sagte etwas zu den Hunden, und sie zogen den Schlitten seitlich an der Hütte vorbei. Ich sah die kleine Gestalt dort hängen. Der Leichnam des kleinen Jungen war in Rentierfell eingewickelt und am Dach festgebunden, wo er warten mußte, bis der Schnee schmolz und der hartgefrorene Boden auftaute. Ich war wütend über die bittere Not, die das Leben diesen Menschen bescherte. Nach einer Weile warf ich einen verstohlenen Blick zu Wasilly. Er schaute ungerührt geradeaus. Er war zwölf Jahre alt.

Nach einer Stunde überquerten wir die Mündung des Togiak. Wasillys Vater hatte recht gehabt. Wasserrinnsale strömten über das Eis. Über kurz oder lang würde der Fluß auftauen.

»Wohin fahren wir?«

»Drunten an der Küste lebt ein Händler. Ist nicht weit. Dort sind Sie besser aufgehoben.« Wasilly schaute auf meine zerfetzte Hose. »Sie brauchen Kleidung.«

Vor uns sah ich ein weißes Holzhaus, das ein Stück abseits vom Strand stand; in fünf Minuten waren wir da. Wasilly hielt seine Hunde davor an, und ich lud mein Gepäck und meine Schneeschuhe vom Schlitten.

»Kommst du diesen Sommer an die Bristol-Bai und nach Dillingham?«

»Ja, wir wollen dorthin.«

»Ich halte Ausschau nach dir.«

Wir gaben uns die Hand, und er wendete sein Gespann und fuhr in die Richtung zurück, aus der wir gekommen waren. Ich schaute ihm hinterher. Ein kleiner Junge, dachte ich, und bald schon, viel zu bald, ein Mann. Ich hörte eine Tür auf- und wieder zugehen.

»Ich bin Chris Peterson.«

Ich drehte mich um und sah einen Mann mit hagerem, zerfurchtem Gesicht, der mich anlächelte.

»Ich heiße Fred Hatfield. Wasilly hat letzte Nacht seinen Bruder verloren.«

Chris legte die Hände an den Mund. »Wasilly!« schrie er. Die Hunde blieben stehen, und Wasilly schaute zurück. Chris winkte ihm mit einem Arm zu, worauf die Hunde umkehrten.

»Gehn wir rein, Fred.«

Es war, als würde ich eine neue Welt betreten. Martha Peterson war ein bildhübsche Frau und trug ein ordentliches Kleid. Es gab weiche Polstersessel und ein Sofa. Die Wand auf der anderen Seite des Zimmer war vom Boden bis zur Decke von Regalen gesäumt, die voller Bücher standen.

»Fred, setz dich hin, und warte einen Moment. Wir müssen ein paar Sachen für Wasillys Mutter zusammenpacken.« Sie trugen etliche Kartons hinaus, hauptsächlich Lebensmittel. Ich hörte, wie der Schlitten losfuhr, und kurz darauf kamen die Petersons wieder herein. Sie wirkten betroffen. Einen Moment lang fühlte ich mich wieder in Wasillys Zuhause zurückversetzt, sah die gefaßte, trauernde Miene seiner Mutter.

»Chris, was hat dem Kleinen denn gefehlt?«

»Tuberkulose. Die rafft viele von unserem Volk hin.«

Martha musterte mich, als ich aufstand und meinen Parka ablegte. Ich schnürte meine Stiefel auf und zog sie aus. Meine Socken bestanden aus Rupfenstreifen, die ich aus Mehlsäcken geschnitten und um Füße und Waden gewickelt hatte.

»Fred, deiner Kleidung nach zu schließen, bist du eine ganze Zeitlang irgendwo da draußen gewesen.«

»Ich habe ein Jahr lang droben am Togiak-See gelebt.«

Sie brachte ein Tablett und stellte es mir auf den Schoß. Es war eine Weile her, seit ich zum letzten Mal Eier mit Speck und frischen, knusprigen Toast gesehen hatte.

»Deine Augen sehen auch nicht allzu gut aus, aber die kriegen wir wieder hin. Iß dein Frühstück, dann kümmern wir uns darum.«

Chris schaukelte mit seinem Sessel hin und her. »Weshalb bist du rauf zum Togiak-See gegangen? Das ist eigentlich nicht die richtige Gegend für die Pelztierjagd.«

Ich erzählte ihm von den Goldklumpen, über den in der Zeitung in Anchorage berichtet worden war.

»Fred, irgendwo in der Gegend rund um den Togiak-See gibt es Gold. Ein weißer Mann, der auf der Suche nach Gold war, kam hier vorbei, und zwei von unseren Leuten brachten ihn den Togiak hinauf. Nach einiger Zeit kam er zurück, hatte eine Menge Gold dabei, war aber allein. Die Leute von meinem Volk fragten ihn, wo die beiden Männer wären. Er sagte, sie wären gestorben. Meine Leute haben ihn getötet und sein Gold weggeworfen. Sie wußten, daß er gelogen hat.«

»Wo haben sie es hingeworfen?«

»Wenn ich das wüßte, Fred, hätte ich längst das Gold. Ich war damals ein kleiner Junge, aber ich kann mich noch genau daran erinnern.

Ich glaube, ich bin etwa sechzig Jahre alt. Ich bin am Togiak geboren, weiß aber nicht genau, wo. Martha und ich sind halbe Eskimos. Mein Vater und meine Mutter, meine sämtlichen Brüder und Schwestern wurden von den Windpocken dahingerafft.

Ich hatte mehr Glück. Ich habe überlebt. Als ich etwa zehn Jahre alt war, haben mich die Leute, bei denen ich gelebt habe, zur Bristol-Bai mitgenommen. Dort gab es damals Pelzhändler und ein paar weiße Trapper. Ich habe ihnen zugehört und dabei Englisch gelernt, dann habe ich mir Bücher und Zeitschriften besorgt, alles, was ich finden konnte. Ich habe mir selber Lesen und Schreiben beigebracht. Ich hab's Martha beigebracht. Du hast auf dem Weg vom See bis hierher bei zwei Familien übernachtet – wie viele davon konnten Englisch?«

»Ein junger Mann bei der ersten Familie und dann Wasilly. Er kann es ziemlich gut.«

»Die meisten wollen es nicht lernen. Sie kennen die Geschichten, in denen ständig die Rede davon ist, wie es einmal war. Sie wollen sich nicht mit der Wahrheit abfinden, daß es nie wieder so sein wird wie früher. Wir, Martha und ich, haben eine Menge gelesen. Alles, was wir wissen, stammt aus den Büchern dort.«

Martha kam wieder ins Zimmer.

»Chris, bring die große Wanne rein, und stell sie da drüben in die Ecke. Ich habe Wasser aufgesetzt.«

Sie legte ein paar Kleidungstücke über eine Sessellehne. »Fred, die sind von Chris, dürften dir also ein bißchen zu groß sein, aber vorerst sollten sie's tun.«

Chris trug die Wanne herein und füllte sie mit warmem Wasser. Martha brachte Handtücher und Seife, und dann ließen sie mich allein. Ich glaube, nichts hat sich jemals so gut angefühlt wie dieses warme Wasser. Ich wusch und schrubbte mich ab und zog schließlich meine neuen Sachen an. Ich rief Chris, worauf er meine alte Kleidung hinausbrachte, als Martha gerade mit einer Schüssel zurückkehrte, die sie mit beiden Händen hielt.

»Fred, du mußt dich aufs Sofa legen. Ich habe hier warmes Wasser und Soda, und ich will dir ein Tuch über die Augen breiten. Ich muß es ziemlich oft wechseln, damit es feucht bleibt.«

Am dritten Tag waren meine Augen wieder heil. Zwei Tage lang war ich nur auf meine Ohren angewiesen, und in der Zeit hatte ich eine Menge erfahren. Chris war ein wandelndes Lexikon, was die Geschichte von Alaska und seiner Menschen anging. Er wußte, daß die Küste der Beringstraße nur fünfundfünfzig Meilen von Sibirien entfernt war, daß die gesamte Küste von Alaska länger war als die der übrigen Vereinigten Staaten zusammengenommen. Vitus Bering hatte Alaska im Jahr 1741 entdeckt und für Rußland in Besitz genommen. Daß dort seinerzeit Tausende von Eingeborenen lebten, Menschen, die dachten, es sei ihr Land, spielte keine Rolle; es gehörte Rußland. Gregorij Schellikow gründete 1784 auf Kodiak die erste Kolonie. Seinerzeit gab es Hunderte von Menschen, die in zahlreichen Dörfern auf Kodiak lebten, aber auch das spielte keine Rolle. Im Jahr 1867 erwarben die Vereinigten Staaten Alaska für 7,2 Millionen Dollar von Rußland. Sie kauften gestohlenes Eigentum, aber das spielte keine Rolle.

Im Laufe ihrer Besatzungszeit waren die Russen den Yukon hinaufgezogen und hatten große hölzerne Lagerhäuser zum Aufbewahren von Pelzen errichtet. Wenn die Eskimos, die am Fluß lebten, ihre Pelze nicht gegen nutz- und wertlose Handelsgüter eintauschen wollten, wurden sie vertrieben. Für die Eskimos war der Fluß lebensnotwendig – ohne den Lachs, den sie für den Winter räucherten und trockneten, konnten sie nicht überleben. Folglich mußten sie sich den Russen fügen. Die Russen nahmen die Pelze, und sie nahmen sich auch die hübschesten der jungen Frauen. Jeder Mann oder Junge, der dagegen protestierte, wurde erschossen. Die auf Kodiak lebenden Aleuten waren nichts als Sklaven, dazu gezwungen, Robben und Otter für die Russen zu jagen und sie mit Frauen zu versorgen. Zum Dank dafür brachten ihnen die Russen die Windpocken, die Syphilis und die Tuberkulose.

All dies erzählte mir Chris. Er sagte, wenn der Schnee im Frühling wegtaute, wollte er mir zeigen, was die Windpocken in der einstmals großen Ortschaft Togiak angerichtet hätten: Drei Meilen weit erstreckten sich hinter seinem Haus Hunderte kleiner Hügel, Hügel, die einstmals Grassodenhäuser gewesen waren.

Am dritten Tag zeigte er mir einen langen Hang oberhalb seines Hauses und erzählte mir, daß sich dort zahllose Gräber befänden. Alle, die dort lägen, seien an den Windpocken gestorben. Es habe nicht mehr genügend Menschen gegeben, um Gräber zu schaufeln, daher habe man flache Gruben ausgehoben, nur zentimetertief, die Toten hineingelegt und mit Moos bedeckt. Rundum, sagte er, sei der Boden mit den

Knochen jener übersät, die dort gestorben seien, weil die Lebenden zu schwach waren, um sich ihrer anzunehmen. Es war keine angenehme Geschichte.

»Fred, mein Volk lebt auf vertrautem Fuß mit dem Tod. Wenn die Menschen krank werden, genesen sie entweder von selbst, oder sie sterben. Sie wissen das und sind daran gewöhnt. Vielleicht wird sich eines Tages etwas daran ändern.«

* * *

Es war jetzt April. An der Küste waren der Schnee und das Eis bereits weggeschmolzen, und draußen auf dem Beringmeer sah man stellenweise offenes Fahrwasser.

Chris war Händler. In einem kleinen Lagerhaus aus verzinktem Blech bewahrte er Mehl- und Zuckervorräte auf, und jeden Herbst räucherte er etliche hundert Pfund Lachs, die dort immer zuhauf hingen. Die Eskimos brachten ihm ihre Pelze und tauschten sie gegen die Vorräte ein, die sie gerade brauchten. Manchmal hatten sie keine Pelze, aber sie bekamen trotzdem alles Notwendige.

Allmählich trafen von überall Menschen ein. Einige brachten eine Rentierseite, andere schenkten ihm Walroßfleisch. Walroßfleisch ist ein bißchen dunkler als Rind, schmeckt aber ganz ähnlich und hat fast die gleiche Konsistenz. Martha nahm ein Stück, schnitt es in kleine Würfel und kochte sie, bis sie weich waren. Jeder von uns hatte eine Schale mit frischem, goldfarbenem Robbenfett vor sich stehen, und mit der Gabel tunkten wir die Fleischstücke darin ein. Das Fett war köstlich, hatte einen milden, nußartigen Geschmack, und wir aßen dazu eine Menge frischgebackenes Brot. Ich hatte den Winter über Hunger gelitten. Jetzt freute ich mich auf jede Mahlzeit, die Martha zubereitete. Eines Tages fragte mich Chris, ob ich rohen Fisch möge. Da ich Marthas Kochkünste kannte, war ich bereit, es darauf ankommen zu lassen, falls sie mir etwas Rohes vorsetzen sollte. Ein Besucher hatte ein paar Weißfische vorbeigebracht. Chris filetierte sie und reichte sie Martha, die sie in hauchdünne Scheiben schnitt. Sie waren eiskalt und sehr, sehr gut.

»Fred, du hast Walroßfleisch und rohen Fisch gegessen, und du hast, wie ich weiß, auch gehört, daß Eskimos Fisch im Boden eingraben und ihn essen, wenn er verfault ist. Ich will dir mal was sagen: Sie vergraben die Fische nur an den Stellen im Boden, an denen Dauerfrost herrscht. Sie nennen das *tipmuk;* vermutlich ist das ihr Wort für haltbar machen oder einfrieren. Sie graben ein tiefes Loch in den Permafrostboden, legen den Fisch hinein, und nachdem er abgedeckt ist, hält er sich dort lange Zeit. Wenn sie ihn herausnehmen und zubereiten, ist er fast steifgefroren. Sie essen auch Walspeck, aber nicht etwa, weil sie ihn besonders mögen. Sie essen ihn, weil es Nahrung ist, und Nahrung läßt man nicht verkommen. Sie haben zu viele Hungersnöte erlebt.«

Später ging ich hinaus auf das flache Stück Land hinter dem Haus und entdeckte die kleinen Hügel, von denen Chris mir erzählt hatte; überall waren blanke Knochen. Ich fand zwei Skelette, die Seite an Seite lagen. Ich bückte mich und tastete den Boden unmittelbar neben den Knochen und die schmale Lücke zwischen ihnen ab. Dort stieß ich auf einen kleinen, runden Gang unter dem sprießenden Gras und folgte ihm mit den Fingern. Am Ende befand sich eine Speerspitze aus Elfenbein; der Schaft war längst verrottet, doch die Spitze war ein Prachtstück, handwerklich wunderbar gearbeitet. Ich fragte mich, weshalb die beiden Toten Seite an Seite lagen. Vielleicht waren es Mann und Frau. Vielleicht, aber wer weiß?

Martha hatte einen Bruder, und eines Tages tauchte er auf. Er hieß Evan und war achtzehn Jahre alt. Wir kamen prima miteinander aus, gingen gemeinsam Gänse jagen und kümmerten uns um die Heringsnetze, die vom Strand aus ausgelegt wurden. Eines Tages erzählte er mir, daß droben am Hang Gräber wären, in denen unter anderem ein alter Häuptling mitsamt einer Büchse voller Gold bestattet sei.

»Woher willst du denn so was wissen?«

»Ich weiß es, weil man es sich erzählt. Auf seinem Grab befindet sich ein kleiner Hundeschlitten, ein Schlitten mit Kufen aus Elfenbein.«

Ich dachte darüber nach und stellte fest, daß ich immer noch ein wenig vom Goldfieber befallen war.

»Würde sich jemand daran stören, wenn wir nachschauen?« Ich dachte an Martha. Sie hielt noch immer am alten Glauben fest.

»Niemand, außer vielleicht der Große Geist. Sag mal, Fred, glaubst du an diesen sogenannten Gott?«

Evan trieb gern seinen Schabernack, daher schaute ich ihn argwöhnisch an. Sein Blick und sein Gesichtsausdruck waren ernst.

»Evan, es gibt keinen Unterschied zwischen dem Großen Geist und Gott. Das ist alles das gleiche.«

»Nein, ist es nicht. Wenn die Weißen mit ihrem Gott sprechen, müssen sie in ein Haus gehen, in eine Kirche. Wenn wir mit dem Großen Geist sprechen, müssen wir an einen Ort, an dem wir den Himmel und die Berge sehen können. Selbst wenn sich viele von uns zur gleichen Zeit versammeln, muß das an einem Ort geschehen, von wo aus wir diese Dinge sehen können.«

»Evan, es ist so, wie ich gesagt habe. Es gibt keinen Unterschied. Mir geht es genauso wie den Menschen aus deinem

Volk. Ich fühle mich dem Großen Geist, oder auch Gott, viel näher, wenn ich draußen bin und all diese Dinge sehen kann. Ich geh nicht in die Kirche, um mit Gott zu sprechen. Ich weiß, daß es viele Menschen aus meinem Volk machen – vielleicht, damit sie beisammen sein können, vor Wind und Regen geschützt sind. Aber solange wir an etwas Gutes glauben, genügt das.«

»Fred, du und ich sind Freunde. Wenn du nachschauen willst, dann mach es. Ich geh' zum Haus zurück.«

»Evan, das ist doch eine Kleinigkeit. Der Große Geist stört sich bestimmt nicht dran. Wir brauchen Gewehre, und wir brauchen Stiefel. Schau dir meine Kleidung an. Die gehört Chris. Wir könnten uns all diese Sachen kaufen und hätten immer noch Gold übrig.«

Ich stellte fest, daß ich zu seinem Rücken sprach, denn er hatte sich bereits abgewandt und kehrte zum Haus zurück.

Ich ging den Hang hinauf. Die Gräber waren nicht schwer zu finden. Es waren lauter kleine Mulden. Mit beiden Händen griff ich ins Moos und zerrte es weg: Hier lagen Männer, Frauen und Kinder. Alle waren sie mit ihren persönlichen Schätzen begraben worden. Die Männer hatten ihre Speerspitzen bei sich, die Frauen ihre Nähnadeln aus Knochen oder Elfenbein, die Kinder ihre Spielsachen aus Knochen oder Elfenbein.

Zu guter Letzt stieß ich auf etwas Hartes, das vom Moos überwuchert war. Ich zerrte es beiseite, und es war genau das, wonach ich gesucht hatte – ein Stück Elfenbein, etwa einen Meter zwanzig lang. Die Schlittenkufe hatte aus zwei Teilen bestanden, die mit Elfenbeinstiften zusammengesteckt waren. Nun war ich ziemlich siegesgewiß. Ich faßte ins Moos und riß es aus.

Auf der Brust des Häuptlings war eine Dose, völlig verrostet, aber immerhin so groß, daß sie eine Menge Gold enthalten könnte. Ich bückte mich und nahm sie ihm weg. Sie war schwer, und ich war reich. Ich schlug sie an meinem Knie auf, und sie war voller Quarzbrocken, jeder in einer anderen Farbe.

Mir kam kurz der Gedanke, daß der Große Geist vielleicht einem habgierigen Menschen eine Lektion erteilen wollte und das Gold kurzerhand in Quarz verwandelt hatte. Ich drückte die Büchse wieder zusammen und stellte sie dorthin, wo sie hingehörte. Dann deckte ich das Grab wieder ab und ging den Berg hinunter. Evan fragte mich nicht danach, was ich gefunden hatte, und ich erzählte ihm nichts.

Chris hatte ein Boot, mit dem er Lagervorräte von der Bristol-Bai hierher schaffte. Es war zwölf Meter lang, hatte den ganzen Winter über auf Böcken an Land gestanden und mußte gründlich überholt werden. Dankbar für die Gelegenheit, mich für die Gastfreundschaft erkenntlich zeigen zu können, kratzte ich die alte Farbe ab, räumte die Fugen aus und kalfaterte sie neu. Es war ein altes Boot, und der Kiel kam mir ziemlich weich und schwammig vor, aber ich tat mein Bestes und verpaßte ihm zum Schluß einen neuen Anstrich. Auf den Bug schrieb ich »The Togiak Queen«.

Als das Eis weiter auftaute, ließen wir das Boot zu Wasser und unternahmen eine Probefahrt. Chris hatte den Motor gründlich überholt, und das Tuckern, mit dem wir uns fortbewegten, klang recht zuverlässig.

Am ersten Juni verstauten Chris und ich ein paar Vorräte an Bord, dann waren wir bereit zum Aufbruch; zwei Männer mitsamt ihren Frauen reisten mit uns nach Dillingham. Unser Boot war nicht allzu schnell, aber das Wetter war gut, und wir kamen den ganzen Morgen über ordentlich voran. Nachmittags indessen wurde die See von einem aus Südwest kommenden Wind aufgepeitscht. In der Ferne war Kap Protection in Sicht, aber keiner von uns mochte es bei derart schwerer See in einem so kleinen Boot umrunden. Wir steuerten die Küste an und ankerten in der nächstbesten windgeschützten Bucht. In dieser Nacht brachte eine der Frauen, die bei uns waren, ein Kind zur Welt.

Als wir am nächsten Morgen aufbrachen, war schönes Wetter, aber nur zu bald schlug es wieder um, und weiße Gischtkämme spülten über unseren Bug hinweg. Ich dachte an den schwammigen Kiel unter uns. Chris auch, glaube ich.

»Fred, sollen wir umkehren?« Er mußte schreien, damit ich ihn im Geheul des zusehends stürmischer werdenden Windes überhaupt hören konnte.

»Wie weit ist es bis Kap Protection?«

»Etwa eine Stunde. Zurück dauert es genauso lang, mindestens, bis wir wieder irgendwo Schutz finden.«

Damit blieb uns nur eins übrig. Als wir uns Kap Protection näherten, wurde die Küste immer schroffer und steiler, bis nur mehr hohe Klippen aufragten, zu deren Füßen die Brecher in einer weißen Zackenlinie anbrandeten. Wir umrundeten das Kap und waren mit einemmal wieder in ruhigem Fahrwasser.

Am späten Nachmittag trafen wir in Dillingham ein und legten am Pier der Handelskompanie an. Chris mußte mit etlichen Leuten sprechen, daher nahm ich mein Gepäck und sagte ihm, daß ich morgen früh vorbeikommen und mich von ihm verabschieden würde. Ich marschierte hinauf zu dem Handelsposten und ging hinein. Vor einem Jahr war ich durch eben diese Tür getreten. Derselbe Mann, der mir vor einem Jahr Vorräte verkauft hatte, erwartete mich auch jetzt.

»Ich möchte ein paar Pelze loswerden.«

Er nickte.

»Sie sind letztes Frühjahr dagewesen. Sind schon 'ne ganze Weile weg. Unser Pelzlager ist dahinten.«

Ich folgte ihm und breitete meine Pelze auf dem breiten Ladentisch aus. Er musterte sie und machte mir ein Angebot.

»Ich zahl' Ihnen einen Spitzenpreis für Ihre Pelze. Sie sind einwandfrei und tadellos gepflegt. Kommen Sie mit nach vorn in den Laden. Ich möchte mit Ihnen reden.«

Eine kleine Ecke von dem Laden war durch ein Geländer abgeteilt. Das war sein Büro.

»Ich heiße Howard Griffin, aber jeder hier nennt mich Tubby. Über kurz oder lang werden allerhand Boote die Flüsse runterkommen. Tagtäglich werden neue kommen. Ich brauche jemand, der mir hilft. Können Sie einschätzen, was ein Pelz wert ist?«

»Ja, mit Pelzen kenne ich mich ziemlich gut aus.«

»Wenn Sie der Meinung sind, daß wir uns einig werden können, geb' ich Ihnen eine Liste, auf der unsere Preise aufgeführt sind. Abends machen wir einen kleinen Schnapsladen auf. Dafür wären Sie ebenfalls zuständig. Ich biete Ihnen fünf Dollar am Tag, dazu eine anständige Hütte zur Unterkunft, und außerdem können Sie in unserem Restaurant essen, soviel Sie wollen.«

Ich glaube, es war das »essen, soviel Sie wollen«, was letztlich den Ausschlag gab, worauf wir uns die Hände schüttelten und das Geschäft besiegelten. Er zeigte mir, wo ich die entsprechende Kleidung für mich finden konnte, ging dann mit mir hinaus und zeigte mir meine Unterkunft.

Am nächsten Morgen ging ich runter zum Pier, um mich von Chris zu verabschieden, aber niemand war da, und das Boot war ebenfalls verschwunden. Unser Boot hatte uns sicher in den Hafen gebracht, aber dann hatte der Kiel nicht mehr standgehalten, und jetzt ruhte es am Grund der Bucht, drei Meter tief im Wasser.

Im Frühling 1935 war Dillingham ein hartes Pflaster, ein Tummelplatz für sämtliche Trapper, die ihrem Handwerk an den großen Flußläufen nachgingen, dem Nushagak und dem Mulchatna. Am ersten Mai trafen die ersten Boote von stromaufwärts ein, und tagtäglich wurden es mehr. In dem kleinen Dorf ging es immer lebhafter zu. Allerhand anständige Männer fanden sich ein, und auch einige, die nicht so anständig waren.

In dem Schnapsladen, in dem ich abends stand, war immer viel Betrieb. Für manche Männer und auch einige Frauen war Trinken anscheinend die einzige Freizeitbeschäftigung. Ich war so neu in der Stadt, daß ich keinen meiner Kunden kannte. Ein Mann erklärte mir, daß er Cannibal John hieße. Als ich ihn fragte, wie er zu diesem Namen gekommen sei, sagte er, er hätte mal jemandem die Nase abgebissen, und seitdem werde er so genannt. Ich weiß, daß es stimmte, weil ich in diesem Sommer den Mann sah, den er so zugerichtet hatte; dort, wo einst die Nase gewesen war, befanden sich nur mehr zwei runde Löcher.

Eines Abends, kurz nachdem der Film zu Ende war – das Kino war ganz in der Nähe, und hinterher lebte das Geschäft stets auf –, kamen vier, fünf Frauen herein und hockten sich auf die Bierkästen, die an der einen Wand übereinander gestapelt waren. Dann ging die Tür auf, und ein Mann kam rein, den ich noch nie gesehen hatte.

»Margueriet, bist du bereit zum Aufbruch?«

»Nein, ich bin hier noch mit Fred verabredet.«

Er glotzte mich an. »Mit dem Nichtsnutz? Na schön denn.«

Ich musterte ihn von oben bis unten. Ziemlich groß war er ja, aber eher ein bißchen wabblig als breitschultrig.

»Was hast du mich da geheißen?«

»Hast du doch gehört. Komm raus, wenn's dir nicht paßt!«

»Ich komme gleich.«

Er ging hinaus, und ich zog mein Sakko aus. Es war ein Pendleton und hatte fünf Dollar gekostet, einen ganzen Tageslohn.«

»Was fehlt dem denn?«

»Alles. Das ist halt ein Taugenichts.«

»Wer ist das?«

»Dixie Washington heißt er.«

»Wenn die Mädels jetzt bitte gehen möchten. Ich muß mal kurz raus.«

Ich faltete mein Sakko, legte es auf den Ladentisch, ging hinaus und schloß die Tür ab.

Ich sah Dixie, und hinter ihm hatten sich allem Anschein nach sämtliche Einwohner der Stadt im Halbkreis versammelt.

Ich wußte genau, wie ich ihn anpacken mußte. Ich hatte vor, ihm mit aller Kraft in den Bauch zu treten, ehe er auch nur einen Mucks machen konnte. Als ich auf ihn zuging, stellte ich fest, daß mein Jagdmesser nach vorn gerutscht war, und ich schob es wieder zurück, damit es mir nicht ins Gehege kam. Seit ich heute morgen in meine Hose gestiegen war, hatte ich mein Messer bei mir. Ich hatte es stets am Gürtel hängen, und das schon seit über einem Jahr.

Ich blieb stehen und baute mich knapp zwei Meter vor Dixie auf. Mein Messer hatte eine etwa fünfundzwanzig Zentimeter lange Klinge und war so schwer, daß man damit einen kleinen Baumstrunk fällen konnte; wenn es in der Scheide steckte, wirkte es noch länger. Ich beobachtete Dixie, sah, wie sein Blick meiner Hand folgte. Das Messer faszinierte ihn anscheinend, und ich sah nicht ein, weshalb ich die Hand davon hätte wegnehmen sollen.

»Soweit ich weiß, heißt du Dixie. Was hast du mich geheißen?«

»Ich hab' dich gar nix geheißen.«

»Doch, hast du wohl. Du hast mich einen Nichtsnutz geheißen, und das ist genau das gleiche, wie wenn du mich angespuckt hättest. Und zwar ohne jeden Grund.«

»Komm, ich spendier' dir was zu trinken.«

»Nein, ich kann mir meinen Whiskey selber kaufen. Dixie, ich will dir mal was sagen. Wenn du mir noch einmal in die Quere kommst, egal wie, schlitz ich dir den Bauch bis zum Kinn auf. Wenn ich an deiner Stelle wäre, würde ich, glaube ich, die Stadt verlassen. Einfach irgendwo anders hingehen. All die Leute hier kennen dich, und manch einer sieht dich Tag für Tag. Die wissen genau, was du bist. Nämlich nichts als ein Fettsack mit einem großen Maul.«

Ich drehte mich um, ließ ihn stehen und ging wieder in den Laden. Es wurde allmählich kühl, und ich zog mein Sakko wieder an. Ich war erleichtert, denn ich hatte erwartet, daß es draußen etwas härter zur Sache gehen würde. Ich wußte sehr wohl, daß es sich nicht gehört, einen Mann derart zu erniedrigen, aber er hatte es sich selber zuzuschreiben. Ich möchte darauf hinweisen, daß ich niemals mit einem Messer auf einen Menschen losgehen würde, es sei denn, es geht um Leben oder Tod. Über kurz oder lang erfuhr ich allerlei Sachen über Dixie. Er scheuchte mit Vorliebe einheimische Jungs herum. Jeder, der kleiner war als Dixie, war ein willkommenes Opfer, wenn er sich seiner Sache sicher war. Er hatte droben am Mulchatna eine Hütte mit sämtlichem Drum und Dran, aber ich hatte gehört, daß er alles stehen-

und liegengelassen hatte. In diesem Sommer ging er für eine Konservenfabrik in der Nähe von Naknek auf Fischfang, aber in Dillingham ließ er sich nie wieder blicken.

Myron Moran hatte ein eigenes Flugzeug. Eines Tages suchte er mich auf.

»Fred, bist du schon mal droben an dem Paß gewesen, der vom oberen Teil des Togiak-Sees nach Westen führt?«

Ich sagte ihm, daß ich dort einige Zeit zugebracht hatte.

»Hast du dort irgendwo eine alte Hütte gesehen?«

»Jawohl«, sagte ich.

»Tja nun, vor ein paar Jahren ist ein alter Mann mit so viel Gold, wie in seinen Rucksack gepaßt hat, nach Dillingham gekommen. Er hatte eine Hütte droben an dem Paß. Was sagst du dazu? Wenn du noch mal mit mir da raufgehst, komm' ich für sämtliche Ausgaben auf.«

Ich mußte an die Entbehrungen denken, die ich da droben durchgemacht hatte. Bislang hatte ich noch niemandem erzählt, daß ich dort oben einen zweiten Bach entdeckt hatte, geschweige denn, daß ich vorhatte, mich noch mal dorthin zu begeben, und ich war mir auch nicht sicher, ob ich das wirklich wollte.

»Irgendwann vielleicht, Myron. Im Moment nicht.«

Matt Flenzburg schaute bei mir vorbei.

»Fred, bist du droben bei der alten Hütte schon mal mit deiner Pfanne zugange gewesen?«

»Noch nicht«, sagte ich.

»Hättest du aber tun sollen. Der Bach hat schon allerhand Gold hergegeben.«

Ich war seit etwa einem Monat in der Stadt. Eines Tages lehnte ich unter der Tür und betrachtete eine Eskimofrau, die auf dem Plankenweg, der vom Pier heraufführte, auf mich zukam. Sie trug eine dicke Baumwolljacke, die einem aus Pelz gefertigten Winterparka nachempfunden war; die dünne Kapuze war mit Rüschen besetzt. Es war Wasillys Mutter. Ich ging rein zum Regal mit den Süßigkeiten, holte die größte Schokoladenschachtel herunter, die ich fand; sie war mit lauter Bändern und Schleifen verschnürt. Sie kam in den Laden und setzte sich wortlos auf die lange Bank an der Wand, wartete. Ich ging hin und stellte ihr die Schachtel auf den Schoß. Sie blickte auf. Ich kannte sie nur von dem einen Tag her und von dem traurigen Morgen darauf. Zum erstenmal sah ich sie lächeln. Sie war wunderschön. Ich bückte mich und schloß sie in die Arme.

Sie waren der Arbeit wegen über den Sommer hierhergekommen. Durch die Bristol-Bai zogen die größten Lachsschwärme auf der Welt – das ist noch immer so. An der Mündung eines jeden Flusses, der in die Bai strömte, gab es eine kleine Stadt und etliche Konservenfabriken, am Nushagak, am Ugashik, am Egikik und am Naknek. Der Großteil der Fischer und der Arbeitskräfte in den Konservenfabriken wurde per Schiff aus den Staaten hierher gebracht, aber auch eine ganze Anzahl Eingeborener wurde hier beschäftigt. Am ersten Juni nahmen die Konservenfabriken den Betrieb auf. Die Fangsaison begann am 25. Juni und endete am 25. Juli. In diesem einen Monat ging es in den kleinen Städten an den Einmündungen der Flüsse rauh zu. Die Männer, die von weit her kamen, behandelten die Eingeborenen wie den letzten Dreck, und die hier ansässigen Weißen benahmen sich kaum besser. Bei Nacht zogen einige von den Zugereisten durch unser Dorf. Jeder Familienvater achtete darauf, daß seine Frau und die Töchter das Haus hüteten. Es war alles andere als angenehm. Hier ging es darum, die Seinen zu beschützen, und binnen kurzem begriff ich, worauf es ankam. Meine

Freunde waren größtenteils Eingeborene, und ich hatte größte Hochachtung vor ihnen und wollte ihnen unter allen Umständen beistehen.

4

Klutuk

Die Schneeschmelze im Frühjahr war ein Riesenereignis. Dies bedeutete nämlich, daß sämtliche Männer, die entlang der großen Flüsse auf Pelztierjagd gingen, nach monatelanger Einsamkeit hier eintrafen. Mir kam es fast so vor, als ob sie den letzten Eisschollen folgten, die flußabwärts hinaus ins Meer trieben.

Ich lernte ein paar von ihnen kennen. Sie waren allesamt älter als ich, und einige hatten seltsame Namen: »Butch Smith«, »Kid Wilkins«, »Wood River Chris«, »Big John«, »Happy Jack Smith«. Ihre richtigen Namen erfuhr ich nie – ich glaube, die kannte keiner –, aber ich fragte mich, was sie früher getrieben hatten. Da gab es zum Beispiel einen »Deep Hole Tom«; woher sein Name rührte, war leicht zu verstehen. Anscheinend grub »Deep Hole« jedesmal einen senkrechten Stollen, manchmal bis zu dreißig Meter tief, wenn er der Meinung war, daß sich unter ihm ein prähistorischer Wasserlauf befand. Er machte es einfach deshalb, weil er mal einen Mann gekannt hatte, der das ebenfalls getan hatte und auf ein altes Bachbett gestoßen war, das fast zur Hälfte aus Gold bestand.

Ich traf den »Platinum King«. Er war ein Eskimojunge aus

Nome, allenfalls fünfundzwanzig Jahre alt. Er hatte in einem diesseits von Nome gelegenen Bach nach Gold gesucht und ein gräuliches, mit einer Spur Gold durchsetztes Metall gefunden. Er hatte seine Claims für eine Winterausrüstung an ein Bergbausyndikat verkauft, und als ich ihn danach fragte, sagte er, man habe ihm erklärt, daß das graue Metall nicht viel wert sei. Genau dort entstand die Stadt Platinum, und auf seinen Claims wurde Erz im Wert von vielen Millionen Dollar abgebaut. Wenn manche Menschen die Gelegenheit bekommen, einen andern auszubeuten, beuten sie ihn anscheinend gewaltig aus. So was nennt man, glaube ich, ein gutes Geschäft.

Nachdem ich sie näher kennengelernt hatte, stellte ich fest, daß es lauter Männer waren, denen kein Weg zu weit war, wenn es um einen Freund ging. Butch Smith kannte ich besonders gut. Er muß an die siebzig Jahre alt gewesen sein, war aber nach wie vor stramm und rüstig. Er hatte breite Schultern, ein zerfurchtes Gesicht und Augen, die wie zwei Brocken Gletschereis wirkten. Eines Tages fragte er mich, ob ich vorhätte, im kommenden Winter auf Pelztierjagd zu gehen, und ich erzählte ihm, daß ich eine geeignete Stelle suchte.

»Die großen Flüsse sind überlaufen, Fred. Du bist jung, und ich weiß eine Stelle, die dir zusagen könnte.«

Er erzählte mir von den Tikchik-Seen. Ein gutes Pelztiergebiet sei das, mit reichlich Wild.

»Ein Mann namens Harry Stevens hat in der Gegend Fallen gestellt. Ich habe mal einen Herbst bei Harry verbracht; ich habe Gold gesucht. Vor zwei Jahren ist ein Flugzeug raufgeflogen, um ihn abzuholen, aber er war nicht beim abgesprochenen Treffpunkt. Daher ist der Pilot raus zu mir gekommen und hat mich aufgelesen, und wir haben sämtliche

Hütten von Harry abgegrast. Ich hab' sie alle gekannt. Er war seit einiger Zeit in keiner mehr gewesen.

Er ist dort irgendwo, Fred. Er ist bloß eines Tages nicht mehr zu seiner Hütte zurückgekommen. Das ist Grizzlygebiet, und das ist womöglich der Grund dafür, aber auch das Eis auf den Flüssen kann trügerisch sein, wenn es mit Schnee bedeckt ist. Da droben kann einem alles mögliche zustoßen, und wenn man zu weit von zu Hause weg ist, schafft man den Rückweg nicht mehr. Ich habe eine Hütte in der Stadt, Fred – du bist noch nie dagewesen. Wenn du willst, können wir zu mir gehen, und ich mach' eine Karte für dich klar. Ich zeich ne sämtliche Stellen ein, wo Harrys Hütten stehen. Die sind nach wie vor gut in Schuß.«

Es war nicht weit zu seiner Hütte; in Dillingham war es nirgendwohin weit. Drinnen erwartete uns eine Eskimofrau, die wie Butch auch schon etliche Jahre auf dem Buckel hatte.

»Fred, das ist meine Frau Mary. Nimm dir einen Stuhl, setz dich an den Tisch, und trink einen Kaffee mit.« Butch brachte eine Karte zum Tisch und setzte sich zu mir.

»Das sind die Tikchiks, fünf große Seen, die durch Flüsse miteinander verbunden sind. Das hier sind Harrys Hütten. Ich markier' sie für dich.«

Es gab den Cow Pond und den Rat Lake. Eine Hütte stand an der Einmündung des Rat Creek in den Tikchik. Am unteren Teil des ersten Sees, dort wo der Nuyakuk abfließt, stand eine weitere. Wir redeten ein Weile, und schließlich wandte sich Butch an mich.

»Fred, da wäre noch was, auf das ich dich hinweisen muß, und danach kannst du dir überlegen, ob du in die Gegend gehen willst. Letztes Jahr hat man bei Ekwok die Leichen von drei Landvermessern der Regierung aus dem Nushagak gezogen. Alle drei sind erschossen worden. Anscheinend ist man der Meinung, daß die Tat von einem Eskimo namens Klutuk begangen wurde, der weit droben am Nushagak gelebt hat. Na ja, er hat an der Einmündung des Klutuk Creek gelebt, und deswegen haben ihn die Leute so genannt. Er ist im Frühjahr nie flußabwärts gezogen so wie alle andern. Er hat die Weißen gehaßt.

Ich, Kid Wilkins und Sam Donalds sind übereingekommen, flußaufwärts zu ziehen und ihn zur Vernehmung in die Stadt zu schaffen. Ich kannte Klutuk besser als jeder andere Weiße, und ich hab gedacht, ich könnte ihn ohne Mühe herbringen. Es hat zehn Tage gedauert, bis wir bei ihm waren, und allem Anschein war er dazu bereit, mit uns flußabwärts zu kommen.

Wir haben am ersten Abend unser Lager aufgeschlagen, worauf Kid und ich Sam zurückgelassen haben, damit er auf Klutuk aufpaßt, während wir zusehen wollten, ob wir ein bißchen Fleisch beschaffen können. Als wir zurückkamen, war Klutuk nicht mehr da, wohl aber Sam. Er lag beim Lagerfeuer und hatte unsere zweischneidige Axt im Schädel stecken. Ich habe Sam schon etliche Jahre gekannt, und er war kein leichtsinniger Mann, aber an dem Abend ist er unvorsichtig gewesen. Er hat Klutuk den Rücken zugekehrt.

Wir haben Sam begraben und sind wieder flußabwärts gezogen. Niemand hat mehr nach Klutuk Ausschau gehalten. Keiner wußte, wo er anfangen sollte zu suchen. Ich kenne eine Menge eingeborene Jungs da droben. Ich weiß, daß Klutuk Pelztiere jagt und die Felle zu seinem Volk bringt. Die versorgen ihn mit Vorräten und Neuigkeiten.« Butch stand auf und ging mehr Kaffee holen.

»Was hat das mit den Tikchiks zu tun?«

»Ich kann dir bloß sagen, was ich denke, Fred, aber ich

glaube, ich habe recht. Der King Salmon River ist nicht allzu weit von Klutuks Jagdgründen entfernt, und der Oberlauf von diesem Fluß führt von dem nordöstlich der Tikchiks gelegenen Plateau runter. Das ist eine gute Karibugegend, und meines Erachtens hat Klutuk dort sein Lager. Ich nehme an, du willst am unteren Teil vom ersten See überwintern. Damit wärst du etwa vierzig Meilen weit von Klutuk weg. Das ist ein ziemliches Stück, so daß du dir seinetwegen eigentlich keine Sorgen machen müßtest. Andererseits ist Klutuk ein gerissener alter Kerl. Ich an deiner Stelle würde die Augen offenhalten.

Du bist jung, und ich kann mir vorstellen, daß du auch ziemlich geschickt bist. Du wirst da droben klarkommen. Aber ich möchte dich um einen Gefallen bitten. Ein alter Freund von mir, Jake Savolly heißt er, hat eine Hütte am Nuyakuk, etwa fünfzehn Meilen flußabwärts – er ist immer mit dem Boot unterwegs, und da drunten gibt's eine Reihe tückischer Wasserfälle, daher fährt er nicht weiter. Jake geht nicht groß auf Pelztierjagd, er überwintert dort bloß mehr oder weniger. Na ja, er ist dieses Frühjahr nicht aufgetaucht. Er hat immer einen Haufen Vorräte in seiner Hütte und könnte es dort lange aushalten. Aber womöglich hat er einen Unfall gehabt. Schon die geringste Kleinigkeit könnte ihn so sehr behindern, daß er nicht dazu fähig war, sein Boot flußabwärts zu steuern. Ich möchte, daß du nach ihm siehst. Für dich wär das ungefähr ein Tagesmarsch. Seine Hütte steht auf der Westseite vom Fluß.«

Ich sagte Butch, daß ich das selbstverständlich tun würde, und machte mich bereit zum Aufbruch. Er gab mir die Karte, die er markiert hatte.

»Du kannst mit Matt Flenzburg hinfliegen. Er kennt sämtliche Standorte. Falls wir uns hier nicht mehr sehen sollten, wünsche ich dir einen angenehmen Winter, und wir sprechen uns dann im Frühjahr.«

Es war zu spät, als daß ich in diesem Jahr noch eine Anstellung als Fischer hätte bekommen können, daher arbeitete ich den ganzen Sommer über für Tubby Griffin. Am ersten August redete ich mit Matt Flenzburg, und er sagte, er könne mich jederzeit zu den Tikchiks fliegen. Ein paar Tage später brachen wir auf. Seine Maschine hatte Schwimmer, und er setzte mich an der Südspitze des ersten Sees ab, zu Fuß nicht mehr als fünf Minuten von Harry Stevens' Hütte am Abfluß des Nuyakuk entfernt. Wir luden meine Vorräte aus. Diesmal hatte ich von allem reichlich dabei; ich wollte nicht noch einmal so einen Winter wie droben am Togiak-See erleben. Ich sagte Matt, er sollte mich Mitte April abholen, wenn der See noch so fest gefroren war, daß er mit den Skiern an seiner Maschine darauf landen konnte. Er flog los, und ich trug die erste Ladung Vorräte hinunter zur Hütte. Es war ein hübsches Plätzchen, und ich sah gleich, daß Harry sich beim Bau allerhand Mühe gegeben hatte: auf jeder Seite ein schönes großes Fenster und eine Menge Platz für alles. Ich richtete mich ein, und am dritten Tag war ich bereit für die Aufgabe, um die Butch mich gebeten hatte. Frühmorgens brach ich zu Jake Savollys Hütte auf. Fünfzehn Meilen waren nicht sonderlich weit, aber ich kam an etlichen Stellen vorbei, an denen Grizzlys Lachse aus dem Fluß gefischt hatten, daher marschierte ich nicht allzu schnell und hielt stets die Augen offen. Bären sind ziemlich reizbar, wenn sie fressen. Es dauerte etwa fünf Stunden, bis ich Jakes Hütte erreichte.

Sie stand hoch oben am Ufer, mit Blick auf den Fluß. Dort waren die Fälle, und ich konnte verstehen, weshalb Jake nicht weitergefahren war. Als ich näher kam, hatte ich irgendwie den Eindruck, daß die Hütte seit längerer Zeit nicht mehr benutzt worden war. Die Tür war nur mit einem Schnappriegel gesichert. Ich zog ihn hoch und ging hinein. Da drin war nichts weiter als ein Ofen mitsamt Ofenrohr, ein kleiner Stapel Holz an der einen Wand und ein Stuhl. Jeder Trapper hebt seine leeren Kaffeedosen auf – für die gibt es allerlei Verwendung –, aber hier war nirgendwo eine. Das kam mir merkwürdig vor. Ich war ein bißchen müde. Ich hatte immer meine Teekanne dabei. Früher war das mal ein Eimer mit drei Pfund Schmalz gewesen; er hatte einen Henkel und einen dicht schließenden Deckel, und ich bewahrte darin immer einen Stoffbeutel mit Tee auf. Heißer Tee tut gut, wenn man müde Knochen hat. Ich zündete den Ofen an und ging drunten am Fluß Wasser holen. Dort lag Jakes Boot, so weit vom Fluß weggezogen, daß es im Winter nicht ins Eis geraten konnte. Er mußte das letzten Herbst noch erledigt haben. Jetzt wurde ich stutzig. Jake hatte die Hütte und das Boot eindeutig seit langem nicht mehr benutzt. Ich holte mir Wasser und ging wieder in die Hütte. Nachdem ich die Kanne aufgesetzt hatte, nahm ich den von Hand gefertigten Stuhl und zog ihn zum Ofen. Ich weiß nicht, ob es die zahllosen feinen Piepser waren oder die zarten Bisse in Hand und Unterarm, die mich wachrüttelten – meine Hose war über und über voller wimmelnder Spitzmäuse. Ich sprang auf, trat um mich und streifte sie ab, worauf sie in allerlei Löchern und Ritzen verschwanden. Ich hatte keine Ahnung, daß sich so viele Spitzmäuse an einem Ort aufhalten konnten, aber so war es.

Ich hatte vorgehabt, über Nacht in der Hütte zu bleiben, aber jetzt war mir nicht mehr danach. Ich trank meinen Tee und ging nach draußen, schaute hinunter zu Jakes Boot. Ich begab mich zur Rückseite der Hütte, und da war er. Er war hierher geschleppt worden, denn die Arme waren über den Kopf ausgestreckt, und er lag schon eine ganze Weile da. Viel war nicht mehr von ihm übrig, bloß Knochen, und die hatten die Spitzmäuse blank genagt. Knochen und ein paar Fetzen Stoff. Ich schaute ihn mir genau an. Eine Rippe war von einer Kugel durchschlagen, etwa zehn Zentimeter vom Rückgrat entfernt.

Ich stand eine Zeitlang da. Ich stellte fest, daß mich eine eiskalte Wut packte. Ich wußte, daß Klutuk hiergewesen war.

Das hier hätte Klutuk nicht tun müssen. Jake hatte gar nicht gewußt, wer er war oder warum er sich in dieser Gegend aufhielt, falls er ihn überhaupt gesehen hätte. Klutuk mochte sich für seine anderen Morde allerlei Ausflüchte ausgedacht haben, aber für den hier gab es keine Entschuldigung.

Ich ging wieder nach vorn, setzte mich unter die offene Tür und dachte gründlich über alles nach. Auf dem Wasser ist jeder Ton weithin vernehmlich. Klutuk hatte trotz der tosenden Fälle das Tuckern von Jakes Außenbordmotor gehört, und nach dem ersten kräftigen Schneefall hatte er zugeschlagen. Klutuk hatte ein Hundegespann, das hatte ich bereits von Butch erfahren. Im Winter sind die Eingeborenen mit Hundegespannen unterwegs, in den Sommermonaten ausschließlich mit dem Kanu. Seine Hunde hatte er vermutlich etwa drei Meilen weiter hinten angebunden, damit man sie von der Hütte aus nicht hören konnte, und sich zu Fuß angepirscht. Jake hatte er kurzerhand umgebracht. Dann hatte Klutuk seine Hunde zu der Hütte geführt und Jakes Vorräte auf den Schlitten geladen. Der Außenbordmotor war ebenfalls weg. Das hieß, daß Klutuk wenigstens zwei Fuhren hatte fortschaffen müssen.

Ich brach auf, denn wenn ich halbwegs bei Tageslicht wieder zu meiner Hütte zurückkehren wollte, mußte ich mich ranhalten. Fortwährend dachte ich über Klutuk nach und überlegte, wie ich an ihn rankommen könnte, denn ich wollte ihn unbedingt drankriegen. Ein wütendes Gebrüll und das weit aufgerissene Maul eines riesigen Grizzlybären, der die kurze, steile Uferböschung heraufgeprescht kam, brachten mich wieder zu mir. Ich zielte nicht. Mußte ich auch nicht. Als ich den Finger um den Abzug legte, war die Mündung meines Gewehrs allenfalls noch einen guten halben Meter von seinem Maul entfernt. Er rutschte zurück und blieb unten am Ufer liegen. Ich konnte die weißen Schädelknochen sehen. Meine Kugel war durch das Maul eingedrungen und hatte ihm den Hinterkopf weggerissen.

Ab sofort versuchte ich nicht mehr an Klutuk zu denken und besser auf den Weg zu achten, der vor mir lag. Mir wollte nicht aus dem Kopf gehen, daß Jake bereits der fünfte Mann war, den Klutuk auf dem Gewissen hatte. Ich hatte nicht vor, der sechste zu werden.

Es war nahezu stockdunkel, als ich wieder daheim war. Ich hängte erst die Fenster von innen mit Decken ab, ehe ich die Lampe anzündete. Irgendwie ist es schon merkwürdig, wie schnell man sich in einer Hütte wie zu Hause fühlt. Ich war erst seit drei Tagen da, war zuvor noch nie in dieser Hütte gewesen, und dennoch war sie ein Zuhause. Wenn ich's recht bedenke, war es das allererste Mal, daß ich mich irgendwo heimisch fühlte.

Die nächsten zwei, drei Tage lang überlegte ich hin und her, wie ich gegen Klutuk vorgehen sollte. Mir war klar, daß er den dröhnenden Flugzeugmotor gehört haben mußte und auch gesehen hatte, wie die Maschine unten am See aufsetzte. Seiner Ansicht nach mußte er sich nicht weiter darum kümmern. Er wußte, wo ich war und daß ich mich nur den Winter über in dieser Gegend aufhielt. Sobald es das erste Mal tüchtig schneite, konnte er anrücken, seine Hunde irgendwo da draußen anketten, und eh' ich mich's versah, hatte er mich schon im Visier. Womöglich nahm er an, ich wüßte, wer er war und wo er sich aufhielt, aber sicher konnte er sich dessen nicht sein. Genau das gedachte ich zu ändern. Ich wollte, daß Klutuk das Gefühl hatte, ich wäre hinter ihm her. Ich wollte, daß er sich in acht nahm. Mehr konnte ich in diesem Winter gar nicht erreichen. Ich wußte, daß er nicht aufgeben würde, daß er mir nach wie vor nachstellen würde, aber er mußte anders vorgehen, und ich war fest entschlossen, ihn dabei vorzuführen.

Ich hielt mich weitestgehend bedeckt. Ich legte keinerlei Fallen aus. Vermutlich wunderte er sich darüber, und ich wollte, daß er sich wunderte. Ich wollte, daß er sich Sorgen machte. Ich meinte genau zu wissen, welche Gedanken ihn beschäftigten. Jemand wie er brach nicht einfach auf und zog quer durchs Land in meine Richtung, aber sicher konnte ich mir dessen nicht sein. Ich wartete auf Schnee, denn der Schnee spielte in meinen weiteren Plänen gegen Klutuk eine gewichtige Rolle.

Als es kalt genug war, schoß ich einen Elch, damit ich im Winter Fleisch hatte. Ich schnitt das Fell in zwei Teile, mit denen ich abends die Fenster verhängte – die Decken, die ich zuvor benutzt hatte, brauchte ich jetzt, denn die Nächte waren kühl.

Endlich kam der Schnee. Dicht und stetig fiel er, und eh' man sich's versah, lagen gut dreißig Zentimeter, ideal für Schneeschuhe. Ich packte meinen Rucksack und brach auf, hielt mich gen Norden. Butch hatte mir erzählt, daß Klutuk seiner Meinung nach sein Lager droben am Oberlauf des King Salmon aufgeschlagen hatte, und ich glaubte ihm. Ich marschierte nicht allzu schnell. Ich horchte ständig auf Hundegebell, achtete auf alles, was auf Klutuk hindeuten könnte.

Die Tage waren noch einigermaßen lang, und obwohl ich es gemächlich angehen ließ, legte ich, glaube ich, an die zwanzig Meilen zurück. An diesem Abend schlug ich ein kaltes Lager auf. Lagerfeuerrauch hätte womöglich die Hunde aufgeschreckt, falls Klutuk in der Gegend sein sollte, und ich wollte mich nicht vorher ankündigen. Noch nicht. Am nächsten Morgen entdeckte ich etwa fünf Meilen weiter genau das, wonach ich Ausschau gehalten hatte: die Spur eines Hundegespanns, die sich an einem noch eisfreien Bachlauf entlangzog. Ich folgte ihr und stieß auf Klutuks erste Minkfalle. Ich löste sie aus und ließ sie zuschnappen, stellte sie dann vorsichtig ans Ufer, damit er sie sehen konnte. Ich machte rund zwanzig Fallen ausfindig und löste sie alle aus. Danach begab ich mich auf den Heimweg. Ich wich immer wieder vom Pfad ab, schlug weite Kreise, ehe ich wieder auf meine alte Fährte zurückkehrte. Obwohl sich die Spuren meiner Schneeschuhe deutlich abzeichneten, würde Klutuk so einer Fährte nicht lange folgen – er konnte nicht wissen, ob ich nicht irgendwo auf der Lauer lag.

An diesem Abend bereitete ich mir einmal mehr ein kaltes Lager, aber ich war jetzt zufrieden. Klutuk mußte die Fallenstellerei aufgeben – er hatte keine Ahnung, wo ich sein könnte. Ich hatte ihn in die Enge getrieben, fast so, als säße er in einem Pferch. Er konnte sich nicht fortbewegen, ohne daß seine Hunde Laut gaben; ich auf meinen Schneeschuhen hingegen war leise unterwegs.

Tags darauf kam ich zeitig nach Hause, und zum erstenmal, seitdem ich Jakes Leichnam entdeckt hatte, fühlte ich mich wieder halbwegs sicher. Ich legte ebenfalls eine Strecke Minkfallen aus und machte mir wegen Klutuk keine weiteren Sorgen, auch wenn ich abends nach wie vor die Fenster verhängte. Ich kann nicht gerade behaupten, daß es ein herrlicher Winter war, aber ich erbeutete allerhand Pelze. Ich war heilfroh, als ich Mitte April Matts Maschine über den See hinwegbrummen hörte. Ich hatte meine Pelze seit etlichen Tagen zusammengepackt und stand aufbruchbereit am See, als er landete. Wir luden meine Felle ein, das Gewehr, die Schneeschuhe und mein Bettzeug. All die anderen Sachen, die ich in der Hütte zurückgelassen hatte, konnte Klutuk von mir aus gern haben, denn ich hatte sie absichtlich dort hinterlassen. Ich wollte, daß er glaubte, ich käme im Herbst wieder. Ich wußte, daß er dann da sein und mich abpassen würde. Vorerst hatte er nur das Flugzeug anfliegen gehört und gesehen, wie es landete. Noch war alles so tief verschneit, daß er mit seinem Hundegespann losziehen konnte, und mir war klar, daß Klutuk unmittelbar nach unserem Start aufbrechen und sich auf die Lauer legen würde.

In Dillingham war nicht viel los. Noch waren die ersten Trapper nicht eingetroffen, aber bald würde das Eis auf den Flüssen schmelzen. Ich arbeitete einmal mehr für Tubby Griffin, begutachtete allerlei Felle und lernte schließlich jemanden kennen, der einen Mitarbeiter für den Fischfang suchte. Henry Rhoel war ein erfahrener Fischer, und er konnte mit einem Segelboot umgehen. Ich hatte keine Ahnung davon, aber Harry sagte, ich müßte lediglich tüchtig zupacken können.

Tag für Tag trafen jetzt die Boote ein, und die Männer, Trapper allesamt, wollten unbedingt wissen, was ihnen die Felle einbrachten, die sie diesen Winter erbeutet hatten. Manche reisten mitsamt ihren Familien an, aber die meisten hatten keine. Seit mindestens einem Monat fieberten sie förmlich dem Frühling entgegen, konnten es kaum abwarten, alten Freunden zu begegnen, die sie den ganzen Winter über nicht gesehen hatten, Freunden, mit denen sie irgendwo einkehren und das eine oder andere Glas leeren konnten. Von weit drüben im Westen, bis aus Tobiak, reisten die Eingeborenen mitsamt ihren Familien an. Binnen kurzer Zeit wurde Dillingham zu einer kleinen Zeltstadt.

Demnächst sollte der Trapperball stattfinden. Ich hatte bislang noch nie daran teilgenommen, aber dieses Jahr wollte ich unbedingt hin, und es war, wie sich erweisen sollte, ein ziemliches Ereignis. Das Kino in der Stadt hatte vierhundert Sitzplätze, und in den Sommermonaten war es jede Nacht voll. Vor dem Trapperball wurden die Sitzbänke an die Wand gerückt und übereinander gestapelt. Ganz Dillingham wartete darauf, daß es endlich losging.

Red Malsbury war das Genie am Ort. Wenn ein Radio nicht mehr ging und Red nicht das passende Ersatzteil hatte, bastelte er irgendwas, das es genauso tat. Er wartete auch die Dieselmotoren, mit denen die beiden Handelsposten in der Stadt ihren Strom erzeugten. Er konnte jedes technische Gerät reparieren, und Klavier spielen konnte er auch noch. Red war für die Musik beim Trapperball zuständig, und er machte seine Sache großartig. Und das Whiskeyglas, das er ständig auf dem Klavier stehen hatte, tat seiner Musikalität allem Anschein nach nicht den geringsten Abbruch.

Endlich durfte das Tanzbein geschwungen werden. Sämtliche Frauen und Mädchen aus der Stadt waren da, dazu all jene, die entlang der Küste oder auf den großen Flüssen hierher gekommen waren, und alle hatten sie tüchtig zu tun. Sogar die Schwestern vom Hospital des Bureau of Indian Affairs, sieben Meilen außerhalb der Stadt gelegen, waren gekommen, von den paar Unglücklichen, die Dienst hatten, einmal abgesehen. Nach ein paar Gläsern tanzte jeder mit, auch die Männer, die es eigentlich nicht konnten. Vor der Leinwand befand sich eine kleine Bühne. Dort wurden die

Männer abgelegt, die sich übernommen oder zuviel getrunken hatten, damit niemand auf sie trat. Hier gab es nur wenig und allzu selten die Gelegenheit zu einem geselligen Beisammensein, und daher ging es beim Trapperball hoch her, und alle hatten mächtig Spaß.

Butch Smith kam dieses Jahr erst spät flußabwärts. Eines Tages sah ich ihn dann vor dem Handelsposten stehen. Ich ging hin, und wir setzten uns auf die lange Bank, die an der Wand stand.

»Wie ist es dir diesen Winter ergangen, Fred?«

»Na ja, es war ein ziemlich eigenartiger Winter, Butch. Ich bin den Nuyakuk runtermarschiert und habe bei Jake Savolly vorbeigeschaut, weil du mich ja darum gebeten hast. Du hast recht gehabt, was Klutuk angeht. Er hat droben bei den Tikchiks sein Lager, etwa dort, wo du gemeint hast. Ich habe Jake hinter seiner Hütte gefunden. Er wurde hinterrücks erschossen und dorthin geschleppt.«

Butch schwieg eine ganze Weile, dann sprudelten die Fragen nur so aus ihm heraus. Ich erzählte ihm die ganze Geschichte.

»Klutuk hat dieses Frühjahr gehört, wie das Flugzeug angekommen und gelandet ist. Er hat gesehen, wie es kurz darauf wieder gestartet ist, und damit war ihm klar, daß ich weg bin. Da droben liegt noch reichlich Schnee, so daß er mit seinem Hundegespann losziehen kann. Meiner Meinung nach ist er einen Tag nach meinem Aufbruch bei der Hütte gewesen. Alles ist noch da, als ob ich im Herbst wiederkommen würde. Er treibt sich bestimmt den ganzen Sommer über dort rum und wartet auf mich. Er hält sich immer in Schußweite von der Hütte auf.«

»Das ist aber doch noch nicht alles.«

»Dieses Jahr geh' ich zum Rat Lake. Du hast doch gesagt,

daß Harry dort eine Hütte hatte. Wenn Klutuk sieht, daß die Maschine diesen Herbst am Rat Lake landet, weiß er, daß er den Sommer vertan hat, daß er die ganze Zeit vergebens an der andern Hütte auf der Lauer gelegen hat. Aber jetzt weiß er auch, wo ich bin. Er kennt sich da droben viel besser aus als ich, aber trotzdem traut er sich kommenden Winter bestimmt noch nicht an mich ran. Der kommt erst im Frühjahr zum Rat Lake, nachdem ich weg bin. Und dann krieg' ich ihn.«

»Nachdem du weg bist? Klutuk ist nicht blöde, Fred. Was hast du vor?«

»Er ist auf Vorräte aus, Butch. Er hat Jakes Hütte ratzeputz ausgeräumt, hat nicht mal eine leere Kaffeedose liegenlassen. Ich hab' ihm eine Menge Sachen dagelassen, als ich dieses Frühjahr weggeflogen bin, und im nächsten Frühjahr werde ich ihm wieder was dalassen. Etwas, das ihm nicht gut bekommen wird. Hier an der Küste hat man doch früher mal allerhand Strychnin ausgelegt, Butch. So viel, daß es fast keine Polarfüchse mehr gegeben hat, aber heutzutage verwendet das keiner mehr. Ich brauche ein bißchen Strychnin für kommendes Frühjahr. Kannst du mir welches besorgen?«

Butch schaute mich an und nickte.

»Die drei Landvermesser, die Klutuk umgebracht hat, habe ich nicht gekannt, aber Sam Donaldson und Jake Savolly waren Freunde von mir. Ich beschaff' dir das Strychnin. Mit einem gehäuften Vierteldollar voll kannst du einen hundertfünfzig Pfund schweren Wolf umbringen. Ich wünsche dir alles Gute dabei.«

Henry und ich gingen auf Fischfang. Ich glaube, ich habe überhaupt nicht gewußt, was Schwerstarbeit ist, bis ich in der Bristol-Bai Lachse fangen ging. Die hölzernen Segelboote waren rund zehn Meter lang, knapp zweieinhalb Meter breit, und sie waren offen. Wenn wir dringend eine Ruhepause brauchten, konnten wir mittels einer Reihe von Haken und Drähten am Bug ein Zelt aufbauen, unter dem wir Schutz fanden – doch vorher mußte der Mast umgelegt und das Segel zusammengerollt werden. Bei der Arbeit mußten wir das Boot auf Geradeauskurs im Flut- oder Ebbestrom halten, während die über hundert Meter langen Wandnetze über das Heck ausgelegt wurden.

Motorkraft war nicht erlaubt. Nicht etwa von Gesetzes wegen. Diese Auflage wurde den Fischern von der Lachsindustrie Alaskas gemacht. Es gab keinerlei Konkurrenz, und die an der Lachsindustrie von Alaska beteiligten Firmen sprachen die Preise, die sie für die Lachse bezahlten, untereinander ab. Dieses Gebaren war die reinste Ausbeutung, und dadurch konnten sich die Männer weder einen Motor noch den Treibstoff dafür leisten. Dabei hätte schon ein Außenbordmotor mitunter manches Menschenleben retten können. Durch den starken Tidenstrom wanderten die Sandbänke in der Bristol-Bai fortwährend, und ab und zu lief ein Boot auf Grund. Wenn dann die Flut kam, konnte man nur noch um gutes Wetter beten. Denn wenn mit dem Hochwasser ein Sturm aufzog, was häufig der Fall war, konnte ein offenes Boot nur allzu leicht umschlagen, und die Mannschaft war verloren. Menschenleben waren anscheinend nicht viel wert, verglichen mit den Profiten, welche die Konservenfabriken einfuhren.

An der Bristol-Bai lag der Preis für jeden gefangenen Lachs bei sechzehn Cent. Die Männer, die an der Cook-Bai fischten, etwa dreihundert Meilen weiter östlich, bekamen für den gleichen Fisch einen Dollar bezahlt. Dort gab es Konkurrenz. Das war der Unterschied.

Die Konservenfabriken hatten draußen in der Bucht

Schuten vor Anker liegen, und jedes Fischerboot mußte sich alle vierundzwanzig Stunden einmal dort melden. Dadurch wurde garantiert, daß der Fisch frisch war, und den Fischern bot dies darüber hinaus einen willkommenen Anlaß für eine Pause – nach vierundzwanzigstündiger Schinderei waren wir froh, wenn wir am Mutterschiff anlegen konnten, und dankbar für die warme Mahlzeit, die es dort gab.

Jahr für Jahr kamen ein paar Männer um. Jede Konservenfabrik hatte einen kleinen Friedhof, auf dem etliche kleine Holzkreuze standen, und jedes trug den Namen eines Mannes. Darunter standen die Worte »Von der See verschlungen«.

Henry und ich hatten eine Ladung Lachse abgeliefert, und nachdem wir gegessen hatten, trat ich hinaus aufs Deck der Schute. Ich sah zahlreiche weiße Segel, einige ganz nah; aber weit draußen, so daß ich sie gerade noch erkennen konnte, waren noch mehr. Alle kreuzten sie gegen den starken Wind und die Tide, während sie die Schuten anliefen, um ihren Fang abzuliefern, und die Männer an Bord nur noch an eines dachten – die warme Mahlzeit, die sie dort erwartete. Mit diesen Segelbooten auf Fischfang zu gehen war wahrlich ein harter Broterwerb, aber ich lernte nicht einen Mann kennen, der ihn aus freien Stücken aufgegeben hätte. Die Fischerei lag ihnen im Blut, und dabei würde es auch bleiben.

Meine erste Fischfangsaison war schließlich vorüber, und dank Henry waren wir erfolgreich gewesen. Ich hatte nun eine Menge Geld, mehr, als ich für meine Wintervorräte brauchte.

Anfang August traf ich Butch, und er nahm mich mit zu seiner Hütte. Er gab mir einen Steingutkrug, der rund einen halben Liter faßte und beinahe bis zum Rand mit einem Pulver gefüllt war.

»Sei vorsichtig, Fred. Klutuk läßt sich von niemand zum Narren halten, und er ist gerissen.«

Ich sagte Butch, daß wir uns im Frühjahr wieder sehen würden, und verließ ihn. Zwei Tage später lud ich meine Sachen in Matts Flugzeug und brach auf. Nach einer Stunde waren wir über den Tikchik-Seen. Es war ein seltsames Gefühl, auf dieses herrliche Land zu schauen und gleichzeitig zu wissen, daß sich dort ein Mörder herumtrieb. Ich wußte, daß Klutuk drunten am ersten See auf mich wartete. Er würde wütend werden und sich wundern, wenn die Maschine weiterflog, ohne zu landen. Wenn er das Flugzeug am Rat Lake zur Landung ansetzen sah, würde ihm klarwerden, daß er den ganzen Sommer lang vergebens gewartet und lediglich die Vorräte erbeutet hatte, die ich zurückgelassen hatte. Zumal er wußte, was ich mit seinen Fallen anstellen würde. Den Anschlag auf mich aber mußte er um ein weiteres Jahr verschieben.

Wir landeten auf dem Rat Lake, und die Hütte dort war gut in Schuß. Sie hatte ein breites Überdach auf der Vorderseite, eine Art Unterstand. Wir luden alles aus, und ich sagte Matt, er sollte mich Anfang März wieder abholen. Er zückte sein Notizbuch und schrieb sich das Datum auf. Für manche Trapper war es wichtig, daß sie rechtzeitig abgeholt wurden, und diesmal galt das auch für mich. Ich wollte, daß noch reichlich Schnee lag, damit Klutuk mit seinem Hundegespann losziehen konnte, nachdem ich im Frühjahr aufgebrochen war. Ich wollte, daß er dann zum Rat Lake kam.

Ich sah zu, wie Matt den Motor hochjagte und auf dem See startete. Ich wußte, daß auch Klutuk zusehen würde. Matt zog über mir eine Schleife und wackelte mit den Flügelspitzen, dann nahm er Kurs auf die Küste.

Ich war zutiefst verdrossen. Ich befand mich in einer

großartigen Pelztiergegend, doch da ich wußte, daß sich Klutuk in der Nähe aufhielt, konnte ich mich kaum vom Fleck bewegen. Da nützte es auch nicht viel, daß ich Klutuk meiner Meinung nach in der Hand hatte. Bis der Schnee kam, war ich hauptsächlich damit beschäftigt, Augen und Ohren aufzusperren.

Harry Stevens war ein tüchtiger Mann gewesen. Seine Hütte war gut ausgestattet und verfügte über eine Menge von Regalen aus roh gezimmerten Brettern, auf denen man allerhand Sachen verstauen konnte. Die nächsten paar Tage war ich damit beschäftigt, genügend Holz für den Winter heranzuschaffen. Ich hatte diesmal eine Zugsäge mitgenommen. Sie bestand lediglich aus einem Stahlbogen, der mit einem schmalen Blatt versehen war, aber beim Zersägen der Stämme erzeugte sie kaum mehr als ein leichtes Zischen. Ich wollte unter allen Umständen vermeiden, daß ich auch nur den geringsten Laut überhörte. Ich wußte, daß ich Klutuk mehr oder weniger in die Defensive gedrängt hatte, aber er war ein gefährlicher Gegner. Fünf tote Männer waren mir Warnung genug.

Harry Stevens hatte seine Haupthütte am Zusammenfluß des Rat Creek und des Tikchik gebaut, hatte Butch mir erzählt. Er war im Winter ebenfalls mit einem Hundegespann unterwegs gewesen. Er hatte in dieser Gegend Pelztierfallen ausgelegt und entlang dem Fluß und seinen Nebengewässern Pfade durch das Unterholz gehauen. Eines Tages folgte ich einem dieser Pfade entlang dem Bachlauf und stieß auf die Haupthütte. Sie stand nur ein kurzes Stück vom Fluß entfernt, war groß und behaglich. Als ich eintrat, wünschte ich, ich könnte den Winter über dableiben. Harry hatte sich einen Sessel mit schräger Lehne gezimmert, mit dem er gemütlich am Ofen sitzen und sich ausruhen konnte. An einer der Blockhauswände war der übliche Stapel Ofenholz aufgeschichtet, dazu ein Haufen trockener Rinde. Alles lag für ihn bereit, sobald er zurückkam. Es war ein komisches Gefühl, wenn man bedachte, daß Harry Stevens nicht mehr zurückkehren würde. Es war so, wie Butch gesagt hatte – ihm konnte alles mögliche zugestoßen sein.

Ich hielt mich nicht lange auf. Bis zum ersten Schnee, darüber war ich mir im klaren, lief ich stets Gefahr, daß ich unerwünschte Gesellschaft bekam. Wenn erst der Winter anbrach, hatte ich Klutuk in der Hand. Er durfte seine Hunde nicht zu dicht heranführen, denn Hunde geben immer Laut. Wenn sie umherziehen, bellen sie ab und zu; selbst wenn sie angeleint sind, geht es nicht ohne ein gelegentliches Kläffen oder Heulen ab. Daher saß ich jetzt abends, nach Einbruch der Dunkelheit, wenn ich meine Lampe gelöscht hatte, unter der offenen Tür meiner Hütte und horchte auf die Nachtlaute. Ein scharfer Knall draußen auf dem See kündete von einem Biber, der vor dem Abtauchen mit seinem breiten Schwanz aufs Wasser schlug. Ein, zwei kurze Grunzlaute drüben auf der anderen Seite des Sees verrieten mir, daß sich dort ein Elch aufhielt und an den Seerosen äste. Ab und zu erkannte ich an einem keuchenden Brüllton, das sich ein Grizzly in der Gegend herumtrieb, über irgend etwas wütend und aufgebracht war, aber das sind sie eigentlich immer. Ich hatte am Rat Creek etliche Stellen gesehen, an denen sie Lachse aus dem Wasser geschleudert hatten, daher wußte ich, daß es in dieser Gegend eine ganze Menge gab.

Anfang November legte ich am Rat Creek eine kurze Strecke Minkfallen aus, gerade soviel, daß ich das Gefühl hatte, ich hätte irgendwas Nützliches getan. Meine letzte unangenehme Begegnung mit einem Grizzly hatte sich vorigen Herbst zugetragen, als einer unverhofft auf mich losgegangen war. Ich hatte immer noch nicht die nötige Erfahrung und war mir nach wie vor nicht bewußt, welch große Gefahr sie tatsächlich darstellten.

Eines frühen Morgens befand ich mich auf einem Pfad, der zum Rat Creek hinabführte, als ich einem Grizzly begegnete, der mir entgegenkam. Keine fünfzehn Meter von mir entfernt blieb er stehen, erhob sich kurz auf die Hinterhand und schaute zu mir her. Er zog die Lefzen zurück, und ein tiefes Grollen drang aus seiner Kehle. Ich drückte ab, als er die Vorderpranken wieder auf den Boden setzte, und hatte ihn allem Anschein nach glatt verfehlt. Langsam kam er auf mich zu, und ich verpaßte ihm eine Kugel in die Brust. Er blieb stehen, und der nächste Schuß traf ihn an der gleichen Stelle. Daraufhin brach er zusammen, und nach ein paar Minuten, sobald ich mir sicher war, daß er tot war, ging ich zu ihm hin. Die erste Kugel, die ich abgefeuert hatte, hatte ihn lediglich an der Schulter gestreift, aber die nächsten beiden hatten ihn mitten in der Brust getroffen, keine fünf Zentimeter voneinander entfernt.

Es wurde kalt. Das bedeutete, daß sich ab jetzt das Fleisch hielt, und ohne große Mühe konnte ich einen Elch erlegen. Schließlich fiel der erste Schnee, und das gleich reichlich; als es wieder aufhörte und die Tage klar und klirrend kalt wurden, lag gut ein Meter Neuschnee. Nun konnte ich mich sicher fühlen, aber dennoch ging ich tagtäglich und Nacht für Nacht meine Taktik durch, mit der ich Klutuk in die Enge treiben wollte, dachte über seine Gegenzüge nach, sobald ich innehielt, bei jedem unverhofften Laut, den ich hörte.

Die einträglichsten Pelztiere in dieser Gegend waren die Minks, und die zogen über den Tikchik und die zahlreichen Nebenläufe, die in ihn mündeten. Ich brachte ein paar Vorräte runter zu Harrys Haupthütte und blieb dort etliche Tage am Stück. Wenn ich mit Schneeschuhen unterwegs war, hielt ich mich an den Fluß, nicht an Harrys Pfad; der Boden war verharscht und trittfest, man kam leichter voran, und außerdem fühlte ich mich dort wohler. Als ich eines Tages auf dem Fluß entlangmarschierte, hörte ich hinter mir ein leises Geräusch und drehte mich um. Dort, wo ich meines Wegs gegangen war, schwappte jetzt ein gut drei Meter breiter Streifen schwarzen Wassers – das unter dem verharschten Schnee liegende Eis war von der Strömung unterspült worden und eingebrochen, als ich darüber hinweggelaufen war. Ich ging gradewegs zum Ufer. Die Pfade, die Harry durch das Unterholz gehauen hatte, waren sicherer. Ich war damals noch jung, aber trotzdem hätte ich den einen oder anderen Gedanken darauf verschwenden sollen, weshalb Harry sich so viel Mühe gemacht und eigens Pfade freigehauen hatte, wo er doch jederzeit auf dem gefrorenen Fluß hätte entlangziehen können. Jetzt wußte ich, warum er das getan hatte, und ich marschierte nie wieder auf einem Fluß. Langsam lernte ich, wie man in diesem Land überlebte.

Der Frühling brach an, und bis Anfang März war es nicht mehr weit hin. Ich machte mich daran, die Falle vorzubereiten, die ich Klutuk stellen wollte. Die Zugsäge, die ich hatte, war nur einen halben Meter lang, handlich und praktisch. Auf die war er bestimmt scharf. Am Rat Creek gab es eine Menge Biber, und ich wußte, daß er denen nachstellen wollte, daher suchte ich eine ordentliche Anzahl Vierer-Biberfallen aus und legte sie zu der Säge.

Ich hatte ein kleines Glas mit einem Deckel zum Zuschrauben. Ich maß zwei Teelöffel Zucker ab und schaufelte sie hinein. Dann schüttete ich etwas Strychnin auf einen Vierteldollar, gerade so viel, wie darauf paßte, kippte es dazu und machte dann so weiter, bis das Glas voll war. Ich hatte immer noch die gleiche Teekanne aus Blech. Ich hatte damit so oft über offenem Feuer Tee oder Kaffee gekocht, daß sie schwarz und rußig war, genauso wie es sein sollte. Vollkommen unverdächtig. Ich stellte das Glas mit dem versetzten Zucker hinein und band einen Stoffbeutel mit Tee daran. Genauso verstaute ich sie normalerweise in meinem Marschgepäck, und ich wußte, daß Klutuk es genauso machen würde. Ich hängte die Kanne, die kleine Zugsäge und die Biberfallen an das Überdach vor der Hütte und wartete ungeduldig auf Matt.

Eines Abends, kurz nach Anbruch der Dämmerung, hörte ich fernab einen Gewehrschuß. Er kam aus der Richtung, in der sich Klutuks Lager befand. Vermutlich hatte er ein Karibu erlegt. Bei dieser Kälte und Stille ist jeder Ton weithin zu hören, und der Schuß mußte mindestens zwanzig Meilen weit weg gefallen sein. Bislang lief alles nach Plan. Ich konnte mich noch genau dran erinnern, wie Jake Savolly ausgesehen hatte, als ich ihn fand. In der kleinen Blechkanne hatte ich mein Geschenk für Klutuk hinterlassen.

Am ersten März hörte ich in weiter Ferne Motorengebrumm, und dann tauchte ein kleiner Punkt am Himmel auf. In zwanzig Minuten würde Matt hier sein. Seine mit Skiern ausgerüstete Maschine hielt fast vor der Hüttentür. Wir luden meine Felle, das Gewehr und ein paar andere Sachen ein, und ich begab mich an Bord.

»Gut über den Winter gekommen, Fred?«

»Einigermaßen, Matt. Wie sieht's in der Stadt aus.«

»Alles beim alten. Im Winter tut sich dort nicht viel. Hast du Kid Wilkins gekannt? Nun ja, der hat sich diesen Winter ziemlich schlimm in den Fuß gehackt. Ist mit der Axt abgeglitten. Man hat ihn mit einem Hundegespann den Fluß runterschafft, aber als er ins Krankenhaus kam, war schon das ganze Bein bis rauf zur Hüfte entzündet. Die konnten ihn nicht mehr retten.«

Matts Maschine war eine alte Waco. Er mußte den Motor mit einer Kurbel anwerfen, die in die Kühlerhaube geklappt war. Wenn er sie schnell genug drehte, sprang inwendig irgendwas an, worauf der Motor ein paarmal hustete und dann ein ruhiges, wunderbar stetiges Röhren anstimmte. Es war ein Doppeldecker, und Matt konnte mit der alten Kiste Sachen machen, für die ein Flugzeug eigentlich nicht gebaut war. Er war ein großartiger Pilot. Er erzählte mir, daß er und Lindbergh zur gleichen Zeit dieselbe Flugschule besucht hatten.

In Dillingham gab es einen kleinen See, und dort landete Matt. Als wir meine Sachen ausluden, sah ich einen Mann, der auf Schneeschuhen den Hügel herunterkam und es offenbar eilig hatte. Mit ausgestreckter Hand kam er auf uns zu.

»Carlos Larson, ich bin hier der Wildhüter. Muß doch ein Auge auf Jungs wie euch haben.«

»Was suchen Sie denn?«

»Ach, man kann nie wissen, verstehen Sie? Gut über den Winter gekommen?«

»Halbwegs.«

»Nicht viele Felle.«

»Ein paar.«

»Sagen Sie mal, wo jagen Sie denn?«

»Bei den Tikchiks.«

»Ich meine, wo ist Ihre Hütte? An welchem See?«

»Es ist ein kleiner See, Larson. Den finden Sie nicht. Ich glaube nicht, daß er einen Namen hat.«

»Aha. Nun denn, wir sehen uns noch.«

Damit ging er und stapfte wieder den Hügel hinauf. Ich wandte mich mit fragender Miene an Matt. Er grinste.

»Du hast doch mitgekriegt, daß Larson mich gar nicht erst gefragt hat, wo ich dich abgeholt habe. Er weiß, daß ich ihn nirgendwohin fliege, und ich verrat' ihm auch nicht, wo ich jemand absetze. Es gibt einen Piloten hier in der Stadt, der für Larson fliegt. Die werden in den Wintermonaten zu den Tikchiks fliegen, irgendwann deine Schneeschuhspuren entdecken und ihnen dann bis zu deiner Hütte folgen. Larson gibt niemals auf.«

»Weshalb, um alles auf der Welt, sollte er denn meine Hütte finden wollen?«

»Weil du ja womöglich zur falschen Jahreszeit einen Elch erlegen könntest. Oder vielleicht fängst du Minks, wenn die Jagdsaison vorbei ist. Larson findet so was gar zu gern raus. Er wird nach dir Ausschau halten.«

»Na ja, ich erlege meinen Elch, wenn es kalt genug ist, und ich fange Minks, wenn sic zuhauf über Land ziehen. Ich glaube, das halte ich auch künftig so.«

Ich brachte meine Felle zum Handelsposten und sagte Tubby, daß ich ihm beim Pelzankauf zur Hand gehen würde, wenn die Trapper einträfen.

Danach ging ich zu meiner Hütte, brachte den Ölofen in Gang und zog mir einen Stuhl dicht davor. Ich saß eine Weile da und wartete, bis es warm wurde. Ich dachte an den Togiak-See und das Jahr, das ich dort zugebracht hatte. Ich dachte an letztes Jahr und an den armen Jake Savolly, und ich dachte über den Winter nach, der soeben vorüber war, und an den kommenden.

Mitte Mai waren die ersten Flußboote eingetroffen, und von da an kamen mit jedem Tag mehr. Das Restaurant war voller Trapper, der Schnapsladen machte gute Geschäfte, und in Dillingham ging es wieder genauso zu wie jedes Jahr im Frühling. Auch in anderer Hinsicht war es wieder so wie jedes Frühjahr. Immer gab es jemanden, der sagte: »Ich habe auf dem Weg hierher bei Petes Hütte vorbeigeschaut. Da ist seit langem keiner mehr gewesen.« Es hätte jederzeit auch Toms oder Mikes Hütte sein können. Immer wieder kam es vor, daß jemand nicht mehr auftauchte. Womöglich war er im Herbst einem Grizzly zum Opfer gefallen, oder er war auf dem Eis eingebrochen. Mir wäre das um ein Haar passiert, aber ich hatte Glück gehabt.

Eines Abends nahm ich im Restaurant mein Nachtmahl ein, als Red Vale hereinkam und sich zu mir setzte.

»Fred, du hast doch Carl Taylor gekannt, nicht wahr?«

Jeder kannte Carl Taylor, auch wenn ihn niemand näher kannte. Er war ein schweigsamer Mann, stets freundlich, aber auch ziemlich verschlossen. Er ging nicht auf Fischfang, sondern arbeitete in der Konservenfabrik in der Stadt, inmitten Hunderter anderer Leute, denn dadurch hatte er seine Ruhe, und genau das wollte er.

Red fuhr fort. »Carls Hütte liegt etwa acht Meilen unterhalb von meiner. Als ich den Fluß runtergefahren bin, habe ich bei ihm haltgemacht. Die Tür war offen, die Hütte war noch warm, und im Ofen hat ein Feuer gebrannt. Carl hat immer Pantoffeln angehabt, wenn er in der Nähe seiner Hütte war. Ich habe seine Fußstapfen im Schnee gesehen und bin ihnen bis runter zum Floß gefolgt. Er hat sein Wasserloch breiter gehackt, so breit, daß er reinsteigen konnte, und ich glaube, genau das hat er gemacht. Es gab keinerlei Spuren, die zurückgeführt haben.

Ich bin zurück zu seiner Hütte gegangen und habe mich umgeschaut. Auf dem Tisch lag eine aufgeschlagene Bibel, und eine Stelle war mit Bleistift angestrichen: ›Die Zeit ist da.‹ In dem aufgeschlagenen Kapitel ging's um die Wiederkunft, die Wiederkunft Christi. Ich glaube, Carl konnte es nicht mehr erwarten, Fred. Er mußte los und ihm entgegengehen, und vielleicht hat er's geschafft. Ich hoffe es.«

Butch Smith kam wieder einmal spät flußabwärts. Er hatte es nicht mehr eilig. Er wurde allmählich so alt, daß er den langen, verschlungenen Pfad, der hinter ihm lag, überblicken konnte, und wenn er nach vorn schaute, konnte er beinah das Ende sehen. Auch ich wurde jedes Jahr älter, aber ich kam mir nicht älter vor. Ich lernte Jahr für Jahr etwas dazu, und ich mußte noch eine Menge lernen.

Eines Abends kam er herein; er war an diesem Nachmittag in der Stadt eingetroffen.

»Was hast du diesen Winter getrieben, Fred?«

»Abgewartet, Obacht gegeben und die Ohren aufgesperrt. Da droben kann man tüchtig Pelze erbeuten, aber ich bin gar nicht richtig dazugekommen.«

»Und Klutuk?«

»Der ist noch da. Es muß etwa Mitte Februar gewesen sein, als ich in der Abenddämmerung einen Schuß gehört habe. Der hält sich nach wie vor an der gleichen Stelle auf.«

»Hast du mit dem Zeug, das ich dir gegeben habe, irgendwas anfangen können?«

»Ich habe ihm eine Falle gestellt, und ich glaube, ich krieg' ihn auch. Ich habe das ganz und gar nicht gern gemacht, aber wenn ich dran denke, in welchem Zustand Jake Savolly gewesen ist, als ich ihn gefunden habe, habe ich auch kein schlechtes Gewissen dabei. Wenn Klutuk die Gelegenheit dazu hätte, würde er mich abknallen wie einen Hund.«

Ich ging einmal mehr mit Henry auf Fischfang, und wieder lernte ich etwas hinzu. Auf den Segelschiffen, mit denen wir unterwegs waren, gab es vorn am Bug ein kleines, abschüssiges Deck, auf dem gerade mal der Anker und das aufgerollte Ankertau Platz fanden. Beide waren mit einem Seil gesichert, das durch eine Klampe gezogen war. Die Decksplanken waren stets naß und schlüpfrig.

Ein kleiner Handlauf rund um den Bug wäre eine große Hilfe gewesen, aber niemand konnte sich solche Raffinessen leisten. Folglich mußte man sich auf allen vieren fortbewegen, wenn der Anker ausgeworfen oder eingeholt wurde, und höllisch aufpassen, daß man nicht mit irgendeinem Körperteil in die Taurolle geriet, denn die schoß wie eine zuschlagende Schlange über die Bordwand.

Das Kielschwert war ein großes, flaches Stück Holz, das durch einen Spalt im Boden des Bootes ausgefahren wurde, damit es nicht abtrieb oder bei rauher See vielleicht sogar kenterte. Die Hausung des Kielschwerts befand sich genau zwischen Bug und Heck, war etwa drei Meter lang, fünfzehn Zentimeter breit und ebenso hoch wie die Bordwand.

Beim Aufstellen des Mastes mußte man auf dieser schmalen Hausung mit geschultertem Mast entlanggehen, den Mastfuß durch ein rundes Loch in die sogenannte Mastspur stecken, die unten am Boden des Bootes fest verankert war, dann weiterlaufen und den Mast über die Schulter gleiten lassen, bis er aufrecht stand.

Am Vordersteven des Bootes, knapp anderthalb Meter über dem Boden, hing ein Metallflansch. Den mußte man um den Mast legen und mittels eines Eisenstiftes befestigen, der durch einen eigens dafür vorgesehenen Schlitz gesteckt wurde. Bei schwerer See konnte das ein ziemlich gefährliches Unterfangen sein.

Durch die schwere Last, die man auf der Schulter liegen hatte, konnte man leicht das Gleichgewicht verlieren, und wer zu Fall kam, landete nicht etwa am Boden des Bootes, sondern würde über Bord geschleudert. Etliche Männer hatten auf diese Weise schon das Leben verloren.

Als ich im zweiten Jahr an der Bristol-Bai auf Fischfang ging, erlebte ich mit eigenen Augen, welchen Gefahren die Männer, die auf den hölzernen Segelbooten arbeiteten, fortwährend ausgesetzt waren.

Henry und ich hatten eine Ladung Lachse bei der Schute abgeliefert, unsere warme Mahlzeit verzehrt, und ich war danach wieder hinaus aufs Deck gegangen. Es war ein klarer Tag mit einem angenehm frischen Wind, bei dem sich gut segeln ließ.

Ray Blatchford und Billy Hurd kamen aus der Kombüse, und Ray kletterte vor meinen Augen zu ihrem Boot hinunter. Ich sah, wie Billy auf das kleine, abschüssige Deck am Bug hinunterstieg, sah, wie er ausglitt, und hörte ihn aufschreien, als er über Bord ging.

Ray rannte zum Heck, und ich sah Billys Kopf, als er von der starken Strömung an der Bordwand entlanggetrieben wurde. Er griff mit einer Hand nach der Belegleine, die vom Heck hing, und Ray beugte sich zu ihm hinab und versuchte ihn am Unterarm zu packen.

Ich stand auf dem Laufgang an der Bordwand der Schute und hielt mich an der starken Sicherungsleine fest. Ich sah, wie Ray den Arm ausstreckte, knapp an Billys Hand vorbeifaßte, und dann war er weg. Ich war so nahe dran, daß ich Ray hören konnte. »Billy, warum hast du dich nicht festgehalten?« sagte er.

Er starrte auf die Belegleine, als sähe er dort Billys Hand. Dann richtete er sich auf, kletterte zu der Schute herauf und stellte sich neben mich. Ich starrte auf das dunkle, kalte Wasser und sah einen Moment lang das gelbe Ölzeug aufleuchten, als Billy von der Strömung hochgespült wurde, dann war es verschwunden.

»Billy hat gewußt, daß er nicht runter zum Bug steigen soll«, sagte er leise und versonnen. »Er hat bloß nicht dran gedacht.« Dann wandte er sich ab und ging wieder in die Kombüse. Er würde in dieser Saison nicht mehr auf Fischfang gehen. Billys Frau würde etwa so viel Geld erhalten, wie ein Fischer im Durchschnitt verdiente, und Ray bekam die gleiche Summe. Auf dem kleinen Friedhof der Konservenfabrik würde ein weiteres weißes Kreuz aufgestellt werden, und diesmal würde dort Billys Name stehen.

Henry kam raus, und ich sah ihm am Gesicht an, daß er wußte, was vorgefallen war.

»Wo soll's hingehn, Fred?«

»Weg von hier. Nimm Kurs über die Bucht, und versuch's drüben in der Ripptide bei Ekwok.«

Wir klettern zu unserem Boot hinunter, Henry löste die Belegleine, mit der wir an der Schute vertäut waren, und die Strömung trug uns davon. Ich hängte mich ins laufende Gut und zog unser Segel hoch, bis es sich stramm und straff im Wind blähte. Henry duckte sich, als der Baum jäh herumschwang und dicht über seinem Kopf vorbeisauste. Er zog das Ruder kräftig herum und brachte uns hart an den Wind.

Über Billy Hurds Tod konnte ich nicht ohne weiteres hinwegsehen – das ließ sich nicht so leicht verdrängen. Ich war froh, als die Fangsaison vorüber war. Ich hielt mich nicht lange in Dillingham auf. Ich besorgte mir Vorräte und kaufte mir ein neues Gewehr, ein Winchester mit Kammerverschluß, Kaliber .30–06, das gleiche Kaliber wie mein altes, aus Militärbeständen stammendes Springfield, das ich bislang dabeigehabt hatte, aber ich wollte ein Gewehr haben, auf das ich mich hundertprozentig verlassen konnte. Schon zweimal war ich auf Grizzlys gestoßen, und ich wußte, daß es noch öfter dazu kommen würde. Außerdem hatte ich mir für diesen Sommer vorgenommen, so weit wie möglich entlang der Flüsse und Wasserläufe zu marschieren, ohne ständig Angst haben zu müssen, daß mir jemand im Schutz des Ufers auflauerte. Und ich wollte ein Kanu mitnehmen. Während ich mich nach einem umsah, verbreitete sich in der Stadt die Kunde, daß drüben, auf der anderen Seite der Bai, ein Mann namens John Shipton vom Pier der Konservenfabrik am Nushagak gesprungen war. Er hatte hüfthohe Gummistiefel getragen, die er ausgezogen hatte, bevor er ins Wasser gesprungen und zum Ufer geschwommen war. Zuletzt hatte man ihn am Ufer des Nushagak gesehen, als er flußaufwärts gerannt war. Freunde von ihm hatten sich sofort per Flugzeug auf die Suche nach ihm gemacht, aber keinerlei Spur von ihm gefunden. Das war in der letzten Juniwoche gewesen. Jetzt hatten wir Anfang August. Er war schon eine ganze Zeitlang fort.

Ich fand ein Kanu, das mir gefiel, und Matt brachte mich aus Dillingham weg. Wir landeten auf dem Rat Lake und ließen uns bis dicht vor die Hütte treiben. Ich nahm mein Gewehr und stieg aus. Schon von hier aus konnte ich sehen, daß die Sachen, die ich für Klutuk hinterlassen hatte, fort waren.

»Matt, warte mal ein paar Minuten. Ich bin gleich wieder da.«

Ich ging zur Hütte und schaute mich sicherheitshalber genau um. Die Säge, die Fallen und die Teekanne waren fort. Ich machte die Tür auf. Falls Klutuk sonst noch etwas mitgenommen hatte, konnte es nicht viel gewesen sein.

Ich begab mich wieder nach draußen, stand da und versuchte mir einen Reim aus allem dem zu machen. Ich konnte kaum glauben, daß Klutuk den ganzen Sommer hier zugebracht hatte, ohne etwas anzurühren. Ich wußte, daß er *Mukluks* trug. Die hinterlassen ebenso wenig Spuren wie Mokassins, aber dennoch hätte er nicht durch das Moos und trockene Laub laufen können, das den Boden vor meiner Hütte bedeckte, ohne daß man einen Fußabdruck sah, und mir fiel nicht das geringste auf.

Wenn ich dem Frieden nicht getraut hätte, wäre ich wieder in Matts Maschine gestiegen und hätte mit ihm die Gegend abgesucht, bis wir Klutuks Lager fanden. Dann wäre ich der Jäger geworden, denn ich hatte mir fest vorgenommen, nicht mehr vor ihm davonzulaufen. Ich ging zu Matt.

»Laden wir das Zeug aus.«

Es dauerte nicht lange. Wir türmten alles vor der Hütte auf und deckten es mit einer leichten Plane ab, die ich drin holte. Nachdem wir das Kanu ein Stück vom Ufer weggetragen hatten, sagte ich Matt, daß er mich Mitte Mai abholen sollte, falls es bis dahin kalt genug war. Wenn nicht, würde ich jederzeit auf ihn warten, wann immer er auch kam.

Matt flog weg, und ich blieb eine Weile da stehen. Dann nahm ich mein Gewehr und überquerte den Rat Creek knapp unterhalb der Stelle, wo er aus dem See abfloß. An dem Bachlauf dort gab es eine Menge Biber, und ich wußte, daß Klutuk ihnen im Frühjahr bestimmt nachgestellt hatte. Der Wald war einigermaßen dicht, und am Boden lag dickes Moos. Lautlos zog ich meines Wegs und behielt die andere Seite des Baches im Auge. Nachdem ich etwa zwei Meilen langsam voranmarschiert war, bemerkte ich drüben ein paar weiße Flecken. Ich ging näher zum Bach und sah, daß es sich um die verblichenen Fetzen einer Plane handelte. Das war einst ein Zelt gewesen, und ich wußte, daß es Klutuk gehört hatte.

Ich begab mich auf die andere Seite. Sein Lagerplatz war verwüstet, die gesamte Ausrüstung weit und breit verstreut. Die Bären waren hiergewesen. Das Zelt war zerfetzt, der kleine Hundeschlitten umgekippt. Ich schaute mich um und entdeckte die Stelle, wo die fünf Hunde angekettet gewesen waren, fand aber weder Knochen noch einen anderen Hinweis darauf, daß sie verhungert oder den Bären zum Opfer gefallen waren. Wie viele andere Männer auch hatte Klutuk seine Hunde frei laufen lassen, wenn sie mit ihm umherzogen. Das ist eine gute Gewähr gegen unliebsame Zusammenstöße mit einem Bären – Hunde entfernen sich nie allzu weit von dem Mann, mit dem sie unterwegs sind. Er hatte einen Zweig von einer Fichte abgeschlagen und einen Stumpf stehenlassen, an dem er meine Säge und die Fallen aufgehängt hatte. Ein Gewehr vom Kaliber .30–30 lag am Boden, und rundherum war Munition verstreut. Auch eine Menge 22er Patronen waren darunter, nicht aber die dazugehörige Büchse. Vermutlich hatte er sie mitgenommen. Meine Teekanne lag auf der Seite. Der Deckel fehlte, und sie war leer. Ich entdeckte das kleine Einmachglas, aber es war fest zugeschraubt. War das womöglich eine ausgefuchste Falle? Bang und angespannt ging ich hin und hob das Glas auf. Ein Teil vom Inhalt fehlte. Ich legte das Glas wieder hin. Später wollte ich es vergraben. Langsam lief ich den Pfad entlang. Keine hundert Meter vom Lager entfernt fand ich ihn. Er hatte seit Frühlingsanfang dort gelegen. Er war ein kleiner Mann, kaum über einen Meter fünfzig groß. Er hatte die 22er Büchse bei sich, und ich ließ sie ihm.

Ich ging zum Lager zurück. Das Korn seines 30-30er Gewehrs war aus Elfenbein geschnitzt, eine herrliche Handarbeit. Ich schlug es mit dem Griff meines Jagdmessers aus der Halterung. Es war das einzige Andenken, das ich mitnehmen wollte, und das war nicht für mich bestimmt. Ich kehrte zum See zurück und saß lange unter der offenen Tür meiner Hütte.

Die zweijährige Jagd auf mich war vorüber. Ich empfand keinerlei Reue, und dennoch konnte ich mich nicht so leicht damit abfinden. Es war ein seltsames Gefühl, zum erstenmal einen Mann zu Gesicht zu bekommen, den man getötet hat. Irgendwo hatte ich mal gelesen, daß die Jagd auf Menschen die Königin aller Sportarten ist. Ich hatte das ganz und gar nicht so empfunden.

Ich holte mir ein bißchen Proviant unter der Plane hervor und setzte mich wieder unter die offene Tür. Irgendwie war ich müde, und ich saß lange da und schaute hinaus auf den See. Als die Dämmerung anbrach, sah ich eine Elchkuh auf der anderen Seite des Sees dahinziehen. Sie hatte ein Kalb bei sich, und ich fragte mich, ob es das gleiche Tier war, das sich schon letzten Herbst hier herumgetrieben hatte. Schließlich ging ich hinein und zündete die Lampe an, und zum erstenmal seit zwei Jahren verhängte ich vorher kein Fenster. Ich setzte mich an den Tisch, las ein Buch und versuchte an etwas anderes zu denken.

Als es an das Fenster an der gegenüberliegenden Hüttenwand klopfte, wäre mir fast das Herz stehengeblieben. Ich war achtundzwanzig Jahre alt, und mir graute vor nichts, aber unwillkürlich lief es mir eiskalt über den Rücken. Klutuk? Ich hatte Klutuk an diesem Tag gesehen, und er hatte nicht den Eindruck gemacht, als ob er an mein Fenster klopfen könnte. Und dennoch … ich schnappte mir die Taschenlampe, die auf dem Tisch lag, und ging zum Fenster. Nichts. Ich widmete mich wieder meinem Buch, konnte mich aber kaum konzentrieren. Tap, tap, tap … diesmal kam es vom anderen Fenster, auf meiner Seite. Bedächtig wandte ich den Kopf, als wollte ich gar nicht wissen, was da war. Ein Mink saß auf dem Fensterbrett. Er klopfte ein weiteres Mal an die Glasscheibe und verschwand dann in der Dunkelheit.

In dieser Nacht schlief ich gut. Ein strahlender Morgen empfing mich, als ich aufwachte, und die Sonne ging gerade über den Berggipfeln auf. Ich zündete den Ofen an und ging nach draußen. Ein lautes Fauchen unmittelbar über meinem Kopf scheuchte mich auf. Ich schaute hinauf. Ein Mink saß auf einem vorspringenden Stamm über der Tür, und ich sah, daß er zwei lange Stachelschweinborsten im Kopf stecken hatte. Das war die Erklärung für sein seltsames Verhalten gestern abend. Ich ging hinein, holte mein 22er und erschoß ihn.

Ich bereitete mir ein Frühstück zu, und nachdem ich gegessen hatte, zog ich den Rat Creek entlang, vergrub das Glas und deckte Klutuks Gebeine ab.

Ich war seit fast drei Jahren bei den Tikchiks gewesen, aber zum erstenmal konnte ich mich völlig frei bewegen. Ich hielt mich in diesem Winter tüchtig ran, blieb eine ganze Zeitlang bei Harry Stevens' Hütte am Tikchik. Ich erbeutete eine Menge Felle, aber Mitte April konnte ich es kaum mehr abwarten, Matts Maschine zu hören. In diesem Winter war mir ein paarmal aufgefallen, daß ich ab und zu immer noch die Ohren spitzte. Noch hatte ich Klutuk nicht gänzlich aus meinen Gedanken verbannen können.

Als Matt eintraf, mußte er wie üblich eine Tasse Kaffee trinken, und danach half er mir, meine Sachen einzuladen. Nachmittags landeten wir in Dillingham, und ich brachte meine Felle zu Tubby. Eigentlich hatte ich allenfalls wieder den Schnapsladen übernehmen wollen, aber jetzt versprach ich ihm, daß ich auch Felle für ihn ankaufen würde, wenn er mich brauchen sollte.

Später, viel später, im Mai erst, sah ich Butch am Tresen im Restaurant sitzen. Ich ging hinein, zog mir einen Hocker zu ihm und setzte mich. Er schaute mich fragend an, als wir uns die Hand schüttelten.

Ich griff in meine Tasche und holte ein zusammengeknülltes Stück Papier heraus. Ich packte das kleine, aus Elfenbein geschnitzte Korn aus und drückte es ihm in die Hand.

»Klutuk hat ein 30–30er gehabt, Butch. Er braucht es nicht mehr.«

Er schaute mich an und nickte, dann steckte er das Korn aus Elfenbein in die Brusttasche seines Hemds.

»Fred, ich weiß, daß du nicht viel trinkst, aber ich möchte dir einen ausgeben.«

Butch blieb uns danach noch etliche Jahre erhalten. Irgendwann starb seine Frau, und er ging schließlich ins Pioneers' Home in Sitka, wo er dann verschied. Butch war nicht besonders gesprächig gewesen, und ich wußte, daß er die Geschichte mit Klutuk für sich behielt.

Die Legende von Klutuk lebte noch lange fort. Die Leute fragten sich, wo er geblieben war. Einige meinten, er müßte in die Gegend am Kuskokwim gezogen sein, und in gewisser Weise hatten sie recht. Der Stony River fließt zum Kuskokwim, und Klutuk hatte sein Lager in der Nähe des Stony aufgeschlagen.

Ich war achtundzwanzig Jahre alt, als Klutuk meinetwegen zu Tode kam. Das ist lange her, und bis zum heutigen Tag bereue ich es nicht. Es tut mir natürlich leid, daß es so kommen mußte, aber damals blieb mir einfach nichts anderes übrig.

5

John Shipton

Henry und ich fischten wieder gemeinsam, doch für mich zog sich der Sommer zu lange hin. Zum erstenmal konnte ich mich auf ein Jahr an den Tikchiks freuen, ohne mir Sorgen machen zu müssen, und ich wollte so schnell wie möglich dorthin. Mitte August luden Matt und ich meine Vorräte in seine Maschine und verließen Dillingham.

Wir landeten auf dem Rat Lake und luden alles aus. Es war bereits später Nachmittag, und wie im Jahr zuvor türmten wir einfach sämtliche Kisten und Säcke vor der Hütte auf und breiteten eine leichte, wasserdichte Plane darüber. Ich wußte, daß ich morgen früh noch reichlich Zeit hatte, meine sämtlichen Vorräte ordentlich zu verstauen.

Ich sagte Matt, er sollte mich Anfang April abholen, und kurz darauf war von ihm, wie immer, wenn er mich im Herbst absetzte, nur mehr ein kleiner dunkler Punkt am Horizont zu sehen. Ich holte mir ein paar Vorräte von dem Stapel, gerade genug fürs Abendessen, und saß eine ganze Weile unter der offenen Tür. Es war ein völlig neues Gefühl für mich, so frei und unbeschwert zu sein.

Ich schlief gut in dieser Nacht, und bei Tagesanbruch war ich wieder auf den Beinen. Ich trat vor die Hütte, ging zu meinem Vorratsstapel und schlug die Plane zurück. Ich weiß nicht, ob ich eine Stimme gehört habe oder bloß einen Laut.

Ich fuhr herum und sah etwa fünf Meter vor mir einen Mann. Die Haare waren lang und verfilzt, ein dichter Bart bedeckte das Gesicht, das zwischen einem Weidengestrauch hervorlugte, hinter dem er sich versteckte. Ich weiß nicht, wie ich das Gefühl beschreiben soll, das mich dabei befiel. Seine Augen lagen tief in den Höhlen, und ich wußte, daß der Mann, der da vor mir stand, Hunger litt. Schließlich nickte ich ihm zu.

»Warum kommen Sie nicht raus?«

Er zwängte sich durch das Gebüsch und blieb stehen.

»Weißt du, wer ich bin?«

»Nein. Nein, weiß ich nicht.«

»Ich bin John Shipton. Du hast gedacht, ich wäre tot, nicht wahr?«

John Shipton. Dann fiel es mir wieder ein. Das war der Mann, der im Frühjahr drüben am Nushagak vom Pier gesprungen war.

Ich weiß nicht, woher er die Kraft nahm, sich auf den Beinen zu halten. Die bloßen Füße waren blutig und geschwollen. Hemd und Hose hingen ihm in Fetzen vom Leib. Er schaute mich an, als würde er am liebsten wieder davonlaufen, und das wollte ich nicht.

»Ich kenne dich nicht, John, habe dich noch nie gesehen. Du hast Hunger. Komm her, dann suchen wir was zu essen für dich, und ich kümmere mich um deine Füße. Die tun bestimmt weh.«

Langsam kam er zu mir her und blieb dann stehen. Ich suchte einen Sack Haferschrot heraus, den ich ihm reichte.

Ich wußte, daß ich es mit einem großen Kind zu tun hatte. Er war ein stattlicher Mann gewesen; jetzt war er nur noch Haut und Knochen. Ich wühlte meine Winterhose und das lange Unterzeug aus dem Stapel und winkte ihn herein. Er folgte mir in die Hütte, und ich ließ ihn auf der Bettkante sitzen. Ich stellte eine Schüssel Wasser auf den Ofen. Damit wollte ich ihm die Füße baden. Dann setzte ich einen Topf Wasser für den Haferschleim auf.

»Du kennst mich nicht. Fred Hatfield heiße ich. Ich bin schon seit drei Jahren in dieser Gegend. Ich glaube, das Wasser für das Fußbad ist jetzt warm genug. Zieh dich aus, und nimm die Sachen hier.«

Er war erstaunlich sauber, aber ich nehme an, daß er unterwegs durch allerhand Flüsse und Bäche geschwommen war. Er zog mein langes Unterzeug an, und ich stellte seine Füße in die Schüssel mit heißem Wasser, gab ein bißchen Desinfektionsmittel hinzu. Die erste Schale Haferschleim, die ich ihm einflößte, erbrach er gleich wieder, doch die zweite behielt er bei sich, und danach gab ich ihm noch ein paar. Ich wußte nicht recht, was ich von ihm halten sollte. Er wirkte einerseits besorgt und zugleich gehetzt. Ich wusch die Wunden an seinen Füßen aus und trocknete sie mit einem Handtuch.

»John, du kennst mich nun. Ich möchte, daß du dich jetzt hinlegst und zudeckst. Du brauchst viel Ruhe. Ich gehe raus, damit du hier ungestört bist.«

Er legte sich auf das Bett, und ich warf ihm ein paar Decken über.

»Fred?«

»Ja?«

»Paßt du gut auf?«

»Worauf soll ich aufpassen?«

»Daß keiner kommt.«

»Ich passe auf. Hierher kommt keiner.« Ich ging nach draußen. »Ich lass' die Tür offen. Ruf einfach, wenn du was von mir willst.«

Ich ging das kurze Stück Wegs zum Seeufer hinab und setzte mich hin. Ich wußte, was ich mir mit John aufgeladen hatte. Es dürfte etliche Tage dauern, bis er halbwegs wieder zu Kräften kam, und das war erst der Anfang. Die Sachen, die er trug, das war meine Winterkleidung. Uns blieb nur eins übrig. John und ich mußten in einem Kanu flußabwärts fahren, und wir mußten uns sputen. Wir mußten uns bis zur Küste durchschlagen, nach Dillingham, und all diese wilden Ströme mit meinem Kanu zu befahren würde beileibe kein Vergnügen sein. Sobald John wieder auf den Beinen und bei Kräften war, würden wir viele Tage lang flußabwärts reisen. Über kurz oder lang würde das Wasser überfrieren, und wenn wir nicht bald aufbrachen, mußten wir den Winter über ausharren. Allmählich glaubte ich fast, daß in diesem Land der großen Seen irgendein Fluch auf mir lastete.

Das meiste Kopfzerbrechen bereiteten mir die Flüsse, weil ich mich darauf nicht auskannte. Wir mußten langsam und vorsichtig fahren. Zwei Stunden verstrichen, und ich saß immer noch da und schlug ab und zu eine Stechmücke tot. Nicht daß es für mich viel zu bedenken gegeben hätte. Ich wußte, was wir tun mußten. Es galt lediglich abzuwarten, bis John wieder in der Verfassung war, daß er reisen konnte. Und ihn zu überreden, daß er mitkam.

»Fred?«

»Komme schon.«

Ich ging in die Hütte. Er saß auf der Bettkante.

»Du hast mich doch nicht allein gelassen, nicht wahr, Fred?«

»Nein. Ich habe dir doch gesagt, daß ich draußen bin.«

Ich setzte noch mehr warmes Wasser auf und ließ ihn weiter seine Füße baden.

»John, ich mach' uns einen Schwung Pfannkuchen. Du mußt viel essen, und du hast bestimmt Hunger.«

»Ja, hab' ich, Fred, ich hab' wirklich Hunger.«

Von mir aus konnte John zehnmal am Tag essen – ich würde ihm immer etwas vorsetzen. Ich wollte, daß er wieder ein bißchen Fleisch auf die Knochen bekam und daß seine Füße verheilten.

»Wie weit bist du diesen Sommer gekommen, John?«

»Bis zum Kuskokwim. Ich bin in der Nähe von Sleetmute rausgekommen, bin aber nichts ins Dorf gegangen.«

»Warum nicht? Warum bist du nicht reingegangen?«

»Die sind immer noch hinter mir her, Fred. Weißt du, wieso ich vom Pier am Nushagak gesprungen bin? Weißt du, wieso ich flußabwärts gelaufen bin?«

»Ncin, ganz bestimmt nicht.«

»Vier Männer sind den Pier entlanggekommen. Drei haben einen Baumstamm getragen, und einer von ihnen hat ein Seil gehabt. Die wollten mich aufhängen, Fred.«

Ich wußte, daß die Männer mit dem Baum und dem Seil Arbeiter waren, die die Wasserleitung für die Konservenfabrik instand setzen wollten. Das war im Frühjahr bei allen Konservenfabriken so üblich.

»John, ich glaube, die wollten bloß irgendwo was arbeiten.«

»Nein, Fred, die wollten mich aufhängen.«

Ich wußte, daß ich auf verlorenem Posten stand, daher versuchte ich es nicht weiter.

»Iß deine Pfannkuchen, John.« Ich betrachtete ihn einen Moment lang.

»Du bist lange unterwegs gewesen John. Bis zum Kuskokwim ist es ganz schön weit.«

»Einmal hätten mich fast die Wölfe gekriegt, Fred. Die hatten mich schon eingekreist.«

Es hätte nichts genutzt, wenn ich ihm erklärte hätte, daß Wölfe immer alles untersuchen und John fremd in ihrem Revier war. Offensichtlich hatte er seine eigene Meinung, und nichts konnte ihn davon abbringen. Ich hatte keine Ahnung, was um alles auf der Welt ihn in diesen Zustand gebracht hatte. Das geringste Geräusch stellte für John eine Gefahr und Bedrohung dar. Sein nächster Satz indes verblüffte mich.

»Fred, ich weiß, wo es einen Haufen Gold gibt.«

Ich mußte ihn danach fragen.

»Es ist etwa vierzig Meilen von hier. Ich bin auf ein schmales Tal gestoßen, und dort haben auf beiden Seiten dicke Rosenquarzschichten freigelegen. Das Gold hat sich wie Bänder durch das Rosenquarz gezogen.«

»Wo hast du den Tikchik überquert?«

»Knapp unterhalb von dem Cañon.«

Ich wußte, wo dieser Cañon war. Wenn John den Weg richtig beschrieben hatte, mußte das Tal etwa fünf Meilen westlich vom Oberlauf des King Salmon liegen. Er war ganz in der Nähe von Klutuks Lager gewesen, aber er würde nie erfahren, wieviel Glück er gehabt hatte, daß Klutuks Gebeine am Rat Creek begraben waren.

Es *gab* Gold am King Salmon, reines Gold, teils unmittelbar unter den Graswurzeln, teils in bis zu zehn Metern Tiefe. Ein Gletscher hatte es dort hingeschoben, aber eine regelrechte Lagerstätte war das nicht. Seit langem hatten Männer nach diesem Vorkommen gesucht, und es klang so, als hätte John es gefunden. Falls er wieder zur Besinnung kam und mich nächstes Jahr begleitete, könnten wir unser Glück versuchen. Wenn nicht, mußte ich es allein probieren. Dort oben war alles Tundragebiet, weites, offenes Land, und das Tal sollte nicht schwer zu finden sein.

Ich trocknete Johns Füße ab, und binnen kürzester Zeit schlief er tief und fest. Ich ging wieder nach draußen, setzte mich hin und betrachtete eine Zeitlang den Nachthimmel. Später schlug ich am Boden der Hütte mein Bett auf, und während ich noch über unsere Fahrt auf diesen wilden Flüssen nachdachte, schlief ich ein.

Es dauerte zehn Tage, bis Johns Füße verheilt waren und er meine Winterstiefel tragen konnte. Er war fülliger geworden und sah ganz anders aus, aber geistig weilte er nach wie vor in einer fremden Welt. Ich hatte ihn gefragt, wie er den ganzen Sommer über seinen Weg gefunden hätte.

»Wenn ich auf einen graden Aststumpf gestoßen bin, hab' ich gewußt, daß ich in die Richtung gehen muß. In die Richtung, in die er gewiesen hat.«

»Hast du auf diese Weise nach Sleetmute gefunden?«

»O nein, ich wollte gar nicht nach Sleetmute. Ich bin auf einen Bach gestoßen, und dort haben Männer Gold gewaschen. Der Bear Creek war's. Einer der Männer hat mir ein Paar Schuhe gegeben, ein anderer einen Hut, aber ich hab' alles verloren. Sie haben mir gesagt, wenn ich den Bach entlanggehe, komm ich nach Sleetmute, und so war's auch.«

»Wovon hast du dich unterwegs die ganze Zeit ernährt?«

»Von Weidenknospen und Krannbeeren.«

Als ich im Frühjahr 1936 vom Togiak-See aufgebrochen war, hatte ich eine Menge Weidenknospen gegessen, und gut schmecken die nicht. Kein Wunder, daß John so dürr geworden war. Ich fragte mich, wie ich ihm beibringen sollte, daß wir bald aufbrechen mußten, und wie ich mit ihm umspringen sollte, wenn er unterwegs auf dem Wasser Theater machte.

»John, kannst du mit einem Kanu umgehen?«

»Ich bin auf dem Mulchatna oft mit einem rumgefahren.«

Mein Vater hatte mich von Kindesbeinen an mit einem Kanu vertraut gemacht, und es war gut zu wissen, daß John sich ebenfalls damit auskannte.

»John, du willst den Winter bei mir verbringen, nicht wahr?«

»Du willst mich doch nicht etwa wegschicken, oder?«

»Du weißt genau, daß es darum nicht geht. Aber wir brauchen allerhand Sachen. Du hast meine Winterhose an, mein Hemd und die Winterstiefel. Du trägst meine sämtlichen Wintersachen. Der einzige Ort, wo wir so was kriegen, ist Dillingham. Das heißt, daß wir mit dem Kanu zur Küste fahren müssen. Kommst du mit?«

John starrte mich mit bangem Blick an.

»Du läßt mich doch nicht dort, Fred.«

»Nein, John, ich laß dich nirgendwo.«

Ich sah ihm seine Unsicherheit und die Zweifel an, die ihn plagten. Dann sagte er: »Ich komme mit.«

Vor dem Aufbruch mußten wir lediglich ein paar Vorräte im Kanu verstauen. Alles andere trugen wir in die Hütte und stapelten es dort am Boden, denn wenn wir zurückkamen, würden wir den Fluß entlang bis zur Haupthütte fahren. An diesem Abend saßen wir neben der Hüttentür und redeten über die bevorstehende Tour. Ein lautes Klatschen ertönte auf dem Wasser, und John war sofort wieder beunruhigt.

»Fred, das sind die Männer vom Wood River. Sie sind hier.«

John war regelrecht besessen vor Angst, daß Männer hinter ihm her waren, Männer, die Jagd auf ihn machten. Der

Wood River war weit weg; er floß von einer Seenkette ab und mündete zehn Meilen oberhalb von Dillingham in den Nushagak. Ich hatte John bislang noch nie danach gefragt, was er am Mulchatna erlebt und getrieben hatte. Ich wußte lediglich, daß er dort als Trapper gelebt hatte und daß er jetzt in einer Welt der Angst lebte, einer Welt der Phantasie, in die ich noch nicht hatte vordringen können.

Ich holte meine Taschenlampe. »Komm, wir schauen nach, was das ist.«

Wir gingen zum Seeufer, und ich richtete den Lichtschein auf das Wasser. Nach kurzer Zeit schwamm ein Biber in den Lichtkreis, und ich schaltete die Lampe aus und wieder an. Mit einem lauten Knall schlug er seinen breiten Schwanz aufs Wasser und tauchte ab.

»Jetzt weißt du Bescheid, John. Es war bloß ein Biber.«

Am nächsten Morgen brachen wir in aller Frühe auf und kamen die ersten paar Meilen auf dem Rat Creek gut voran. Wir fuhren in den Tikchik ein. Er wie auch alle anderen Flüsse weiter unterhalb waren für mich unbekannte Gewässer. Der Tikchik war ein reißender Fluß, und einige Stromschnellen hatten es in sich. Außerdem mußte wir an jeder Biegung darauf achten, daß nicht unverhofft ein Hindernis vor uns auftauchte. Manchmal hatte die Strömung das Ufer unterspült, und dort konnte jederzeit ein umgestürzter Baum, der nur mehr an den kräftigen Wurzeln hing, in den Fluß hinausragen und einen aus dem Boot fegen.

Ich war erleichtert, als wir den Nuyakuk-See erreichten – zehn Meilen geruhsame Fahrt, dann waren wir am unteren Ende des Sees, da, wo der Nuyakuk entsprang. Dort hatte ich meinen ersten Winter zugebracht, und ich gedachte den Schutz, den uns die Hütte bieten würde, zu nutzen und dort über Nacht zu bleiben. Ich war seinerzeit, als ich Jake Savolly hatte aufsuchen wollen, die ersten fünfzehn Meilen am Nuyakuk entlangmarschiert und wußte, was für ein wildes Gewässer das war. Wir konnten die Nachtruhe gut gebrauchen, bevor wir weiter flußabfährts fuhren.

Zu wissen, daß es in dieser Gegend niemanden mehr gab, der hinterrücks sein Gewehr auf mich anlegen könnte, war für mich ein ganz neues Gefühl. Diesmal hatte ich andere Sorgen. Kurz nach dem ersten Morgengrauen brachen wir auf und hielten uns, so gut es ging, in Ufernähe. Ich weiß nicht, wie oft ich vor uns Stromschnellen hörte oder sah.

»Zum Ufer paddeln, John, so schnell du kannst.« Er gehorchte immer.

Ich kannte den gut und gern sechs Meter tiefen Wasserfall bei Jacks Hütte, daher stiegen wir vorher aus und trugen das Kanu außen herum. Die Hütte war vom Fluß aus nicht zu sehen, und ich erzählte John nichts davon. Jakes Gebeine lagen nach wie vor so da, wie ich sie aufgefunden hatte, und bei dem Anblick wäre John wahrscheinlich völlig außer Rand und Band geraten. Daher zogen wir weiter.

Grizzlys gab es hier anscheinend zuhauf. Man konnte gut verstehen, weshalb äußerste Vorsicht geboten war, wenn man entlang der Flüsse zog. Zumal uns die vielen Stromschnellen, um die man das Boot herumtragen mußte, immer wieder aufhielten. Fünf Nächte lang schlugen wir unser Lager am Nuyakuk auf, und am sechsten Tag stießen wir auf den Nushagak. Der Fluß war breit und tief, nach wie vor eisfrei, und wir kamen gut voran. Wir waren jetzt auf einem der Hauptverkehrswege des Landes und begegneten etlichen Flußbooten, die alle stromaufwärts fuhren, lauter Trapper, die zu ihren Winterquartieren unterwegs waren.

Vier Tage später trafen wir in der kleinen, am Fluß gelegenen Ortschaft Ekwok ein. Die Menschen dort kannten

John und freuten sich, ihn zu sehen, aber er hielt sich stets in meiner Nähe auf. Keiner sprach ihn auf seinen überstürzten Aufbruch im Frühjahr an. Wir blieben dort über Nacht, und am nächsten Morgen ließen die Männer ein Skiff zu Wasser und vertäuten unser Kanu am Heck. Mit ihrem Außenbordmotor machten sie flußabwärts flotte Fahrt, und nachmittags trafen wir in Dillingham ein. Zwölf Tage waren seit unserem Aufbruch am Rat Lake vergangen.

Wir schleppten unser Kanu zum Handelsposten und stellten es an die Wand, damit es nicht im Weg war. Tubby Griffin kam heraus und starrte uns mit fassungsloser Miene an.

»John, du kennst doch Tubby, nicht wahr? Tubby, wir brauchen ein paar Sachen, hauptsächlich Kleidung für mich und John.«

Ich ging mit ihm zu dem Büro in der Ecke, wo wir Platz nahmen.

»Fred, wie hast du den denn gefunden?«

»Ich glaube, John hat eher mich gefunden. Er ist ein bißchen durcheinander, also frag ihn nicht zu sehr aus. Wir kommen morgen früh wieder her und besorgen uns alles, was wir brauchen.«

Danach gingen wir in das Restaurant. Die Jungs aus Ekwok hatten die Kunde inzwischen weitergegeben, und das Lokal war voll. Der Koch war zugleich auch der Barkeeper, und die Getränke gingen auf Kosten des Hauses. Das hier war eine Gelegenheit zum Feiern, und die gedachte man sich nicht entgehen zu lassen. Keiner machte sich über John lustig. Alle hatten sie schon Männer mit Hüttenkoller erlebt und auch ein paar, nehme ich an, die da draußen in der Wildnis irre geworden waren. Mindestens fünfzigmal schlugen sie John auf die Schulter.

»Der gute alte John.« – »Schön, dich zu sehen, John.« – »Freut mich, daß du wieder da bist, John.«

Der Whiskey floß in Strömen und wurde gleich in Wassergläsern ausgeschenkt. John und ich tranken Kaffee und aßen etwas. Ich glaube nicht, daß irgendeiner bemerkte, wie wir aufbrachen und zu meiner Hütte gingen. Die Art und Weise, wie er in der Stadt empfangen worden war, hatte John sichtlich gutgetan. Als wir hineingingen, fragte er mich, ob ich schon mal nördlich vom Rat Lake gewesen wäre.

»Ich hab' etwa zwanzig Meilen weiter nördlich eine Hütte entdeckt, Fred. Sie steht an der Baumgrenze, und das ist eine gute Mardergegend. Es gibt da einen kleinen See, grade groß genug, daß ein Flugzeug drauf landen kann.«

»Ist die Hütte in gutem Zustand?«

»Sie braucht ein neues Dach.«

Marderfelle brachten siebzig Dollar das Stück ein, und ich glaube, das gab meinerseits den Ausschlag.

»Wie weit ist das vom Tikchik aus, John?«

»Nicht mehr als eine Meile.«

Das war alles, was ich wissen wollte. Es war eine gute Mardergegend, und am Fluß, das wußte ich, wimmelte es von Minks.

»Wir reden morgen früh mit Matt. Wenn er den kleinen See kennt, versuchen wir's.«

Der Morgen brach nur zu schnell an. Ich war immer noch müde, denn die Fahrt flußabwärts war anstrengend gewesen, aber wir durften keinen weiteren Tag vertrödeln. Nach dem Frühstück suchten wir Matt auf.

»John, erklär Matt mal so genau wie möglich, wo die Hütte ist und an welchem See sie liegt.«

Als John den Standort beschrieb, nickte Matt. »Ich bin schon etlichemal in der Gegend rumgeflogen, Fred, und ich kann euch da absetzen. Wenn du auf Marder aus bist, mußt du dorthin. Die treiben sich mit Vorliebe an der Baumgrenze rum, und die ist genau dort.«

»Wir müssen noch allerhand Sachen besorgen, Matt. Wenn du uns in etwa zwei Stunden mit deinem Pickup beim Handelsposten abholst, sind wir soweit.«

Eine Hütte mit eingesunkenem Dach, so wie John sie beschrieben hatte, bedeutete, daß wir viele Sachen brauchten, auf die ich bislang noch nicht angewiesen war. Wir brauchten einen Yukon-Ofen und Glasscheiben für die Fenster. Wir brauchten Türangeln, denn ich konnte mir gut vorstellen, daß die Tür der alten Hütte ebenfalls erneuert werden mußte.

John brauchte eine komplette Winterausrüstung. Außerdem wollte er unbedingt eine automatische 12er Schrotflinte haben, und ich kaufte ihm eine. Er meinte nach wie vor, er müßte sich verteidigen. Matt holte uns ab, und im Nu hatten wir alles ins Flugzeug geladen und unser Kanu auf einem der Schwimmer vertäut.

Wir flogen über die Seen oberhalb des Wood River, und dann waren wir über den Tikchiks. John deutete auf den zweiten See hinab. Er hatte sich allem Anschein nach wieder gefangen. Er redete wieder von sich aus.

»Den See da hab' ich auf dem Weg hierher überquert.«

»Wie bist du da rübergekommen?«

»Ich hab' einen trockenen Baumstamm gefunden und hab' mich dran festgehalten. Ich bin rübergeschwommen. Fred, hier gibt's mehr Grizzlys als irgendwo sonst in Alaska. Du mußt die Augen offenhalten.« Ich konnte sie überall in der Tundra umherziehen sehen.

Wir landeten auf einem kleinen See, der keine hundert Meter von der Baumgrenze entfernt war. Dahinter erstreckte sich, soweit ich blicken konnte, offene Tundra. Matt vertäute die Maschine am Ufer, und wir luden unsere Sachen aus. Dann folgten wir alle drei dem nur mehr undeutlich erkennbaren Pfad, bis wir fünfzig Meter weiter auf die Hütte stießen. Sie war alt, aber die Wände standen noch aufrecht und wirkten halbwegs stabil. Was das Dach anging, hatte John recht gehabt; sämtliche alten Sparren samt der gut einen Viertelmeter dicken Schicht Grassoden türmten sich auf dem Boden. Meiner Meinung nach mußte sie lange vor Harry Stevens' Zeit gebaut worden sein. Vermutlich von einem anderen Trapper, der vom Kuskokwim aus hierhergekommen war – wenn ich gen Norden blickte, konnte ich einen Teil der Kuskokwim-Kette erkennen.

»Matt, könntest du vielleicht rüber zum Rat Lake fliegen und die Vorräte holen, die wir dort zurückgelassen haben? Liegt alles am Boden der Hütte.«

Er startete vom Wasser aus und flog davon. Der See war etwa tausend Meter lang, so daß er reichlich Anlauf holen konnte.

John und ich schafften das ganze geborstene Holz und die Grassoden hinaus. Zwei Stunden später kam Matt mit all den Sachen zurück, die wir am Rat Lake gelassen hatten. Für die Arbeit, die uns bevorstand, brauchten wir die Schaufel und die Äxte.

»Matt, hol uns Mitte April wieder ab. Wir halten nach dir Ausschau.«

»Wird gemacht.« Er schüttelte uns die Hand.

Danach machten wir uns die Arbeit, und rasch war der Hüttenboden frei geräumt. John konnte gut mit der Axt umgehen. Er spaltete gut einen Viertelmeter dicke Stämme, und bald hatten wir das Dach wieder gedeckt. Oben drauf reichlich Moos und einen guten Viertelmeter Grassoden, und schon war es fertig. Wir kratzten die alten Moosreste zwischen den Stämmen heraus und dichteten die Ritzen gründlich mit frischem Moos ab.

Wir erkundeten den hellgrünen See und stellten fest, daß es dort Kanadahechte gab, ein Fisch mit vielen Gräten. Aber hier hausten ein paar wahre Ungeheuer, fast so groß wie junge Alligatoren. Ab und zu sah ich eine Ente oder Bisamratte dahinschwimmen, und mit einemmal brodelte das Wasser auf, und weg waren sie. Ein kleiner Bachlauf, in dem es stattliche Forellen gab, floß vom See ab, daher würden wir keinen Hunger leiden müssen. Wir hatten etliche Elche gesehen, aber es war noch zu warm, als daß sich das Fleisch gehalten hätte.

John hatte eine zusätzliche Garnitur Winterunterwäsche dabei, aber er wollte sie nicht anziehen. Jemand hätte etwas damit gemacht, erklärte er mir. Eine ganze Zeitlang war er damit beschäftigt, zwei U-förmige Hölzer anzufertigen. Die nagelte er von innen neben der Tür fest, hieb mühsam einen etwa zehn mal zehn Zentimeter starken Balken zurecht, den er hindurchschieben und wie einen Riegel vorlegen konnte. John war ständig vor Eindringlingen auf der Hut. Eines Tages kam er zu mir und wollte mir etwas zeigen. Draußen auf dem Pfad, etwa zehn Meter von der Hütte entfernt, deutete er zu Boden.

»Fred, ich hab' sechs von den großen Vierer-Fallen hier ausgelegt. Die halten jeden auf, der uns was anhaben will.«

Es waren schwere Fallen mit spitz gezackten Backen. Meiner Meinung nach hätte man damit sogar einen Grizzly eine Weile festhalten können. Ich merkte mir die Stelle ganz genau und mied diesen Teil des Pfads.

Es war jetzt Anfang Oktober, und John zwar körperlich in guter Verfassung, ansonsten aber mit einemmal fast wieder so wie damals, als ich ihn entdeckt hatte. Ich ging zu dem schmalen Bach, der vom See abfloß, und fing sechs fette Forellen fürs Abendessen. Ich nahm sie aus und legte sie auf ein Holzbrett. Später, als ich sie holen wollte, waren sie weg.

»John, hast du die Forellen gesehen, dich ich hier hingelegt habe?«

»Ja, Fred. Die sind vergiftet gewesen, deswegen hab' ich sie weggeschmissen.«

Mir wurde klar, daß John mir zusehends entglitt. Ich versuchte es mit allem, was mir einfiel. Ich nahm ihn auf lange Märsche quer durch die Tundra mit, aber er wollte sich unbedingt hinsetzen und mir noch einmal lang und breit von den Männern erzählen, die hinter ihm her waren. Anfang November sagte er zu mir:

»Fred, ich muß dich verlassen.«

Darauf war ich nun ganz und gar nicht gefaßt.

»John, wollten wir hier nicht gemeinsam auf Jagd gehen?«

»Doch.«

»Dann kannst du mich nicht einfach sitzenlassen.«

»Ich mach' mir Sorgen um meine Freunde am Mulchatna, Fred. Sie fragen sich bestimmt, wo ich bin.«

»Die wissen doch, wo du bist. Die wissen, daß du bei mir bist. Wir kriegen demnächst Schnee. Von hier aus sind es mindestens hundertfünfzig Meilen bis zum Mulchatna, wenn nicht mehr. Du hast da einen ziemlich weiten Weg vor dir, John. Das schaffst du nicht.«

Er ließ sich nicht aufhalten. Am nächsten Morgen war er marschbereit, und ich nötigte ihm ein paar Sachen auf, die er meiner Ansicht nach unbedingt brauchte – Essen, das sich halbwegs hielt, ein Paar Wollsocken zum Wechseln, seine Schrotflinte und zwei, drei zusammengerollte Decken. Ich band ein Paar Schneeschuhe an sein Packbord. Über kurz oder lang würde er sie brauchen. Wir schüttelten uns die Hand und wünschten einander viel Glück.

Ich schaute ihm hinterher, als er den Hügel am See hinaufstieg. Er kam oben an, und ich dachte, er würde sich wenigstens umdrehen und winken, aber er machte es nicht. John war in Gedanken wieder ganz woanders. Ich glaube, ich habe ein kurzes Gebet für ihn gesprochen. Ansonsten konnte ich nichts weiter für ihn tun. Ich wußte, daß er es nie und nimmer schaffen würde, aber trotzdem hoffte ich seinetwegen auf ein Wunder.

Ich sammelte die Fallen ein, die er so sorgfältig auf dem Pfad versteckt hatte. Er war ein seltsamer Mensch gewesen, aber irgendwie hatte ich ihn ins Herz geschlossen. Ich hatte immer gehofft, daß ich ihn wieder zur Besinnung bringen könnte; wenn er ein bißchen länger bei mir geblieben wäre, hätte ich es vielleicht geschafft. John hatte mich eine Zeitlang ziemlich in Beschlag genommen, und nun war er weg. Ich hatte ihn aufgelesen, als er am Verhungern war, und ich wußte, daß er mir trotz aller seiner Eigentümlichkeiten fehlen würde.

Entlang der Baumgrenze verlief ein Wildpfad. Elche und Grizzlys, Faultiere und Füchse, sämtliche Tiere in dieser Gegend hielten sich an die Baumgrenze. Ich marschierte frühmorgens hin, und nach knapp einer Stunde hatte ich meinen Elch erlegt. Ich weidete ihn aus und brachte das Fleisch zur Hütte. Hängte es an das Fleischgestell, das ich gebaut hatte, und zog eine Zelttuchplane darüber, damit es sich auch bei Schnee und Regen hielt.

Ich hatte tüchtig zu tun. Ich brachte die Elchhaut zu meinem Lagerplatz, schabte das Fleisch und die Haare ab. Irgendwann würde ich mir daraus lange Lederstreifen zum

Bespannen meiner Schneeschuhe schneiden und allerhand andere nützliche Dinge damit anstellen. Ich legte meine Minkfallen am Fluß aus. Hier gab es so viele, daß ich in zehn Tagen fast hundertfünfzig Stück fing. Jeden Abend war ich stundenlang damit beschäftigt, das Fleisch abzuschaben und die Felle auf die Rahmen zu spannen, die ich mir selber gebaut hatte. Ich wußte, daß ich genug Minks gefangen hatte, denn ich wollte den Bestand nicht zu sehr dezimieren, daher ging ich in den nächsten zwei Monaten auf Marderjagd und machte gute Beute. Als der Februar kam, wurde mir die Zeit zu lang, und ich beschloß, mich weiter unten am Fluß umzusehen. Ich packte ein paar Vorräte zusammen und brach zu Harrys Hütte an der Mündung des Rat Creek auf. In vier Stunden hatte ich etwa fünfzehn Meilen zurückgelegt und konnte die Hütte auf der anderen Seite des gefrorenen Flusses sehen. Ich hatte nicht vergessen, wie ich den verharschten Pfad auf dem Fluß entlanggelaufen war, als plötzlich hinter mir ein drei Meter breites Stück wegbrach. Ich schnitt einen langen Birkenstamm ab, der verhindern sollte, daß ich gänzlich unter Wasser geriet, falls ich auf dem mit Schnee bedeckten Eis einbrach, und überquerte den Fluß.

Ich verbrachte die Nacht in Harrys Hütte. Ich hatte zahlreiche Minkspuren gesehen und nahm mir vor, im nächsten Herbst auch hier unten Fallen aufzustellen. Der Rat Lake lag fünf Meilen oberhalb des Rat Creek, und am nächsten Morgen zog ich zu der dortigen Hütte. Mit meinen Schneeschuhen schaufelte ich den Schnee vor der Tür weg und bekam sie schließlich auf.

Johns zusammengerolltes Bettzeug lag am Boden. Es sah aus wie ein kurzer, gefrorener Baumstamm. Ich nahm an, daß er den Tikchik überquert hatte, vermutlich wieder mit Hilfe eines trockenen Stamms, an dem er sich festgehalten hatte, und dabei klatschnaß geworden war. In der Hütte war reichlich Feuerholz vorhanden, und draußen lag noch mehr, aber er hatte nicht hier haltgemacht, um seine Sachen zu trocknen. Falls er noch lebte, ging es ihm jetzt dreckig. Nie und nimmer konnte er es bis zum Mulchatna schaffen. Es gab zu viele Bachläufe, zu viele kleine Flüsse und Sümpfe, zu viele Unwägbarkeiten und Hindernisse.

Ich hielt mich nicht lange auf. Am späten Nachmittag war ich wieder bei meiner Hütte.

In diesem Frühjahr war Matt zeitig dran. Am ersten März hörte ich in der Ferne ein Flugzeug. Das Geräusch kam näher, und bald erkannte ich die unverwechselbare Form von Matts Doppeldecker, dem einzigen, den es an der Bristol-Bai gab.

Er landete auf seinen Skiern und fuhr mit der Maschine bis zum Ende des Pfads. Dort nahm ich ihn in Empfang, als er ausstieg. Ich freute mich, ihn zu sehen, doch bevor ich etwas sagen konnte, überbrachte er mir die neuesten Nachrichten.

»Fred, man hat deinen Partner gefunden.«

Es überraschte mich nicht, aber erschrocken war ich dennoch.

»Komm mit rauf in die Hütte. Wir trinken einen Kaffee, und du kannst mir von John berichten.«

»Na ja, Albert Ball ist zu den Seen droben am Wood River geflogen. Er hat einen Mann gesehen, der sich durch den tiefen Schnee gekämpft hat, und ist gelandet. Es war John, und er war schon ganz schwarz vom Frost. Albert hat ihn in seine Maschine gebracht und nach Dillingham geflogen. Die zerfetzte Kleidung, die er am Leib getragen hat, war alles, was er bei sich hatte.«

»Was hat man mit ihm gemacht?«

»Er wurde vor drei Wochen gefunden. Man hat ihn zwei

Wochen im Krankenhaus behalten und dann nach Seattle gebracht. Er ist in einer Irrenanstalt.«

Dieses Land, so schien es mir, konnte seltsame Dinge mit einem anstellen. Zum erstenmal fragte ich mich, ob die Einsamkeit, die gewaltige Weite, mir irgendwann auch einmal so zu schaffen machen würde. Der Flug nach Dillingham kam mir kurz vor. Ich mußte über allerhand nachdenken.

6

1939

Dillingham veränderte sich anscheinend überhaupt nicht. Die Eisschmelze auf den Flüssen kündigte die Ankunft der Männer an, die an ihren Ufern lebten. Die Fischfangsaison kam und ging wieder vorüber. Danach wurde es höchste Zeit, daß die Trapper dic lange Rückreise zu ihren Winterquartieren antraten. Einige mußten bis zu hundertfünfzig Meilen flußaufwärts fahren. Es waren keine geraden Flußläufe; in zahlreichen Schlingen und Windungen strömten sie dahin, wodurch die Strecke, die die Männer zurücklegen mußten, um so weiter wurde.

In diesem Frühjahr, man schrieb das Jahr 1939, begann die Fischfangsaison spät.

Sämtliche einheimischen Fischer hatten fünfundzwanzig Cent für jeden Lachs verlangt, eine Lohnerhöhung von neun Cent pro Fisch. Die Verantwortlichen in der Lachsindustrie von Alaska weigerten sich, und so saßen wir am Strand. Die Fischer von außerhalb versagten uns die Unterstützung, und wir sahen zu, wie sie mit ihren Segelbooten hinausfuhren.

In dieser Nacht wurde der Boden von drei Fischerbooten,

die am Pier der Konservenfabrik vertäut waren, zerstört. Bei der Libby-Konservenfabrik auf der anderen Seite des Flusses passierte das gleiche. Es sah fast so aus, als hätte jemand eine Dynamitstange in jedes Boot geworfen. Am nächsten Tag beschlossen die Betreiber der Konservenfabriken nach einer eilig einberufenen Besprechung, daß fünfundzwanzig Cent pro Lachs nicht zuviel verlangt wären. Die Lohnerhöhung, die erste seit Jahren, machte sich für die Fischer am Zahltag deutlich bemerkbar.

Jeden Herbst, wenn ich meine Vorräte zusammenstellte, versuchte ich mich daran zu erinnern, was ich im Jahr zuvor hätte gebrauchen können, aber nicht gehabt hatte. Nördlich von meiner Hütte erstreckte sich meilenweit offene Tundra, und von der Hügelkuppe über dem See aus konnte ich große Lichtungen im Wald erkennen. An beiden Stellen hatte ich viel Wild dahinziehen sehen, ohne feststellen zu können, was für Tiere es waren. Dieses Jahr kaufte ich mir ein Fernglas. Dies sollte mein fünftes Jahr an den Tikchiks werden, und diesmal mußte ich mir um nichts und niemanden Sorgen machen außer um mich selbst. Mir gefiel die Vorstellung, dieses Land allein und auf eigene Faust erkunden zu können.

Mitte August beluden Matt und ich seine Maschine und verließen Dillingham. Wir landeten auf dem See, luden aus, und Matt ging mit mir zur Hütte. Beide Fenster waren eingeschlagen, und in der einen Ecke des Dachs klaffte ein großes Loch. Ein Grizzly war hiergewesen und hatte seine Spuren hinterlassen.

»Matt, kommst du in nächster Zeit wieder hier vorbei?«

»In etwa fünf Tagen. Ich habe einen Flug nach Aniak.«

»Kannst du ein paar Glasscheiben besorgen und sie hier abladen, wenn du wieder vorbeikommst?«

Er half mir, das Dach in Schuß zu bringen. Wir mußten

lediglich die geborstenen Hölzer wieder an Ort und Stelle legen und sie mit einem Haufen Moos und Grassoden abdecken. Als er weg war, schaute ich mich um, und allmählich wurde mir klar, daß ich Glück gehabt hatte. Der Ofen war nicht in Mitleidenschaft gezogen. Anscheinend hatte es der Bär hauptsächlich auf die Fenster und das Dach abgesehen.

Die nächsten fünf Tage wartete ich auf Matt und baute nebenher ein Vorratslager. Ein Vorratslager ist einfach eine kleine Hütte, etwa anderthalb Meter lang und ebenso breit. Das Entscheidende ist der Standort. Zuerst versenkt man vier kräftige Stämme etwa einen Meter tief im Boden, so daß sie rund viereinhalb Meter hoch aufragen. Dann baut man oben auf diesen senkrecht stehenden Stämmen sein Lager. Ein paar Stücke Ofenrohr, die man an den Stämmen anbringt, halten Mäuse, Eichhörnchen oder Vielfraße fern. Grizzlys können nicht klettern, daher mußte ich mir derentwegen keine Gedanken machen. Fortan verstaute ich jedesmal, wenn ich im Frühjahr aufbrach, sämtliche wertvollen Sachen, darunter auch die Glasscheiben, dort oben.

Ich hatte viel Zeit, während ich auf Matt wartete, aber ich nutzte sie. Ich machte so viel Feuerholz, daß es den ganzen Winter über reichte, und ringelte zehn stattliche Bäume. Wenn man einen Baum ringelt, schält man einfach einen etwa fünfzehn Zentimeter breiten Streifen Rinde am Fuß des Stammes ab. Dadurch verhindert man, daß der Saft emporsteigt. Im nächsten Herbst sind diese Bäume abgestorben und geben gutes, trockenes Feuerholz ab.

Nach einer Woche kehrte Matt mit dem Fensterglas zurück. Nachdem er wie üblich eine Tasse Kaffee getrunken hatte, sagte er, daß wir uns im Frühjahr wiedersehen würden, und flog weg.

Die Gegend weiter westlich hatte ich bislang kaum zu Gesicht bekommen, und meiner Meinung war dies die richtige Zeit, mich dort umzuschauen. Ich hielt mich die meiste Zeit an die Baumgrenze, und bis zum Nachmittag hatte ich etwa zwölf Meilen zurückgelegt. Drunten in einem schmalen Tal sah ich die Überreste einer Hütte, und ich ging hin, um sie mir genauer anzuschauen. Der Größe nach zu schließen, etwa einen Meter fünfzig mal zwei Meter, hatte sie einst einem Trapper als Außenlager gedient. Einstmals war sie eine stabile kleine Hütte gewesen; jetzt war sie windschief und baufällig, die Tür nur mehr ein schmaler Spalt, durch den man kriechen mußte. Drinnen lag eine kleine rostige Bratpfanne am Boden, darüber hinaus fand ich Ladegeräte für ein Gewehr vom Kaliber .45–70. Jetzt ging mir ein Licht auf. Der gleiche Mann, der dieses Außenlager errichtet und genutzt hatte, hatte auch die Hütte gebaut, in der ich wohnte. Er war irgendwo hingezogen und würde nicht wieder zurückkommen. Vermutlich ein weiteres Opfer, das die Grizzlys gefordert hatten.

Ich marschierte bis zum Abend weiter und schlug mein Lager am Hang eines bewaldeten Hügels auf. Meine Unterkunft bestand aus einer Zeltplane, die ich zwischen zwei Bäumen aufspannte und deren Ecken ich unten am Boden festpflockte. Von dort aus konnte ich den vierten und den fünften Tikchik-See sehen. Es war ein wildes und wunderbares Land, und ich hatte das eigenartige Gefühl, daß all das mir gehörte. Vielleicht war es so, denn in all den Jahren, in denen ich in dieser Gegend weilte, kam nie ein anderer Mensch hierher.

Am nächsten Morgen schlug ich einen anderen Weg zurück zu meiner Hütte ein. Ich marschierte auf einem Höhenzug und genoß das Bewußtsein, daß ich der einzige Mensch war, der je diesen Pfad beschritten hatte. Während ich noch diesem Gedanken nachhing, sah ich vor mir eine alte Tabakdose, die in etwa sechs Metern Höhe an der Spitze einer Fichte hing.

Ich fällte den Baum und schaute mir die Dose genauer an. Sie war hellgrau und verblichen, aber ich konnte die undeutlichen Buchstaben auf der Vorderseite lesen: Prince Albert. Der alte Trapper hatte mir ein Andenken hinterlassen, so als wollte er mir mitteilen, daß er vor mir hiergewesen war. Er mußte die Dose dort hingehängt haben, als der Baum allenfalls einen Meter achtzig hoch gewesen war.

Ich wußte, daß ich mich in einer Grizzlygegend befand, aber sie waren jetzt alle drunten an den Flüssen und Bachläufen und taten sich an den Lachsen gütlich, die hierhergekommen waren, um zu laichen und danach zu sterben. Ich war im Hochwald unterwegs, wo mir meines Erachtens keine Gefahr vor Bären drohte. An diesem Abend traf ich wieder bei meiner Hütte ein.

Am nächsten Tag kam mir der Gedanke, daß ich schon mal die ersten Minkfallen auslegen und mit Draht verankern könnte, und so zog ich kurz nach dem Tageslicht los.

Wenn jemand sagt, daß er sich mit Grizzlybären bestens auskennt, irrt er sich gewaltig, denn das kann kein Mensch. Wir wissen, daß sie unberechenbar sind, aber manchmal sind sie mehr als nur das. Dennoch war ich eigentlich selber schuld an dem, was mir widerfuhr. Ich hätte wissen müssen, daß ich mich um diese Jahreszeit vom Fluß fernhalten sollte. Ich befand mich auf einem Pfad, der dem Tikchik folgte, und als ich um eine Biegung kam, sah ich rund zehn Meter vor mir einen Grizzly. Er stieß ein wütendes Brüllen aus und schritt dann bedächtig, mit weit aufgerissenem Maul und hochgezogenen Lefzen auf mich zu. Er hatte mich gehört und gerochen und auf mich gewartet. Durch seinen langsamen Gang war er ein leichtes Ziel, und ich jagte ihm eine Kugel in die Brust, aber er rückte weiter auf mich vor. Eine zweite Kugel drang in seine Brust ein. Ich wußte, daß er schwer getroffen war, daß er tödlich verletzt sein mußte, aber er brach nicht zusammen.

Dann geschah etwas Unglaubliches. Er stellte sich auf die Hinterbeine. Er überragte mich um gut einen Meter. Aus zehn Schritt Abstand drückte ich ein drittes Mal ab; aus dieser Entfernung mußte die Kugel mit verheerender Wucht aufgeprallt sein. Sie bewirkte nicht mehr, als wenn ich die Hand gehoben und »Halt« gesagt hätte. Mit starrem Blick schaute er gradewegs über mich hinweg. Ich trat ein Stück vom Weg ab und beobachtete ihn. Er rückte weiter vor, langsam, Schritt für Schritt. Als er endlich vornüberfiel, lag er genau an der Stelle, an der ich mich befunden hatte.

Er war schon seit etlichen Sekunden tot, aber er hatte sich noch mindestens zehn Schritte fortbewegt, aufrecht auf den Hinterpfoten. Der Leib war tot gewesen, doch das Hirn hatte das einfach noch nicht erfaßt. Ich konnte mit einer Hand die Stelle abdecken, an der meine drei Kugeln eingedrungen waren. Es versteht sich wohl von selbst, daß ich bis zum Spätherbst wartete, ehe ich wieder am Fluß auf Jagd ging. Ich wartete bis Mitte November, denn ich wußte, daß sich dann keine Bären mehr am Fluß herumtrieben.

Eines Morgens begab ich mich zu einer Minkfalle, die ich unter den Zweigen einer Fichte aufgestellt hatte. Ich bückte mich und wollte sie mir anschauen, als ein lautes Knurren ertönte und gleichzeitig ein Maul voller spitzer Zähne unter den Zweigen hervorgeschossen kam. Es war ein Vielfraß, und er hatte mich nur um Haaresbreite verfehlt.

Ein Vielfraß sieht aus wie ein kleiner Bär. Sie werden zehn

bis zwanzig Kilo schwer, haben kräftige Knochen und Muskeln, und wenn sie in eine Falle geraten, reißen sie alles kurz und klein, dessen sie habhaft werden können. Sie sind schwarz und haben einen etwa dreißig Zentimeter langen, buschigen Schwanz. Stets haben sie einen rautenförmigen, cremefarbenen Fleck am Rücken. Der ist etwa fünfundvierzig Zentimeter lang und fünfundzwanzig Zentimeter breit und in der Mitte ebenfalls schwarz gefärbt. Am Vielfraßfell setzt sich im Gegensatz zu den meisten anderen Pelzen das Eis nicht fest, und aus diesem Grund ist es besonders als Besatz von Parkakapuzen begehrt. Es ist ein herrliches Fell.

Dieser Vielfraß hatte mächtige Pranken mit rasiermesserscharfen Krallen. Meine Falle war nur klein – sie war für einen Mink bestimmt –, aber sie war mit Draht an einer Weide befestigt, die ordentlich Spannkraft hatte. Er war mit den Vorderpfoten hineingeraten und steckte noch nicht lange drin. Weil ich davon ausgegangen war, daß sich keine Bären mehr herumtrieben, hatte ich kein Gewehr dabei, aber ich hatte eine kleine Axt in meinem Gepäck. Ich versuchte ihn am Kopf zu erwischen, aber er war schnell. Er zog sich unter die Zweige zurück, und wenn er meinte, ich wäre nahe genug, kam er mit aufgerissenem Maul hervor und hieb mit den Krallen nach mir.

Ich schnitt einen schmalen Birkenzweig ab und spitzte ihn auf der einen Seite zu. Er ging auf mich los, worauf ich den Zweig in die Erde rammte, quer über seinen Rücken bog und mit dem stumpfen Teil der Axt auf seinen Kopf einschlug. Er ließ nicht locker, bis ich ihm den Schädel zerschmettert hatte.

Sobald ein Vielfraß eine Fallenstrecke aufgespürt hat, muß man ihn entweder fangen oder ihm die Fallen überlassen. Denen entgeht nicht eine Falle, und sie lassen einem kaum mehr einen Minkschwanz oder einen Fetzen Fuchsfell übrig. Viele Trapper sind der Meinung, daß sie schwer zu erbeuten sind, aber wenn man mit den Gewohnheiten eines Tieres vertraut ist, kann man es auch fangen. Ich habe Geschichten gehört, wonach der Vielfraß so schlau ist, daß er eine Falle umkippen kann und sie so liegenläßt. In gewisser Weise ist das wahr. Daß der hier in eine Minkfalle geraten war, war purer Zufall und ein Versehen seinerseits. Ich habe einmal einen Vielfraß beobachtet, der sich an eine Falle anschlich. Etwa einen Meter vor der Falle kratzte er jeden Zentimeter Schnee oder Erde auf. Schließlich verhakten sich seine Krallen in der Kette, und die Falle wurde weggerissen – ab und zu kann es vorkommen, daß eine umgekehrt wieder landet und nach wie vor gespannt ist. Ich wartete, bis er sich vorgepirscht hatte, und schoß ihn dann ab.

Die Gier ist ihr Untergang. Wenn ich feststellen sollte, daß sich einer an meinen Fallen zu schaffen machte, würde ich ein ordentliches Stück Fleisch nehmen und mir zwei dicht beisammenstehende Bäume unweit meines Pfades suchen. Die Bäume dürfen bloß ein paar Zentimeter weit auseinander sein, damit er leicht hinaufklettern kann. Ich würde das Fleisch so hoch wie möglich hängen und dann drei Vierer-Fallen unter dem Köder auslegen, ohne die geringsten Anstalten zu machen, sie zu verbergen. Der Vielfraß wird sich anschleichen, die Fallen vorsichtig umgehen, zwischen den beiden Bäumen hinaufklettern und das Fleisch losreißen. Wenn er wieder heruntersteigt, denkt er nur noch an das saftige Fleisch, das er im Maul hat. Die Fallen hat er vergessen. Er wird in wenigstens zwei reingeraten. Man hört ihn lange, bevor man hinkommt. Vielfraße stoßen einen schrillen Schrei aus, der schon von weitem zu hören ist. Wenn man sich ihm nähert, versucht er nicht zu entkommen. Er lechzt lediglich danach, seine Zähne und Klauen in einen zu schlagen. Alles, was sich in seiner Reichweite befindet, ist bereits zerbissen oder zerfetzt.

Vielfraße meiden Hütten für gewöhnlich, aber einmal hatte ein Vielfraß meiner einen Besuch abgestattet, als ich unterwegs war. Er hatte in die Obstdosen gebissen. Ein Teil von meinem Geschirr war zerbrochen, und etliche Töpfe und Pfannen, in die er die Zähne geschlagen hatte, waren durchlöchert. Mehl- und Zuckertüten waren aufgerissen und der Inhalt teilweise am Boden verstreut. Man konnte förmlich spüren, mit welcher Zerstörungswut er zu Werk gegangen war. Nur ein Grizzly richtet größeren Schaden an.

Im Februar bekommt der Vielfraß seine Jungen, und um diese Zeit ist er noch gefährlicher und greift einen unter Umständen ohne jeden Anlaß an. Ich habe zweimal erlebt, wie einer im Unterholz auf mich losging, seinen schrillen Schrei ausstieß. Mit dem Gewehr kann man sie kaum erwischen – sie kommen mit wiegenden, wogenden Sprüngen wie ein Marder auf einen zu. Ein Büchsenschuß treibt sie jedoch in die Flucht.

Ich fing zwei Wochen lang Minks und ließ es dann sein. Ich hatte genug, und dieser Fluß war gewissermaßen meine Pelztierfarm. Ich wollte auch nächstes Jahr und in all den weiteren Jahren, die ich womöglich in dieser Gegend zubrachte, noch gute Beute machen. In den Flüssen sammelte sich der Schneematsch. Er sinkt zu Boden und türmt sich allmählich auf. Über kurz oder lang tritt das Wasser über die Ufer und überflutet das Unterholz; sämtliche Fallen und alles, was sich darin befindet, werden dann vom Fluß verschlungen. Für mich war das ein weiterer Anlaß, meine Fallen einzuholen.

Dies war der fünfte Winter, den ich an den Tikchiks zubrachte, und zum erstenmal war alles gutgegangen. Einsam fühlte ich mich nie. Ich war jedesmal froh, wenn ich von der Stadt und den Menschenmassen dort wegkam. Immer wenn Matt mich im Herbst verließ, kam es mir vor, als hätte ich einen Trennstrich gezogen zwischen mir und der übrigen Welt. Manchmal fragte ich mich, ob das gut war. Wenn man so allein ist, denkt man mächtig viel nach. Man neigt dazu, sich zu allem eine eigene Meinung zu machen, und womöglich übertreibt man dabei. Lesen war für mich der einzige Ausweg. Jeden Herbst brachte ich mehr Bücher mit, und wenn ich mich darin vertiefte, statt meinen Gedanken nachzuhängen, ging es mir gut.

Mein Fernglas war eine wunderbare Errungenschaft. Es erschloß mir eine völlig neue Welt. Ein langer Hang führte den Hügel hinauf, der am Seeufer aufragte. Etliche Wasserläufe strömten an ihm herab, und manchmal rastete an dem einen oder anderen ein Grizzly. Ich hatte mir angewöhnt, stets an dem schmalen Fluß, der die beiden Seen miteinander verband, haltzumachen und den Hügel von da aus sorgfältig zu erkunden. Eines Tages sah ich dort einen Fuchs neben einem kleinen Erdhaufen liegen, der darauf hindeutete, daß sich dort der Eingang zu seinem Bau befand. Offenbar hatte er ihn neu gegraben, denn ich wußte, daß ich oftmals an der Stelle vorbeigekommen war, ohne daß mir etwas aufgefallen wäre. Ich beobachtete ihn eine Zeitlang, und schließlich erhob er sich. Als er dastand, konnte ich die kahle Stelle an seiner Hinterhand erkennen, und ich wußte, daß sie von einer Verletzung herrührte. Zu so etwas war meiner Meinung nach nur ein Vielfraß fähig. Ich stand auf, und er hörte mich entweder oder roch mich, denn er machte kehrt und verzog sich in seinen Bau.

In der Gegend gab es eine Menge Moorschneehühner, und tags darauf schoß ich eins. Ich zog die Haut mitsamt den

Federn ab, ging mit dem Fleisch den Hang hinauf zu seinem Bau und legte es genau davor. Sobald ich wieder bei dem schmalen Flußlauf war, setzte ich mich hin und hielt Ausschau. Erst tauchte der Kopf auf, und nachdem er alles genau erkundet hatte, traute er sich ein Stück weiter heraus, so weit, daß er mit dem Maul an das Fleisch rankam. Er schnappte es sich und verschwand wieder in seinem Bau.

Etwa einen Monat lang hatte ich nicht viel zu tun, und in dieser Zeit widmete ich mich meinen Fuchsstudien. Jeden Tag nahm ich ein Stück Moorschneehuhnfleisch und ließ es im Vorübergehen bei seinem Bau fallen. Ich wußte, daß er auf jede Bewegung von mir achtete. Eines Tages stieg ich den Hügel hinauf, und er hatte den Kopf aus dem Bau gereckt. Ich ließ das Fleisch fallen und ging weiter. Schließlich stand er irgendwann da, als ich hinaufkam, und wartete auf mich, wachsam, aber nicht ängstlich. Ich ließ das Fleisch fallen und lief wieder hinab. Nach einiger Zeit konnte ich mich ihm nähern, ihm das Fleisch zuwerfen und stehenbleiben, während er es sich schnappte und sich wieder in seinen Bau verzog. Niemals kam er auch nur einen Schritt auf mich zu. Dann zogen die Hühner in südlichere Gefilde ab. Nachdem ich diesen Herbst meinen Elch erlegt hatte, gab ich ihm jeden Tag ein kleines Stück. Er war jetzt stärker und kräftiger, stand da und fraß, während ich ihm zusah, aber berühren lassen hätte er sich auf keinen Fall.

Im Spätherbst war der Hügel mit gefrorenen Blaubeeren übersät. Das sind dicht am Boden wuchernde Pflanzen, deren Beeren zwischen dem Moos kaum zu erkennen sind. Wenn der Boden mit Schnee bedeckt war, ernährten sich davon die vielen Mäuse, die es dort gab. Der Hügel war das Winterjagdrevier des Fuchses. Ich beobachtete ihn mit meinem Fernglas, als er langsam und vorsichtig hindurchschnürte, den Schwanz hochgereckt. Dann hielt er inne, streckte den Schwanz nach hinten und machte einen gut und gerne zwei Meter weiten Satz. Wie von der Sehne geschnellt, flog er durch die Luft. Mit vorgestreckten Pfoten und Schnauze zugleich wühlte er sich in den Schnee, und als er den Kopf hob, hatte er eine Maus im Maul. Aufgrund seines scharfen Geruchssinns hatte er sie bis auf den Zentimeter genau aufgespürt. Für mich war das einmal mehr eine Lektion, bei der ich begriff, was für feine Sinne die Tiere in ihrem endlosen Kampf ums Überleben entwickelt hatten.

Viel Abwechslung gab es für mich droben an den Tikchiks nicht. Erst kam der Herbst, dann brach der Winter an. Wie üblich war der Dezember der kälteste Monat. Am Tag vor Weihnachten wurde mir bewußt, daß ich am nächsten Morgen etwas unternehmen wollte. Ein richtiges Weihnachtsfest würde es für mich nicht geben, aber eins konnte ich machen. Um fünf Uhr früh zog ich meine wärmsten Sachen an. Der Tag war noch nicht angebrochen, aber am Himmel zeigte sich ein bißchen Licht. Bis zur Kuppe des Hügels beim See war es nicht weit, aber die Eiseskälte machte mir Beine, und so war ich binnen kurzer Zeit oben. Kein Stern stand mehr am Himmel, aber tief im Osten sah ich das, weswegen ich hierhergekommen war. Es war der Morgenstern. Er war groß und herrlich und strahlte in einer ganz eigenen Pracht. Das war der Stern im Osten, der Stern, dem die drei Weisen gefolgt waren.

Zur Weihnachtszeit dachte ich immer an meine Familie. Ich dachte an meine Mutter und meinen Vater, an meinen Bruder und meine Schwestern. Sie waren weit weg, doch ich wußte, daß sie auch an mich dachten.

Ich wandte mich ab und lief den Hang hinab, zurück zur

Hütte. Die Wärme drinnen tat gut. Ich weiß nicht, weshalb ich mir noch kein Radio mitgebracht hatte. Nächsten Herbst würde ich das ganz bestimmt machen, denn an Tagen wie diesem kam ich mir ein bißchen einsam vor.

In dieser Nacht trat ich nach draußen und sah das Nordlicht – nicht das übliche Farbenspiel am Himmel; diesmal hingen überall rund um die Hütte und zwischen den Bäumen, dicht über der Schneedecke und hoch am Firmament, soweit das Auge reichte, wabernde Bänder in strahlendem Blau und Scharlachrot, gleißende Banner aus goldenem Licht. Gesicht und Händen kribbelten mir, als ich zwischen den Bäumen hindurchging. Ich befand mich in einer Welt der Phantasie. Ich blieb stehen und machte kehrt. Ich sah den flackernden Schein meiner Lampe am Hüttenfenster, und es kam mir so vor, als wollte er mich zurückrufen. Mitunter klammern wir uns an Hirngespinste, die uns der Zufall vorgaukelt. Nie wieder, in all den Jahren nicht, die ich in diesem Landstrich zubrachte, sah ich ein derart herrliches Schauspiel wie in dieser Nacht. Die Farben wogten zwischen den Bäumen, die so leise rauschten, daß es wie raschelnde Seide klang.

Der Februar ist immer ein harter, stürmischer Monat. Einmal verließ ich einen ganzen Tag lang nicht die Hütte, denn das Wetter war so schlecht, daß ich vom Fenster aus kaum noch das Seeufer sehen konnte. Schneewolken fegten über das Eis.

Ich saß am Tisch, schaute hinaus in den Sturm und sah das Flugzeug, als es am Rande des Sees auf dem Schnee aufsetzte. Kein Flugzeugmotor war zu hören, es war einfach da, und die Tür ging auf. Ich sah einen Mann aussteigen, und dann erkannte ich ihn. Es war Heine Hildebrandt, und die Maschine gehörte Orville Braswell; ich erkannte sie wieder. Ich konnte kaum glauben, daß man bei diesem Wetter überhaupt fliegen, geschweige denn meinen kleinen See finden konnte. Ich zog meine Jacke an und ging hinaus, stürmte den Pfad hinab, aber noch ehe ich zum Seeufer kam, sah ich, daß die Maschine nicht mehr da war. Ich ging zu der Stelle, wo sie gelandet war. Es gab keinerlei Spuren im Schnee. Keine Abdrücke von den Skiern, keine Fußstapfen, auch nicht dort, wo der Mann ausgestiegen war, nicht das geringste.

Ich kehrte zur Hütte zurück, setzte mich hin und machte mir allerhand Gedanken über das, was ich da gesehen hatte. Etwas Sinnvolles kam nicht dabei heraus. Als die Dämmerung anbrach, nahm ich den Kanister, in dem einst zwanzig Liter Kerosin gewesen waren und der mir jetzt als Eimer diente, und ging das kurze Stück Weg zu dem eisfreien Bach hinunter, wo ich mein Wasser holte. Ich füllte ihn und war schon wieder auf dem Rückweg zur Hütte, als ich Stimmen hörte: »Da drunten ist sie. Sie ist gleich da drunten.«

Ich stellte den Kanister ab und schrie: »Ich bin gleich da.« Dem Klang nach zu schließen, waren die Stimmen von der Baumgrenze gekommen, und ich wußte, daß dort Menschen waren, die meine Hütte suchten. Ich ging hinein und schnappte mir die Taschenlampe, kam heraus und zog meine Schneeschuhe an. Ich eilte den bewaldeten Hang hinauf, und in kürzester Zeit war ich im offenen Land. Ich rief, aber niemand antwortete mir. Mindestens zweihundert Meter weit ging ich hinaus in die Tundra, suchte nach den Spuren eines Hundeschlittens; ich wußte, daß da irgend etwas sein mußte. Ich fand keinerlei Hinweis darauf, daß jemand dagewesen war.

Zum zweitenmal an diesem Tag kehrte ich unverrichteterdinge zur Hütte zurück, und allmählich fragte ich mich, ob mit mir womöglich etwas nicht stimmte. Ich hatte ein Flugzeug gesehen, das nicht da war, und nun hatte ich klar und deutlich Worte gehört, aber wieder war niemand dagewesen. Nach einer Weile wollte ich einfach nicht mehr darüber nachdenken.

Anfang März schaute Matt bei mir vorbei. Er war auf dem Rückflug vom Oberlauf des Stony River und machte einen kurzen Abstecher, um mich zu besuchen. Ich freute mich wie immer, wenn ich ihn sah. Wir tranken Kaffee zusammen, und er erzählte mir die neuesten Nachrichten.

»Fred, du bist letzten Herbst so früh aus der Stadt weg, daß du gar nicht weißt, was los ist. Deutschland und Rußland sind in Polen eingefallen, daraufhin haben Frankreich und Großbritannien Deutschland den Krieg erklärt. Halb Europa befindet sich im Krieg.«

»Seit dem letzten großen Krieg sind doch kaum mehr als zwanzig Jahre vergangen. Hoffentlich geraten wir da nicht rein.«

Den Winter über hatte ich ab und zu leichte Schmerzen in der rechten Bauchseite gehabt, und ich dachte, es könnte sich vielleicht um eine Blinddarmentzündung handeln. Deshalb, hauptsächlich aber wegen Matts Nachricht, daß Krieg herrsche, zog es mich zurück zur Küste. Ich faßte einen Entschluß.

»Matt, wenn du mir zur Hand gehst, fliege ich gleich mit dir los.«

Binnen kurzer Zeit waren wir startbereit. In Dillingham angekommen, luden wir meine Pelze und die paar anderen Sachen, die ich mitgebracht hatte, auf Matts Pickup, und er fuhr mich zum Handelsposten.

Tubby war überrascht, als er mich sah. Bislang sei noch niemand in der Stadt, sagte er, bloß ein paar Männer, die hier überwintert hätten. Ein Mann, den ich dringend sprechen wollte, war allerdings da, und so begab ich mich zu seiner

Hütte. Ich kannte Orville Braswell, seitdem ich nach Dillingham gekommen war.

»Orville, wo bist du im Februar gewesen, etwa um den zehnten rum?«

»Ich war droben am Mulchatna auf Biberjagd. Ich habe dort die zweite und dritte Februarwoche zugebracht.«

»Heine Hildebrandt ist bei dir gewesen.«

Orville schaute mich lange an. »Woher willst du das denn wissen? Du bist doch grade in die Stadt gekommen.«

»Ich habe deine Maschine am Rand des kleinen Sees landen sehen, an dem ich lebe. Ich habe gesehen, wie Heine ausgestiegen und ein paar Schritte weit durch den Schnee gegangen ist. Meine Hütte ist kaum hundert Meter von der Stelle entfernt, wo ihr gewesen seid. Als ich rausgegangen und den Pfad runtergelaufen bin, war da nichts. Kein Flugzeug und auch keine Fußstapfen im Schnee.«

»Ich bin noch nie dort gewesen, wo du lebst, Fred, aber ich weiß, daß der Mulchatna wenigstens zweihundert Meilen weiter östlich liegt.«

»An dem Tag war ein Schneesturm, und selbst wenn du gewußt hättest, wo ich lebe, hättest du nicht fliegen können. Ich habe am Tisch gesessen und aus dem Fenster geschaut. Da draußen war nichts, und dann hab' ich plötzlich das Flugzeug gesehen und Heine. Es hat nur ein paar Sekunden gedauert, bis ich draußen war, aber da seid ihr schon nicht mehr dagewesen.«

Ich hatte ein seltsames Gefühl, als ich Orvilles Hütte verließ. Er hatte mir bestätigt, daß Heine im Februar bei ihm gewesen war und daß sie in diesem Monat mit dem Flugzeug unterwegs gewesen waren, aber alles andere war mir unbegreiflich.

Tubby war ein guter Freund, und wenn ich seinen Pickup brauchte, konnte ich ihn haben. Ich fuhr zum Hospital, das vom Bureau of Indian Affairs unterhalten wurde. Dort gab es nur den einen Doktor, und der kümmerte sich um alles, von Erkältungen und Fieber bis zu gebrochenen Knochen und Operationen. Dr. Salazar tastete und drückte mich ab, dann setzte er sich wieder auf seinen Stuhl.

»Sie haben eine leichte Blinddarmentzündung. Damit könnten Sie vermutlich noch eine ganze Weile zurechtkommen, aber wenn ich ein Trapper wäre und mich den Großteil des Jahres droben in den Wäldern aufhielte, so wie Sie, würde ich mir den Blinddarm herausnehmen lassen. Können Sie morgen früh vorbeikommen?«

»Ich bin da.«

In der Stadt gab es vier Autos. Tubby und Matt hatten einen Pickup, der Schullehrer hatte einen kleinen Personenwagen, und Jessie Pelagio hatte ein Taxi. Am nächsten Morgen fuhr mich Jessie zum Hospital. Ich ging unter die Dusche und schrubbte mich, und in null Komma nichts lag ich rücklings auf dem Operationstisch.

»Fred, hat man Ihnen schon mal eine Spritze ins Rückgrat gegeben?«

»Bis auf die Pockenschutzimpfung hab' ich noch nie eine Spritze bekommen.«

»Dann versuchen wir's mit einer Rückenmarkinjektion.«

»Ich würde Ihnen gern bei der Arbeit zusehen, Doc. Können Sie mir vielleicht ein paar Kissen unter die Schulter legen?«

»Klar, wenn Sie sehen wollen, wie man so was macht, stützen wir Sie hoch.«

Ich mußte mich auf den Bauch drehen; die Schwester hatte die Spritze in der Hand.

»Doktor, seine Rückenmuskeln verdecken fast die ganze Wirbelsäule. Ich habe meine liebe Mühe damit, eine Einstichstelle zu finden.«

»Tja, Fred schleppt allerhand schwere Lasten auf dem Rücken herum. Sie werden schon durchkommen.«

Ich spürte lediglich einen leichten Stich am Rücken. »Da, ich glaube, ich hab's geschafft.«

Sie wälzten mich wieder auf den Rücken, und die Schwester, die hinter mir stand, legte mir zwei, drei Kissen unter den Kopf und die Schulter. Dr. Salazar markierte die Stelle, wo er den Schnitt vornehmen wollte, und die Schwester pinselte den Bereich mit einem antiseptischen Mittel ein. Der Doktor zog mit dem Skalpell einen kurzen Strich.

»Haben Sie das gespürt?«

»Ja, das hab' ich gespürt.«

»Warten wir noch einen Moment. Fred, ich werde keine Muskeln durchtrennen, ich werde sie auseinanderspreizen, wenn wir den Eingriff vornehmen.«

Er machte den ersten Schnitt, und es fühlte sich an, als hätte er auf meinem Bauch ein Feuer angezündet. Er gab fortlaufend seinen Kommentar dazu.

»Da ist keinerlei Fett drunter, Fred, das wird die Sache sehr erleichtern.«

Ich glaube, ich habe irgendwo mal gelesen, daß auch der Schmerz seine Grenzen hat. Danach kann es nicht mehr schlimmer werden. Ich wußte nur, daß sie mit glühenden Zangen zugange waren und mir sämtliche Eingeweide aus dem Leib rissen.

»Fred, das ist ein Prachtkerl. Ich glaube, das ist der längste Blinddarm, den ich je gesehen habe. Kein Wunder, daß es Ihnen in der Seite gezwickt hat.« Er hielt ihn hoch, damit ich ihn sehen konnte, und legte ihn in ein Gefäß mit Alkohol.

Mir war die Lust am Zusehen vergangen. Ich starrte die Decke an, versuchte mich zusammenzureißen. Die Schwester hatte ich nicht gesehen, seit er sich ans Werk gemacht hatte. Sie stand hinter meinem Kopf, und ich spürte, wie sie mir die Hände links und rechts ans Gesicht legte.

»Doktor, ich glaube, wir haben keine Zeit mehr für eine Lektion im Knotenbinden.«

»Geben Sie ihm etwas Äther.«

»Doc, ich will keinen Äther. Davon wird mir schlecht.«

»Machen Sie den Mann wieder zu.«

Keine halbe Minute später war die Wunde vernäht, und mir ging es wieder besser. Ich weiß nicht mehr genau, wie er den schmalen Tisch auf Rädern nannte, der fortwährend wackelte. Jedenfalls sagte er zur Schwester, sie sollte ihn hereinrollen und mich auf mein Zimmer bringen. Ich schwang die Beine vom Operationstisch und stand auf.

»Nicht nötig, ich kann gehen.«

Damit verließ ich sie, ging den Gang entlang zu meinem Zimmer und hatte mich gerade auf die Bettkante gesetzt, als Salazar hinter mir herkam. Ich nehme an, als ich laufen konnte, war ihm klargeworden, daß das Betäubungsmittel nichts ausgerichtet hatte.

»Fred, warum um alles auf der Welt haben Sie mir nicht gesagt, daß die Anästhesie nicht gewirkt hat?«

»Ich habe gedacht, das fühlt sich vielleicht immer so an. Trotzdem bin ich froh, daß es vorbei ist.«

»Ab und zu kommt es vor, daß die Rückenmarksanästhesie bei jemandem nicht wirkt. Sie sind einer davon. Sie werden fürchterliche Kopfschmerzen bekommen. Ich lass' Ihnen von der zuständigen Schwester ein paar Tabletten bringen.«

Sie kam mit den Tabletten und einem Glas Wasser und stellte beides auf den kleinen Tisch neben meinem Bett.

»Sie sind ein sturer Kerl.«

Sie brachte allerhöchstens neunzig Pfund auf die Waage, und sie war ein hübsches Ding.

»Sind Sie die Schwester, die für mich zuständig ist?«

»Ja, die bin ich. Ann Peterson heiße ich. Und nun nehmen Sie schon Ihre Tabletten.« An der Stimme erkannte ich, daß sie die Schwester war, die hinter meinem Kopf gestanden hatte. Sie ließ sich nicht den Hauch eines Lächelns entlocken, dabei hätte es ihr so gut zu Gesicht gestanden. Die Tabletten befanden sich in einem kleinen Plastikbecher. Ich schluckte sie und trank einen Mundvoll Wasser hinterher.

»Sehen Sie zu, daß Sie sich etwas ausruhen. Wenn Sie mich brauchen, drücken Sie einfach auf den Klingelknopf.« Sie wandte sich ab und ging aus dem Zimmer.

Ich sann über sie nach. Sie hatte Mitgefühl gezeigt, als ich auf dem Operationstisch lag. Sie war nicht so kühl und unnahbar, wie sie sich gab.

Eine der Tabletten, die sie mir gegeben hatte, war nicht gegen Kopfschmerzen, und eh' ich mich's versah, schlief ich tief und fest. Drei weitere Tage gingen so dahin. Sie brachte mir mein Essen, und nach einer Weile kam sie wieder und holte das Tablett ab. Am vierten Abend, kurz bevor sie das Tablett abholen kam, wußte ich, daß ich etwas unternehmen mußte. Sie hatte irgend etwas an sich, das mich reizte, sie näher kennenzulernen.

»Ann, ich werde morgen früh entlassen. Hätten Sie vielleicht Lust, heute abend vorbeizukommen und sich eine Weile zu mir zu setzen? Ich habe ein Radio hier. Wir könnten Musik hören und vielleicht ein bißchen miteinander reden.«

Sie schaute mich an, und es kam mir wie eine halbe Ewigkeit vor, bis sie nickte.

»Es könnte ein bißchen später werden. Ich muß vorher noch allerhand erledigen, aber ich komme ganz bestimmt.«

7

Ann

Es war bereits zehn Uhr, als sie an diesem Abend kam und sich an mein Bett setzte. Am Radio lief leise, zärtliche Musik.

»Ann, Sie haben mir noch gar nichts von sich erzählt. Ich weiß nicht, wie alt Sie sind. Ich weiß nicht mal, woher Sie kommen.«

Sie saß eine Zeitlang schweigend da, ehe sie antwortete. »Ich bin neunzehn Jahre alt. Ich bin auf Saint Paul geboren, das ist eine der Pribilow-Inseln. Die liegen draußen im Beringmeer, zweihundertfünfzig Meilen nördlich der Aleuten.

Mein Vater kam aus Schweden. Er arbeitete für die Regierung auf Saint Paul, half den Leuten, die dort lebten, den Leuten, die auf die Bärenrobben aufpaßten. Die Robben kriegen dort ihre Jungen und paaren sich wieder.

Mein Vater hieß Steve Peterson. Er heiratete ein Mädchen namens Martha Shabiloff. Sie war teils Aleutin, teils Russin. Als ich ein Jahr alt war, starb mein Vater an Lungenentzündung. Mein Großvater hatte auf Unalaska, einer der Aleuteninseln, eine Heringssalzerei, und meine Mutter nahm mich mit und zog zu ihm.

Ich war fünf Jahre alt, als ich sah, wie meine Mutter mitten auf dem Hof zu Boden stürzte. Ich rannte zu ihr und versuchte sie aufzurichten. Mir war nicht bewußt, daß sie an einem Herzanfall gestorben war. Ich blieb bei meinem Großvater, bis auch er starb. Damals war ich zehn Jahre alt. Ich kam bei einer Familie unter, dann bei der nächsten und bei noch einer.

Wenn jemand irgendwas zu tun hatte, kam er vorbei und nahm mich mit. Manches Mal bin ich, glaube ich, schlichtweg verkauft worden.«

Sie sammelte das Treibholz am Strand ein und schleppte es zu den Familien, bei denen sie wohnte. Als sie zwölf Jahre alt war, wurde sie geschändet. Das waren nur ein paar von den Sachen, die sie mir erzählte.

Tränen rannen ihr übers Gesicht, als sie verstummte. Ich nahm ihre Hand, und sie beugte sich zu mir, worauf ich sie in die Arme schloß wie ein Kind. Ich strich ihre Tränen weg und spürte, daß sie gelöster wurde. In diesem Augenblick wußte ich, daß ich sie liebte.

»Als ich vierzehn war, kam eine Frau nach Unalaska, eine Lehrerin. Sie hat mich entdeckt und hierher geschickt. In Eklutna, ganz in der Nähe von Anchorage, gab's eine Schule vom Bureau of Indian Affairs, und Salazar hat mich dort hingeschickt. Als ich siebzehn war, bin ich zurückgekommen. Ich bin jetzt seit zwei Jahren Lernschwester.«

Sie schwieg jetzt, und ich drückte sie an mich.

»Ann, das wird sich alles ändern, Sie werden schon sehen. Wenn Sie Lust dazu haben, hol' ich Sie abends ab, und wir gehen zusammen aus, lernen uns näher kennen.«

»Ja«, sagte sie. »Mit Ihnen würde ich gerne ausgehen.«

Ich lag noch eine ganze Weile wach, nachdem sie gegangen war. Ich malte mir aus, wie schön es wäre, jemanden wie sie um mich zu haben, aber ich konnte mir nicht vorstellen, daß ein junges Mädchen wie sie so leben wollte wie ich.

Am nächsten Morgen brachte sie mir das Frühstück.

»Tja, ich werde heute morgen entlassen. Aber ich komme morgen abend wieder vorbei. Ich habe vor, Sie auszuführen.«

Sie nickte, und ich glaube, sie lächelte sogar ein bißchen. »Von mir aus.«

Ich war um sieben Uhr da, und Ann hatte mich bereits erwartet, denn kaum hatte ich angehalten, kam sie schon aus der Tür und war im nächsten Moment beim Pickup. Sie strahlte übers ganze Gesicht und war wunderschön anzuschauen. Ich öffnete die Tür, und sie setzte sich neben mich.

Seinerzeit liefen im Kino in der Stadt nur Cowboy-Filme. Dennoch schauten sie sich alle gern an, weil man eine völlig andere Welt zu sehen bekam. Niemand störte sich an der dicken blauen Wolke aus Tabakqualm, die in der Luft hing; hier genoß man das Leben. Als die Vorstellung vorüber war, gingen wir im Restaurant essen, dann brachte ich sie zum Hospital zurück und stieg mit ihr aus.

»Wann haben Sie das nächste Mal frei?«

»Kommenden Donnerstag.«

»Ich hole Sie ab. An dem Tag unternehmen wir etwas zusammen.« Sie nickte kurz. Ich nahm sie in die Arme und drückte sie einen Moment lang an mich. Ich schaute ihr hinterher, als sie die Treppe hinaufstieg; sie drehte sich um und winkte, ehe sie die Tür aufschloß und hineinging.

Bis Donnerstag waren es noch drei Tage, und ich mußte ständig an Ann denken. Ich wußte nicht genau, wie man so etwas anstellte.

Am Donnerstagmorgen um neun Uhr war ich beim Hospital. Wir fuhren auf der unbefestigten Straße in Richtung Stadt und bogen an der Abzweigung in Richtung Wood

River ab. Dort am Flußufer stand eine Konservenfabrik, und bei der machten wir halt. Wir waren im März, und bis zur Fischfangsaison dauerte es noch drei Monate, daher war keine Menschenseele da. Wir gingen hinaus auf den Pier. Es war ein warmer, sonniger Morgen, und wir setzten uns auf ein paar Hölzer, die dort herumlagen. Das Salzwasser, das bei Flut bis hierher vordrang, hatte das Eis teilweise weggeschmolzen. Überall waren bereits Löcher, aus denen das Wasser über die verbliebenen Schollen sprudelte, und in ein paar Tagen würde dieser Teil des Flusses eisfrei sein. Hoch oben im Norden konnte ich die Gipfel einer Bergkette sehen. Dort lagen die Tikchiks, und dreißig Meilen weiter nördlich war mein Quartier.

»Ann, wissen Sie, wie ich lebe?« Ich wandte mich ihr zu, war darauf gefaßt, daß ich es ihr erklären mußte, aber sie antwortete mir auf der Stelle, ruhig und gelassen.

»Ja, das weiß ich. Jeden Sommer fahren Sie mit dem Segelboot raus und fangen einen Monat lang Lachse. Im Herbst fliegen Sie immer zu den Tikchiks, dorthin, wo die großen Seen sind. Dort bleiben Sie dann mindestens neun Monate lang.«

»Ann, wollen Sie mich heiraten und mit mir in dieses Land der großen Seen gehen?«

»Fred, ich will. Ich will Sie heiraten, und ich werde überall mit Ihnen hingehen.«

Genau das sagte sie. Als ich sie in die Arme nahm, fühlte ich mich wie ein König. Ihre Lippen waren sanft und nachgiebig.

»Ich werde dir niemals Kummer bereiten, Ann.«

Wir fuhren in die Stadt, und ich ließ sie in meiner Hütte allein. Ich ging hinunter zum Laden der Scandinavian Cannery. Es war der einzige Ort, an dem ich hoffentlich einen

Ring auftreiben konnte. Ich fand einen, und er kostete mich zweieinhalb Dollar. Ich kehrte zu Ann zurück, worauf wir zum Büro des Friedensrichters gingen. Er war neu, und ich kannte ihn nicht allzu gut.

Er fragte uns nach unseren Namen und schrieb sie sich auf.

»Wollen Sie, Ann Peterson, diesen Mann zu Ihrem rechtmäßig angetrauten Ehegatten nehmen?«

»Ich will.«

»Wollen Sie, Fred Hatfield, diese Frau zu Ihrem rechtmäßig angetrauten Weib nehmen?«

»Ich will.«

»Kraft meines Amtes erkläre ich Sie hiermit zu Mann und Frau.«

Ich wandte mich Ann zu. Ich sah ihr die Freude, die Glückseligkeit und Hoffnung an, die sie hegte, und ich nahm sie in die Arme und drückte sie an mich.

Ich hatte nicht vorgehabt, in diesem Sommer auf Fischfang zu gehen – der Doktor hatte mir erklärt, daß ich mir womöglich ein paar Fäden ziehen lassen müßte. Mir war das recht, den ich wollte den Sommer mit Ann zubringen.

Sie hatte sich beinahe über Nacht von einem einsamen Mädchen in eine heitere Frau verwandelt. Zum erstenmal hatte sie jemanden, dem sie vertrauen konnte, mit dem sie über ihre Hoffnungen und Träume reden konnte. Sie machte aus unserer Hütte ein Zuhause, und mich machte sie zu einem glücklichen Mann. Jeden Tag brachte sie etwas mit, eine Kleinigkeit, die sie mitnehmen wollte, wenn die Zeit kam, da wir aufbrechen mußten.

Peetla war ein alter Eskimo aus dem Dorf Stuyahok, weit oben am Nushagak. Er arbeitete nicht mehr, kam aber im

Frühjahr immer mit seinen Leuten den Fluß herunter. Wenn das Wetter gut war, saß er immer auf der Bank vor dem Handelsposten. Wir waren Freunde, und wenn ich Zeit hatte, setzte ich mich zu ihm, denn er konnte mir viel erzählen.

Eines Tages sah ich Peetla an seinem Lieblingsort hocken. Ich ging hin und setzte mich zu ihm, und schließlich wandte er sich mir zu.

»Du Tikchik-Mann.«

Ich nickte bestätigend.

»Du töten viele Bären an Tikchiks?«

»Nur wenn ich muß.«

»Ich dir sagen, beste Weise. Du warten, warten, bis viel nah. Vielleicht so nah, daß du ihn riechen. Vielleicht fünf, sechs Schritt. Richte Gewehr auf sein Maul. Wenn du abdrücken, Bär ist tot. Hinterkopf weg. Oder vielleicht zielen unter Kinn. Dasselbe.«

Peetla schaute auf die Bai hinaus. Ich wußte, daß er mir noch etwas anderes sagen wollte, aber ich mußte warten, bis er soweit war. Ich wußte, daß er mir die Wahrheit sagte, denn der Grizzly, der oberhalb von Jake Savollys Hütte auf mich losgegangen war, war so nahe gewesen.

Bevor die Eingeborenen Gewehre in die Hand bekamen, war der Speer ihre einzige Waffe. Sie jagten nie allein. Wenn sie zu dritt unterwegs waren, bewaffnet mit kräftigen Speeren, die mit Spitzen aus Knochen oder Elfenbein bestückt waren, waren sie ernstzunehmende Gegner, selbst für einen wilden Grizzlybären. Sie setzten ihre Speere auf die gleiche Weise ein, wie ich nach Peetlas Worten mein Gewehr benutzen sollte.

Wenn der Grizzly dicht vor einem steht, richtet er sich auf. Er brüllt vor Wut und reißt das Maul auf. Wenn man ihm einen Speer tief in die Kehle stößt oder, wie Peetla sagte, »vielleicht unter Kinn«, fügt man ihm schwere Verletzungen zu, an denen er binnen kurzer Zeit stirbt. Schließlich beschafften sich die Eingeborenen Gewehre. Erst die schwere Winchester vom Kaliber .45–70. Die große Büchse war viel besser als ihre Speere, doch ihrer Ansicht nach gab es keinen Grund, die bewährte Verteidigungsmethode zu ändern, denn ein Gewehr war für sie etwas Neues, und sie waren keine guten Schützen. Das 45-70er wurde schließlich durch das 30-06er abgelöst, aber gegen Grizzlys setzten sie es nach wie vor auf die gleiche Weise ein.

Pettla schaute noch immer auf die Bai hinaus.

»Tikchiks schlechter Ort für dich. Du hast jetzt Frau. Tikchiks nicht gut.«

Ich wartete. Ich wußte, daß er noch nicht fertig war. Dann wandte er sich mir zu.

»Vielleicht du sehen Sachen an Tikchiks? Vielleicht du hören Sachen?«

Jetzt hatte er mich wahrhaft gespannt gemacht, denn ich hatte das Flugzeug oder die Stimmen, die ich gehört hatte, nicht vergessen.

Peetla schaute mich mit durchdringendem Blick an. Er sprach mit bedächtigem Tonfall, als er wieder das Wort ergriff.

»Aber dann du sehen nichts und niemand dort?«

»Das stimmt.«

Er nickte. »Vor langer Zeit, lange vor mir, viele von meinem Volk leben dort. Großes Dorf am ersten See. Viele, viele Leute. Fast jeden Tag jemand sehen etwas, vielleicht sie hören etwas. Nichts da. Sie erzählen davon, und Leute von meinem Volk lachen. Die alten Leute nicht lachen. Sie erzählen, daß viele Götter dort leben. Das ist der Ort von Großem Geist. Meine Leute lachen noch mehr.

Einmal etwas Schlimmes passieren. Alle Leute von meinem Volk sterben. Nicht viele übrig. Im Frühling, wenn das Eis weggehen, sie steigen in ihre Boote, und sie kommen die Flüsse runter. Sie kommen zum Nushagak. Niemand gehen wieder zurück. Fred, vielleicht eines Tages dir etwas Schlimmes passieren. Die Tikchiks sein Ort, wo viele Götter leben. Du kommen zu mein Dorf. Viele Felle, viele Freunde.«

Peetla war ein netter, freundlicher alter Mann, und er glaubte jedes Wort von dem, was er mir erzählt hatte. Seiner Meinung nach hatte er recht. Ich wollte ihn nicht verletzen, daher sagte ich, ich würde gründlich darüber nachdenken.

In dem Jahr, in dem ich am Togiak-See lebte, hatte ich etwas nördlich des Sees einen hohen Berggipfel gesehen. Auf der Landkarte war er als Mount Waskey eingezeichnet.

Im Jahr 1906 beschloß man in den Vereinigten Staaten, daß es an der Zeit sei, dem Territorium von Alaska einen Delegierten zuzugestehen, der es in Washington vertreten sollte. Nome war seinerzeit die größte Stadt in Alaska, und dort wurde die Wahl durchgeführt. Frank Waskey und Judge Wickersham waren die zwei Kandidaten, und jeder erhielt genau die gleiche Anzahl von Stimmen. Daraufhin warf man eine Münze, und als sie landete, war Frank Waskey der erste gewählte Vertreter von Alaska im Repräsentantenhaus.

Frank Waskey lebte jetzt in Dillingham. Wir waren Freunde, und ich wußte, daß er sich so gut wie kein anderer Mann mit der Geschichte und Kultur der Eingeborenen auskannte. Er war im ganzen Land herumgekommen und hatte Werkzeuge und Kunstgegenstände gesucht und ausgegraben. Die meisten Sachen, die er fand, stiftete er der University of Alaska. Daneben machte er sich viele Freunde. Im Winter brachte er einen Gutteil seiner Zeit damit zu, die Flüsse hinaufzufliegen, überall dorthin, wo Trapper lebten. Er kaufte ihnen sämtliche Vielfraßfelle ab und verkaufte sie in den Siedlungen am Yukon. Er zahlte fünfzig Dollar pro Fell, und das war ein anständiger Preis, viel mehr, als die Pelzaufkäufer zahlten.

Ich mußte mit Frank reden, und so ging ich zu seiner Hütte. Ich erzählte ihm Peetlas Geschichte und berichtete ihm von dem Flugzeug, das ich gesehen, und von den Stimmen, die ich gehört hatte.

»Fred, du setzt mir da eine schwierige Sache vor. Ich weiß, daß ich es dir nicht ganz genau erklären kann, aber ich glaube, ich bin nahe dran. Ich habe Harry Stevens gekannt, als er droben an den Tikchiks Pelztiere gejagt hat. Nun ja, er war ein vernünftiger und kerngesunder Mann, und dennoch hat er in zwei verschiedenen Jahren Stimmen gehört und Sachen gesehen, die einfach nicht da waren. Peetla und sein Volk wissen um diese Dinge, seit sie in dieses Land gekommen sind, vermutlich vor Hunderten von Jahren. Tatsache ist, daß die Leute seines Volkes an einer Windpockenepidemie gestorben sind, aber für sie war es eine Strafe der Götter, weil sie sich dort aufgehalten haben.

Ich habe mir allerhand Gedanken über diesen Landstrich gemacht. Es liegt an einem Zusammenwirken der geographischen Gegebenheiten, glaube ich, an der Form der Gebirgsmassive und der Richtung, in der sie verlaufen, an der langen Kette großer Seen, vielleicht auch an der riesigen offenen Tundra weiter nördlich. Wer weiß? Vielleicht ist das, was du siehst, ein Zerrbild dessen, was zu weit weg ist, als daß man es in Wirklichkeit sehen kann. Aber eins weiß ich. Diese Gegend ist eine Art Brennpunkt für Gegenstände und Töne. Es ist, als ob irgendwo ein riesiger Projektor wäre, mit Ton, der auf dieses Gebiet gerichtet ist. Das ist schlecht ausgedrückt, denn das Flugzeug, das du gesehen hast, hat keinen

Ton von sich gegeben, und die Stimmen, die du gehört hast, stammten von niemand, den du sehen konntest. Ich kann dir wirklich nicht mehr dazu sagen. Es muß noch andere Stellen auf der Erde geben, die ganz ähnlich sind, aber ich habe noch nie davon gehört.«

»Ich kann nicht sagen, daß es mir zu schaffen macht, Frank. Ich habe mich nur eine Zeitlang drüber gewundert, aber ich wußte, daß es irgendeine Antwort geben muß. Ich war froh, als ich Peetlas Geschichte gehört habe, und ich bin froh über deine. Ich lebe da, und mir wäre nicht ganz wohl bei dem Gedanken, daß ich der einzige bin, der so was erlebt hat. Es ist eine herrliche Gegend, und deine Vermutung gefällt mir. Ich habe nichts dagegen, an einem Brennpunkt zu leben.«

»Wenn du noch irgendwas anderes hörst oder siehst, sagst du mir Bescheid. Ich werde weiter drüber nachdenken, und vermutlich wird mich das noch eine ganze Weile beschäftigen. Ich weiß nicht, ob wir jemals die Wahrheit erfahren werden, Fred.«

Am Abend des fünften Juni sollte der Trapperball stattfinden. Ann und ich wollten hingehen, und ich wußte, daß es für sie die größte Überraschung ihres Lebens werden würde, denn so etwas hatte sie noch nie gesehen. Der Saal war überfüllt. Ich glaube, alle, die noch auf ihren Füßen laufen konnten, waren da. Viele Leute hier hatten schwedische Vorfahren, und die schwedische Polka, lebhaft und ausgelassen, war allem Anschein nach der Lieblingstanz. Das Stampfen der Füße und die Musik von Reds Klavier hallten von den Wänden wider.

Ich war kein großartiger Tänzer, und Ann kam mir bald abhanden. Ich stellte fest, daß ich mich in die falsche Richtung bewegte, aber auf dem überfüllten Tanzboden war das auch nicht schwer. Allem Anschein nach spielte das aber keine Rolle, denn immer wieder stieß ich auf eine Frau, die sich in der gleichen Lage befand wie ich, worauf wir gemeinsam dahinschwoften. Offenbar hielt es auf Dauer niemanden bei seinem Partner, und ab und zu landete ich wieder bei Ann.

Kurz nach Mitternacht war der Ball vorüber, und Ann und ich gingen heim.

»Hat's dir Spaß gemacht, Schatz?«

»Ich glaube, ich habe gar nicht gewußt, daß man so viel Spaß haben kann. Alle waren so freundlich und selig.«

»Im Herbst feiern sie den Fischerball, aber da bin ich immer schon weggewesen. Die Leute haben nicht viele Gelegenheiten, sich zu amüsieren, deshalb kosten sie es tüchtig aus.«

Ende Juli fingen Ann und ich damit an, unsere Einkaufslisten anzufertigen. Sie schrieb jedes Gewürz auf, das ihr einfiel, und alle möglichen Soßen und Essenzen. Ich besorgte einfach die doppelte Mengen von einigen Sachen, die ich jeden Herbst mitnahm, und außerdem kaufte ich ein RCA-Kurzwellenradio. Es wurde mit einer großen Trockenzellenbatterie betrieben, und ich erstand vorsorglich gleich eine zweite. Dieses Jahr nahm ich zudem eine Rolle Zelttuch und zwei Eimer Farbe mit, denn ich wollte, daß wir ein ordentliches Dach auf unserer Hütte hatten. Ich überlegte hin und her und beschloß, ein zwei Meter fünfzig mal drei Meter großes Zelt und einen zusätzlichen Yukon-Ofen zu besorgen. Man lief stets Gefahr, daß einem die Hütte abbrannte, und falls es dazu kommen sollte, hätten wir wenigstens eine warme Unterkunft. Ich hatte jetzt Ann bei mir, und ihretwegen traf ich allerlei Vorsichtsmaßnahmen.

An einem prächtigen Augusttag verließen wir die Stadt. Wir flogen über die Seen oberhalb des Wood River und über eine schmale Bergkette hinweg. Ich kannte das alles, aber für Ann war es eine völlig neue Welt. Wir überflogen den ersten Tikchik-See, und dann waren wir in einer herrlichen Landschaft. Weit im Norden konnten wir eine hohe Bergkette erkennen. Westlich von uns ragten ebenfalls Gebirgskämme auf, deren Gipfel teilweise von Wolken verhangen waren. Östlich des Tikchik-Tals erstreckten sich der endlose Sumpf und die Tundra, dazwischen ab und zu ein paar Hügelketten, dann kam der Nushagak und viele Meilen weiter der Mulchatna.

Vor uns in der Ferne konnte ich unser künftiges Zuhause sehen. Es war ein gottverlassener Ort, nichts als ein namenloser See, deshalb hatte ich ihm einen gegeben. Hier hörten die endlosen Fichtenwälder auf, daher hatte ich ihn Fichtensee getauft. Mit einem Namen drückte man dieser Wildnis seinen Stempel auf, man bekommt dadurch einen Bezugspunkt, kann sich heimisch fühlen.

Matt hielt auf den See zu und kreiste wie üblich tief über dem Hügel am See. Wir waren allenfalls fünf Meter über der Kuppe. Als er zur Landung ansetzte, richtete sich unmittelbar vor uns ein mächtiger Grizzly auf und schlug nach den Schwimmern. Matt riß den Steuerknüppel zurück, und wir zogen steil hoch. Er drehte sich zu mir um und schüttelte den Kopf, worauf ich mich an Ann wandte. Sie wirkte wie erstarrt, als traute sie ihren Augen nicht. Matt flog eine weitere Schleife und landete dann. Ann stieg aus und stand ängstlich am Ufer, während wir unsere Vorräte ausluden.

»Fred, haust der Bär etwa hier?«

»Ann, mein Schatz. Ich glaube, der Bär ist mindestens schon drei Meilen weit weg, und er läuft immer noch davon.

Der denkt, der größte Vogel auf der Welt ist hinter ihm her.«

Ich sagte ihr nicht, daß es hier viele Grizzlys gab. Meiner Meinung nach war das nicht der richtige Augenblick.

Matt mußte zum erstenmal eine zweite Fuhre fliegen; sein alter Waco-Doppeldecker war nicht groß genug für all die Sachen, die wir brauchten. Er sagte, er komme in etwa drei Stunden zurück, und flog los. Wenn er sich ranhielt, kam er noch vor Anbruch der Dunkelheit wieder weg.

Ich suchte unsere beiden Packborde und mein Gewehr heraus. Wir luden uns so viel auf, wie wir tragen konnten, und liefen den schmalen Pfad zur Hütte hinauf. Es war nicht weit, und Ann hatte anscheinend nichts dagegen einzuwenden, daß der Boden lediglich aus blanker, festgetretener Erde bestand. Sie hatte auch nichts dagegen, daß das Bett nur ein rund einen Meter achtzig breites Holzgestell war, aber als sie das ausgefranste Loch im Dach sah, ein Loch, das so groß war, daß fast ein kleiner Lastwagen hindurchgepaßt hätte, wandte sie sich fragend an mich.

»Ist das der Bär gewesen?«

»Na ja, vielleicht nicht dieser Bär, aber vielleicht zwei, drei andere. Das ist im Nu wieder ausgebessert.«

Erst mußten wir unseren Proviant zur Hütte bringen. Wir waren gerade damit fertig, als wir Matts Maschine in der Ferne hörten.

Ich sagte ihm, daß die Bären wieder einmal das Dach meiner Hüte kaputtgemacht hätten, und er bestand darauf, mir zur Hand zu gehen, bis alles wieder halbwegs in Schuß war.

»Na denn, bis Mitte April, und macht's gut!«

Wenn man mitten in der Wildnis von einem Flugzeug abgesetzt wird, schaut man immer hinterher, wenn es wieder wegfliegt. Man schaut in den Himmel, bis es nicht mehr da ist. Ich riß Ann aus ihren Gedanken.

»Willkommen daheim, mein Schatz.«

Daraufhin stürzte sie sich auf mich und klammerte sich fest. Ich wußte, wie ihr zumute war.

Es gab eine Menge zu tun, und weil dies der erste Abend war, wollte ich den Großteil vor Einbruch der Dunkelheit erledigt haben. Mit meinem Jagdmesser mähte ich das hohe, trockene Gras zwischen den Bäumen. Ich trug einen ordentlichen Ballen in die Hütte und breitete eine dicke Schicht auf dem hölzernen Bettgestell aus. Ich nahm Ann mit zu meinem Vorratslager und stieg die Leiter hinauf. Ich machte die kleine, an ordentlichen Angeln hängende Tür auf und warf zwei gegerbte Elchhäute, allerlei Decken und Kissen hinunter. Wir brachten alles in die Hütte, und ich nagelte die Häute auf der einen Seite an der Wand fest, spannte sie dann mit Anns Hilfe über die Heuschicht und nagelte die andere Seite vorn an der Bettkante an. Ich breitete unsere Decken darüber und legte die Kissen ans Kopfende.

Ann streckte zaghaft die Hand aus, drückte ein paarmal die Decken durch, dann stieg sie ins Bett, legte den Kopf auf die Kissen und streckte die Beine aus. Sie lächelte selig vor sich hin.

»Ich habe noch nie so ein hübsches Bett gehabt.« Sie bemühte sich nach besten Kräften darum, mir den Eindruck zu vermitteln, daß alles in bester Ordnung wäre.

Ich kehrte zum Lager zurück und holte die Fenster und den Ofen. Im Nu waren die Fenster eingesetzt, und im Ofen knisterte und knackte ein Feuer.

Ich ging zu unserem Vorratshaufen und sortierte aus, was ins Lager sollte und was wir mit zu uns nehmen wollten. Ann verstaute allerhand Sachen auf den Regalen. Wir stellten unser Radio auf ein Brett über dem Bett, und ich zog den Antennendraht zwischen zwei Stämmen nach draußen und umwickelte ihn an der Stelle, wo er durch die Wand führte, mit einem Stück Gummi.

»Schatz, ich geh jetzt raus und befestige das andere Ende oben an einer Stange. Ich laufe damit rum, und wenn der Ton laut und deutlich ist, schreist du, damit ich weiß, wo ich die Stange aufstellen soll.«

Ich schaltete das Radio an und suchte einen Sender. Draußen lief ich in alle möglichen Richtungen, bis ich Ann schreien hörte, und rammte die Stange dann an der Stelle, wo ich stand, in die Erde. Als ich zurückkam, drehte sie am Einstellknopf und fand einen Sender nach dem anderen, alle laut und deutlich zu empfangen. Ich war erleichtert. Das Radio würde Ann Gesellschaft leisten, wenn ich fernab der Hütte war. Ich hatte draußen noch eine Menge zu tun. Die Sachen, die ins Lager sollten, mußten mit einer Plane abgedeckt werden – das Tageslicht reichte nicht mehr aus, um sie zu verstauen –, und ich mußte noch Holz beschaffen, damit wir über Nacht genügend in der Hütte hatten.

Ich hörte Ann in der Hütte rufen. »Fred. Rat mal, was ich habe?«

»Was?«

»Ich habe Quito. Wo ist das?«

»Quito ist in Ecuador, und Ecuador ist in Südamerika. Bist du sicher, daß es Quito ist?«

»Das haben sie jedenfalls gesagt.«

Ich ging in die Hütte.

»Quito liegt fast dreitausend Meter hoch in den Anden. Ich nehme an, wir haben hier keinerlei Störquellen. Ich wette, wir können so gut wie alles kriegen.« So war es. Wir konnten am Fichtensee Sender aus aller Welt empfangen.

In unserem kleinen See wimmelte es von Kanadahechten, und so nahm ich die Angelrute mit hinunter und befestigte einen Spinner an der Schnur. Als ich sie zum drittenmal auswarf, gab es einen kräftigen Ruck, und ich holte sie ein. Es war ein großer Fisch. Ich filetierte ihn am Seeufer und brachte das entgrätete Fleisch zur Hütte. Ann hatte beide Lampen angezündet, als ich den Pfad hochkam. An einem Nagel an der Wand hing ein Hackbrett. Ich holte es herunter und stellte es mitsamt unserem Abendessen auf den Tisch. Ann wälzte die Fischstücke in Mehl, und binnen kurzer Zeit zog der Geruch nach gebratenem Fisch und frischem Kaffee durch die Hütte. Allmählich wurden wir heimisch.

Am nächsten Morgen nahm ich die Rolle mit dem schweren Zelttuch, die ich mitgebracht hatte, und breitete sie über das Dach. Ich nagelte sie an den überstehenden Stämmen fest, holte die zwei Eimer Farbe und strich sie dick an. Als ich allein gewesen war, hatte ich im Lager lediglich die Fenster, den Herd und die einen oder anderen übriggebliebenen Vorräte aufbewahrt. Mit Ann sah das anders aus. Wir brauchten mehr Platz in der Hütte, und wir hatten mehr Sachen, daher kamen der zusätzliche Ofen und das Zelt nach oben, dazu eine dicke Rolle Ersatzdecken und ein Teil der Lebensmittelvorräte, die wir mitgebracht hatten. Was immer auch passieren mochte, Ann und ich würden ganz gut über die Runden kommen.

Ich ging auf den Hügel und sah nach, wie mein Freund den Sommer überstanden hatte. Sein Bau war noch da, aber er war seit einiger Zeit nicht benutzt worden. Ich ging wieder hinunter. In dem kleinen Wasserlauf, von dem aus ich ihn immer beobachtet hatte, entdeckte ich einen Schwarm Weißfische. Ich hatte sie zuvor schon mit Trockenfliegen und Spinnern zu fangen versucht, hatte ein kleines Wandnetz ausgelegt, aber genützt hatte das alles nichts. Der Bach, der unseren See mit dem nächst kleineren verband, war etwa einen Meter breit und fünfzehn Zentimeter tief, und als die Fische hindurchschwammen, setzte ich mich hin und beobachtete sie. Sie umrundeten den kleineren See von links nach rechts, huschten dann vor mir durch den schmalen Wasserlauf und umrundeten unseren See von links nach rechts. Dann schwammen sie wieder durch den schmalen Wasserlauf und kehrten zurück. Ich ging zur Hütte und holte Ann, denn ich wollte sie dabeihaben, wenn ich meine neue Fangmethode ausprobierte.

Wir legten auf unserer Seite eine Reihe kleiner Steine quer durch das Rinnsal und warteten. Die Weißfische schwammen in den Wasserlauf, worauf wir eine Reihe Steine hinter ihnen aufbauten und sie mit den Händen fingen. Sie hatten gerade die richtige Größe für die Pfanne, und sie schmeckten köstlich. Danach fingen wir sie jedesmal auf diese Weise, wenn wir Lust auf Weißfische hatten.

Es war Herbst, und auf den Hügeln leuchteten die reifen Beeren blau und rot; auf jeder Lichtung wuchsen Blau- und Krannbeeren. Eines Tages gingen Ann und ich in die Tundra hinaus. Es gab dort eine kleine Stelle, die blau vor Beeren war. Wir hatten beide einen Eimer dabei und waren eifrig am Pflücken.

»Fred, schau mal zu dem Hügel hinauf.«

Am Rande der Ebene ragte eine Anhöhe auf, und dort standen drei Grizzlys. Zwei von ihnen blieben, wo sie waren, aber nicht so der dritte. Er kam den Hang herunter und verharrte am Rande unseres Beerenfeldes. Ich setzte Ann auf einen Erdhügel.

»Rühr dich nicht von der Stelle. Egal, was deiner Meinung nach passiert, du bleibst, wo du bist.«

Ich suchte mir einen Platz in ihrer Nähe, setzte mich ebenfalls und schob eine Patrone in die Kammer meines Gewehrs. Damit hatte ich fünf Schuß.

Im freien Gelände kommt ein Grizzly, der einen genauer in Augenschein nehmen will, ein Stück weit auf einen zu und richtet sich dann auf. Er brüllt und grollt und trommelt sich auf die Brust, um sich Respekt zu verschaffen. Manchmal kann man sich langsam entfernen und in Sicherheit bringen. Andererseits kann es aber auch passieren, daß er wieder auf alle viere geht und weiter auf einen zukommt. Er richtet sich dann bald wieder auf, trommelt sich erneut auf die Brust und klackt mit den Zähnen. Wenn er das macht, droht Ungemach, und man muß ihn töten.

Der Bär hier tat nichts dergleichen. Er lief quer vor uns her, machte dann kehrt und ging in die andere Richtung zurück, und jedesmal kam er ein bißchen näher.

»Fred, ich habe Angst.«

»Nein, hast du nicht. Du weißt bloß nicht, was los ist. Du brauchst dir keine Sorgen zu machen. Er weiß nicht, daß ich ein Gewehr habe.«

Er war etwa hundert Meter entfernt. Ich hätte ihn lieber noch ein Stück näher kommen lassen, doch als ein drohendes Knurren aus seiner Kehle drang, wußte ich, daß es höchste Zeit war. Als er kurz verharrte, ehe er wieder kehrtmachte, drückte ich ab. Ich erwischte ihn knapp hinter der Schulter, und ich wußte, daß ich Herz und Lunge getroffen hatte. Man hätte es nicht glauben wollen. Er fuhr herum und kam so schnell auf uns zu, daß er sich in der Luft halb überschlug, als er zusammenbrach und auf dem Rücken landete, den Kopf von uns abgekehrt.

Die beiden Grizzlys am Hang waren verschwunden, und unserer rührte sich nicht mehr. Ich ging zu ihm hin. Meine

Kugel war an richtigen Stelle eingedrungen. Er war tot gewesen, ehe er auf uns losgegangen war.

Wir füllten unsere Eimer mir Blaubeeren und gingen heim. Wir stellten die Eimer auf den Tisch, und Ann setzte sich auf die Bettkante und schaute mich an.

»Das passiert nicht jedesmal, wenn wir irgendwohin gehen, Schatz. Ich bin schon mit einem Packbord voller Fleisch an Bären vorbeigelaufen, die gerade Beeren gepflückt haben. Sie schauen auf und fressen einfach weiter.«

»Der hier hat Beeren gefressen.« Ann bekam allmählich eine Vorstellung davon, was es mit Grizzlys auf sich hatte, und ich war froh, daß sie mir keine Vorwürfe machte, weil ich sie nicht jedesmal überlisten konnte.

In den Sommermonaten war dieses Seengebiet anscheinend ein Ferienland für Wolfsrudel. Sie fanden hier mühelos Nahrung, doch nach dem ersten Schneefall zogen sie weiter gen Nord, dorthin, wo die Karibus überwintern. Ich habe ihnen nie nachgestellt, denn meiner Meinung nach sind Wölfe nichts anderes als prachtvolle Hunde, die nicht gezähmt sind.

Eines Abend trat ich vor die Hütte und hörte in der Ferne einen Laut. Ich hörte ihn erneut, und diesmal war er näher. Die Wölfe sangen, und sie zogen in unsere Richtung. Ich ging in die Hütte, und Ann und ich zogen uns warme Jacken an. Ich nahm mein Gewehr und die Taschenlampe mit, und wir gingen hinunter zum Seeufer und suchten uns eine schöne Stelle, an der wir sitzen und auf sie warten konnten. Es war jetzt dunkel; wenn Wölfe bei Nacht die Witterung von Menschen aufnehmen, kommen sie immer näher, um sich alles genau anzusehen. Bald darauf waren sie rund um uns.

Ein Wolf stimmt seinen Gesang tief an. Dann wird er fortwährend höher und immer höher, bis er schließlich verstummt. Dann setzt ein anderer ein, und so geht das ständig weiter, bis alle an der Reihe waren.

»Fred, sind Wölfe so einsam, wie sie klingen?«

»Meiner Meinung nach ist der Wolf das stolzeste Tier auf Erden. Ich glaube nicht, daß die einsam sind. Ich denke, sie singen ein Lied über Leben und Tod. Wölfe müssen töten, damit sie Nahrung haben, aber sie erbeuten nur so viel, wie sie zum Fressen brauchen.«

Der Gesang der Wölfe erstarb, und sie verzogen sich in die Nacht. Über uns waren jetzt Sterne, und rundum hörte man die nächtlichen Laute. Jenseits des Sees ertönte das Aaugh! Aaugh! eines Bären, der uns mitteilen wollte, daß er da war. Weiter im Westen, in einer mit Weiden bestandenen Senke, hörten wir das gutturale Grunzen eines Elchs. Unmittelbar vor uns, höchstens fünf Meter entfernt, vernahmen wir ein lautes Klatschen auf dem Wasser, als ein großer Hecht auftauchte und irgend etwas erbeutete. Die Nacht gehörte den wilden Tieren.

Mit unserem Radio ließ sich wunderbar die Zeit vertreiben, und wir genossen die Abende, an denen wir davorsaßen. Wir hörten schwungvolle Musik aus Mittel- und Südamerika, und wir empfingen Programme aus den Vereinigten Staaten. Es gab auch Nachrichten vom Krieg in Europa, aber das war weit weg.

Es war jetzt so kühl, daß sich das Fleisch hielt, und ich wollte unseren Wintervorrat einbringen. Ann hatte den Schreck, den ihr der Grizzly beim Beerenpflücken eingejagt hatte, überwunden, aber sie wußte, daß wir uns in einer Bärengegend befanden.

»Fred, sei vorsichtig.«

Ich küßte sie, versprach es ihr und zog zu dem Wildpfad

an der Baumgrenze. Irgendwie tat es gut zu wissen, daß sich jemand Sorgen um einen machte. Es war lange her, daß ich so etwas erlebt hatte.

Ich beschaffte unseren Fleischvorrat nicht ganz so, wie ich mir das vorgestellt hatte. Ich folgte dem Wildpfad, bis ich zu einem Hang über einem Flußlauf gelangte und eine Elchkuh drunten im Grund stehen sah. Ich ging schnurstracks auf sie zu, und sie machte keinerlei Anstalten, sich zu rühren. Bald sah ich, weshalb. Das eine Vorderbein war gebrochen, und ihre Flanke war so übel zugerichtet, daß die blanken Rippen bloßlagen.

Ich hörte ein Grunzen und Schnauben hinter mir im Unterholz. Der Wind stand günstig, daher stieg ich den Hang hinab und an ihr vorbei. Sie wirkte verzweifelt und hoffnungslos. Ich wußte, was ich vorfinden würde. Ich schob mich langsam durchs Unterholz und mußte nicht weit gehen.

Der Grizzly war mit etwas beschäftigt, riß und fetzte daran herum. Ich wartete, bis ich ihn von der Seite erlegen konnte, suchte mir eine Stelle hinter der Schulter aus, ziemlich tief, und die Kugel traf sein Herz. Er lebte noch ein paar Sekunden lang und wäre auf mich losgegangen, wenn er gewußt hätte, wohin. So aber stand er still, und ein wütendes Gebrüll drang aus seinem aufgerissenen Maul. Als die letzte Luft aus seiner Lunge wich, fiel er um, und ich ging zu ihm hin.

Zwei kleine Kälber lagen da, nichts als zermalmte Knochen und blutiges Fleisch. Ich kehrte zur Mutter zurück. Sie hatte sich nicht gerührt. Sie tat mir furchtbar leid, und ich sprach ihr mein Mitgefühl aus und erschoß sie. Ich hatte mir bisher immer mühelos einen Elch für den Winter beschaffen können, und das hier hätte eine herrliche Elchgegend sein können. Es gab reichlich Nahrung und eine Menge kräftiger Bäume, die ihnen Schutz boten, aber hier lebten einfach zu viele Grizzlys. Ich glaube, sie töten gut und gerne siebzig Prozent der Elchkälber.

Der Hügel am See war unser Aussichtspunkt. Eines Tages saßen Ann und ich da oben. In der Ferne konnten wir die großen Seen erkennen, dazu eine hohe Bergkette viele Meilen weit im Westen. Im Süden lag ein endloser Streifen Wald, und im Norden war die weite Tundra. Ich war schon oft da oben gesessen und hatte die Friedfertigkeit all dessen, was ich da sah, genossen, und ich glaube, deswegen mochte ich das Land hier so sehr. Ich war froh, daß es Ann genauso ging. An einem klaren Tag konnten wir endlos weit blicken, und manchmal kam es uns so vor, als wären wir nur einen Schritt weit vom Himmel entfernt.

Wenn man lange in der Wildnis lebt, wird man wachsam und bekommt eine Art sechsten Sinn, den man sonst nicht hat. Ich merkte es jetzt. Irgend etwas stimmte nicht. Ich hatte mein Packbord am Rücken, und an dem hing mein Gewehr. Ich blickte mich um und sah einen Vielfraß, der kaum mehr als fünf Meter von uns entfernt war und sich, tief zu Boden geduckt, langsam voranschob. Ich sprang auf und stolperte über den Kolben meines Gewehrs. Als ich mich wieder aufgerappelt hatte, war der Vielfraß weit unten am Hang. Ich werde nie erfahren, was er im Sinn hatte. Er hatte sich von weitem an uns angeschlichen, über einen flachen, baumlosen Hang hinweg. Vielleicht stand der Wind schlecht, so daß er uns nicht riechen konnte, oder es war ein selten angriffslustiger Vielfraß gewesen, der es drauf ankommen lassen wollte. Es gibt stets Ausnahmen von der Regel, und ich glaube, dies war eine.

Eine weitere Ausnahme von der Regel erlebten wir im Spätherbst. Vielfraße und Grizzlys behelligen einander grundsätzlich nicht. Beide sind ekelhaft, bösartig und gemein. Beide töten aus Lust und Laune, und beide haben offenbar größten Respekt voreinander.

In diesem Land war der Grizzly der König. Kein guter König, sondern ein unberechenbares, grausames Tier und zudem eins der mächtigsten auf Erden. Die Männchen fühlen sich nach der Paarung für nichts mehr verantwortlich. Ich habe gesehen, wie ein männlicher Grizzly ein Junges umgebracht und angefressen hat, sein eigenes. Für ihn war das bloß ein Opfer, das er töten könnte. Grizzlybären töten aus Lust. Nicht nur der Nahrung wegen, sondern zum Vergnügen. Ich habe gelesen, daß es drei Grundregeln gibt, die man in einer Bärengegend immer einhalten sollte. Störe niemals einen Bären beim Fressen. Schrecke einen Bären nicht auf. Gerate niemals zwischen ein Weibchen und seine Jungen. Meiner Meinung müßte es vier Regeln geben. Denn die erste und allerwichtigste sollte man nie vergessen: Rechne stets damit, daß ein Grizzly angreift. Sie brauchen nicht den geringsten Anlaß. Es hängt einfach nur von ihrer Laune ab.

In all den Jahren, die ich nun in diesem Land lebte, hatte ich gelernt, wohin ich wann gehen konnte und wohin nicht. Ich gewöhnte mir an, bis zum Spätherbst nicht durch das dichte Gestrüpp entlang der Flüsse zu ziehen; bis dahin ist der Zug der Lachse vorüber, und die Bären sind droben im weiten, offenen Land, wo sie Beeren fressen. Im freien Gelände war ich im Vorteil. Ich hatte ein Gewehr, und ich konnte damit umgehen. Im freien Gelände hatte sich nahezu jeder Grizzly, den ich töten mußte, auf die Hinterhand erhoben, als er näher kam. Wenn sie sich aufrichten, brüllen, knurren und mit den Zähnen klacken, sind sie bereit zum Angriff. Sie sind dann so nah, daß man ihnen eine Kugel genau dort verpassen kann, wo man sie treffen will.

Auf einen Grizzly zu schießen und ihn zu treffen nützt aber nicht viel. Ich habe gelesen, daß ein Jäger und Jagdführer sechzehnmal auf einen Grizzly geschossen hat. Ein Schuß in den Bauch oder in die Hinterhand führt irgendwann zum Tod. Aber in der Zwischenzeit hat er einen längst umgebracht.

Es gibt nur zwei lebenswichtige Stellen an einem Grizzly, und die muß man treffen, wenn man ihn zu Fall bringen will: der Herz-Lungen-Bereich und das Rückgrat. Das Rückgrat ist schwer zu treffen, aber ein Schuß dorthin macht einen tobenden Grizzly handzahm. Zweimal war ich im Ufergestrüpp unverhofft auf Bären gestoßen, und sie hatten rasch und unvermittelt angegriffen. Dennoch hält ein guter Blattschuß, mitten auf die Brust gesetzt, etwa fünf Zentimeter über dem Brustbein, einen Bären auf. Falls ein weiterer Schuß nötig ist, hat man noch Zeit. Man muß auf die gleiche Stelle zielen, genau auf Herz, Lunge und Zwerchfell. So was hält selbst der stärkste Bär nicht aus.

Im Unterholz ist der Bär im Vorteil. Dort muß man seine sämtlichen Sinne zusammennehmen. Wenn man sich von der Seite anfallen läßt, hat man so gut wie keine Chance. Man muß auf den Pfad vor sich achten. Auf jeden Schatten, ein ums andere Mal. Als ich seinerzeit auf dem Rückweg von Jake Savollys Hütte den Nuyakuk entlangmarschiert war, hatte ich auf überhaupt nichts geachtet. Ich hatte mich mit Klutuk beschäftigt, statt an die Grizzlys zu denken, die sich an den Lachsen im Fluß gütlich taten. Der Bär, der am Flußufer auf mich losging, war höchstens noch einen halben Meter vor meiner Büchse gewesen. In einem Artikel las ich später genau die gleiche Geschichte. »Der Grizzly kam mit unglaublicher Geschwindigkeit angerast. Mir blieb nicht einmal die Zeit, ihn durch das Zielfernrohr anzuvisieren. Ich drückte einfach ab, und das schwere Geschoß traf ihn oben am Kopf. Tags darauf wurde der Bär von einem Flugzeug dreißig Meilen weiter weg gefunden. Er war seiner schweren Kopfverletzung erlegen.«

Im Unterholz ein Zielfernrohr zu benutzen ist meiner Ansicht nach Selbstmord. Selbst wenn einem noch so viel Zeit bleibt, daß man überhaupt hindurchschauen kann, sieht man nichts als Gestrüpp und Buschwerk. Womöglich einen großen Flecken braunen Fells. Aber worauf soll man anlegen? Gegen Grizzlys kann man nur mit Kimme und Korn etwas ausrichten. Wenn der Bär dafür zu weit weg ist, sollte man die Finger davon lassen. Es ist besser so.

Im Spätherbst, als die Lachse aus dem Fluß und den Bachläufen verschwunden waren, wurde es Zeit, daß ich die ersten Minkfallen auslegte.

Ann war noch nie im Flußtal gewesen und wollte unbedingt mitkommen. Ich packte eine Ladung Fallen cin, und wir brachen auf. An jeder vielversprechenden Stelle brachte ich eine Falle mit einem Stück Draht an einem Erlen- oder Weidengestrüpp an, an allem, das halbwegs fest war. Ich achtete aber darauf, daß ich nicht mehr als eine Tagesstrecke auslegte. Wir zogen etwa acht Meilen flußabwärts, und das reichte. Auf dem Rückweg hielten wir uns an ein altes Trockenbett, durch das einstmals der Fluß geströmt war. Am Rande einer Lichtung vor uns, keine zehn Meter weit entfernt, stand ein schwarzer Fuchs. Ich hatte schon etliche dunkle Füchse erbeutet, aber einen schwarzen hatte ich noch nie gesehen. Mein Gewehr hing hinten an meinem Packbord. Ich wollte mich so wenig wie möglich bewegen, und Ann war unmittelbar hinter mir.

»Ann«, flüsterte ich, »reich mir mal das Gewehr.«

»Das mach' ich nicht.« Sie flüsterte nicht einmal, sagte es laut und deutlich.

Der Fuchs huschte davon und verschwand im Strauchwerk.

Ich drehte mich zu ihr um.

»Ann, ist dir klar, daß da grade hundertfünfzig Dollar ins Gebüsch gehüpft sind.«

»Ist mir egal. So was Schönes lass' ich dich nicht einfach umbringen.«

Sie hatte sich immer noch nicht damit abgefunden, daß ich Pelztiere töten mußte, wenn ich ihr Fell erbeuten wollte. Das konnte sie nie. Sie wirkte ernst und entschieden. Sie hatte ein wunderbar weiches Herz, und unwillkürlich mußte ich lächeln.

Manchmal verhalten sich Tiere so seltsam, daß man es kaum begreifen kann.

Ich stand an einer seichten Stelle des Flusses, keine zwei Meter vom Ufer entfernt, und war mit dem Aufstellen einer Otterfalle beschäftigt. Ich hörte einen leisen Ton und blickte zum Ufer. Ein Fuchs saß neben meinem Packbord. Er schaute zu mir her, blinzelte ins helle Sonnenlicht. Ich fragte ihn, was er da wollte, und er legte den Kopf schief. Ich stellte die Falle, ging zum Ufer und setzte mich neben mein Packbord. Wir waren höchstens einen Meter voneinander entfernt. Er starrte mich mit seinen gelb funkelnden Augen an, als wollte er mir etwas mitteilen.

»Möchtest du vielleicht mit mir kommen?«

Ich stand auf und schnallte mir das Packbord über die Schulter.

»Du kannst mitkommen, wenn du willst.« Ich nahm mein Gewehr und ging weg. Als ich mich umdrehte und zurückschaute, saß er immer noch da und beobachtete mich. Ich zog meines Wegs, und ich weiß nicht, ob es der gleiche war, den ich danach hin und wieder sah, oder ob es der Fuchs auf dem Hügel war. Ab und zu bemerkte ich einen Fuchs, als er gerade im Unterholz verschwand. Es hätte einer von beiden sein können.

Mitte November wanderten Ann und ich das Tikchik-Tal hinauf zu einer Stelle, wo es meines Wissens eine Menge Krannbeeren gab. Ann deutete auf den Hang über uns.

»Fred, was ist das für ein schwarzes Ding da droben?«

»Entweder ein verkohlter Baumstumpf oder ein Vielfraß; aber hier gibt's keine verkohlten Bäume.«

Ich setzte mich hin und richtete das Fernglas auf den schwarzen Fleck. Es war der Kopf eines Vielfraßes; der übrige Körper war im dicken Moos versteckt. Als ich abdrückte, duckte sich das schwarze Schemen ein bißchen. Ich hatte nicht bedacht, daß ich entsprechend tief halten mußte, da ich steil bergauf schoß. Beim zweitenmal zielte ich fünfzehn Zentimeter tiefer, und der Vielfraß kam schreiend und torkelnd den Hang herunter und verzog sich ins Gesträuch. Wir gingen ihm tunlichst aus dem Weg, als wir zu dem Höhenzug über dem Cañon hinaufstiegen, bis wir ihn dann etwa zehn Meter unter uns liegen sahen. Ich stieg hinab und drehte ihn um. Meine Kugel hatte ihm das Genick gebrochen, aber dann bemerkte ich die Stelle am Rücken, wo Haut, Fleisch, Muskeln und die Spitzen der Schulterblätter weggerissen waren. Er war schwer verletzt und muß sich zu der Stelle geschleppt haben, an der wir ihn zum erstenmal sahen.

Es gab nur ein Tier, das einen Vielfraß derart zugerichtet haben konnte – ein Grizzlybär. Die meisten Vielfraße, die ich gesehen habe, wogen zwischen fünfundzwanzig und fünfunddreißig Pfund, allerdings war ich auch schon ein-, zweimal einem begegnet, der um die vierzig wog. Der hier brachte meiner Schätzung nach gut und gerne sechzig Pfund auf die Waage. Ich wußte, daß auch der Grizzly, mit dem er gerauft hatte, nicht unbeschadet davongekommen war. Ich kletterte wieder nach oben und stieg eine kleine Anhöhe hinauf. Was ich dort sah, überraschte mich nicht.

Ein Grizzly stand dort, höchstens hundert Meter entfernt. Er hielt den Kopf gesenkt und bewegte ihn langsam von der einen Seite zur anderen. Ich richtete das Fernglas auf ihn und meinte ihn so nahe vor mir zu haben, daß ich ihn beinahe berühren konnte. Ich traute meinen Augen kaum, als ich sah, was mit ihm los war. Die ganze Schnauze war zerfleischt. Die Augen waren ein blutiger Brei. Die Nase war in Fetzen gerissen. Er konnte weder etwas sehen noch etwas riechen. Er war hilflos und hatte sich meiner Meinung nach keine fünf Meter von der Stelle fortbewegt, an der der Kampf stattgefunden hatte. Ich pirschte mich näher und erschoß ihn von der Seite. Er brach sofort zusammen, und ich glaube, er starb gern. Ich hatte keine Ahnung, wer von den beiden auf den andern losgegangen war, aber von einem war ich überzeugt: Der Vielfraß hatte sein blutiges Werk zuerst verrichtet. Im Nahkampf ist er viel flinker als ein Grizzly. Pfeilschnell konnte er mit seinen rasiermesserscharfen Klauen zuschlagen und wieder zurückweichen, ehe der Bär ihn erwischte. Der Grizzly hatte ihn lediglich durch Zufall zu fassen bekommen, nachdem er bereits geblendet war.

Sowohl der Grizzly als auch der Vielfraß sind bösartig und grausam, aber ich nehme an, daß sie dazu bestimmt sind. Zum ersten- und einzigen Mal in meinem Leben empfand ich einen Hauch Mitgefühl mit ihnen.

Schließlich kam der Schnee, und der Winter brach an. Ich legte meine Marderfallen aus. Am oberen Ende des kleinen Sees, der sich an unseren anschloß, zogen viele Marder vorbei, und dort baute ich eine ganze Reihe auf. Mit ein paar Fichtenzweigen schützte ich sie vor dem Schnee. Sie sahen aus wie ein gemütlicher Unterschlupf. Als Köder brauchte ich nicht mehr als ein paar Gänsefedern, die ich hinter den Fallen verstreute.

Eines Morgens ging ich dorthin und sah etwas, das mir ganz und gar nicht gefiel. Eine kleine Wölfin saß in der Falle. Sie war ein prächtiges Jungtier, das nicht mehr als dreißig Pfund wog. Sie starrte in den Wald, wollte mich nicht anschauen.

Ich hatte ein 22er Gewehr dabei und griff danach. Ich hielt es in der Hand, aber ich konnte sie nicht erschießen, brachte es einfach nicht fertig. Ich hatte Ann erzählt, daß ich zu große Hochachtung vor Wölfen hätte, als daß ich ihnen nachstellen könnte, und nun passierte so etwas, ausgerechnet im ersten Winter, den wir gemeinsam verbrachten.

Wölfe sind klug und scharfsinnig. Diese hier, das erkannte ich an der Art, wie sie dastand und von mir wegschaute, wußte, daß ich vorhatte, sie zu töten, und dennoch ließ sie sich keinerlei Furcht anmerken.

Ich steckte das Gewehr wieder in mein Gepäck, machte kehrt und marschierte zur Hütte. Ich schleuderte die Schneeschuhe von den Füßen und ging hinein.

»Ann, mach mir eine Tasse Kaffee, und zieh dir warme Sachen an.«

»Du bist doch noch gar nicht lange weg, Fred. Was ist los?«

»Etwa eine Meile von hier entfernt sitzt eine junge Wölfin in einer meiner Fallen. Ich will sie befreien, und dazu brauche ich deine Hilfe.«

Ich ging hinaus in den Windfang und holte ein aufgerolltes Seil.

»Ich will ihr das um den Hals schlingen. Einen Knoten brauchen wir nicht. Ich werfe es ihr von der einen Seite über den Hals, und du hältst die beiden Enden fest und ziehst das Seil eng zusammen. Auf diese Weise kann sie den Kopf nicht zu mir umdrehen. Sobald ich ihren Fuß aus der Falle befreit habe, läßt du das eine Seilende los. Alles weitere macht sie von allein.«

»Willst du etwa in Stücke gerissen werden.«

»Nein, keinesfalls.«

Ann machte sich fertig, und wir verließen die Hütte. Als wir zu der Wölfin kamen, sah ich, daß sie sich nicht geregt hatte. Stolz und prachtvoll stand sie da. Ich postierte Ann rund fünf Meter weiter hinten, nahm das Seil und trat dicht neben die Wölfin. Ich glaube, sie zuckte nicht einmal zusammen, als ich ihr die Schlinge über den Kopf warf. Ich ging zu Ann und gab ihr die beiden Seilenden.

Ich ging zur anderen Seite, zog meine Schneeschuhe aus und näherte mich der Wölfin bis auf etwa einen halben Meter. Dann drehte ich mich um und lief langsam rückwärts, bis ich ihre Schulter an meinen Beinen spürte. Ich hatte eine Menge dicke, schwere Sachen an und wußte, daß sie mir nicht viel anhaben konnte. Ich stellte einen Fuß dicht neben der Falle auf die Kette, bückte mich, nahm die Falle, löste die Feder und drückte die Backen auseinander. Ich ergriff ihre Pfote und zog sie heraus. Sie rührte nach wie vor keinen Muskel, und ich entfernte mich von ihr.

»Ann, laß das eine Ende des Seils los.«

Dann lief die Wölfin los, das Seil rutschte von ihrem Hals, und sie war frei. Sie trottete etwa fünfzehn Meter weiter und blieb stehen. Sie drehte sich um und schaute zu uns, und ich wünschte, ich hätte das Seil verknotet. Ich glaube, sie wäre mit uns nach Hause gekommen. Dann wandte sie sich ab und war im nächsten Augenblick im Wald verschwunden.

Sie war ein Nachzügler, diese Wölfin, denn alle andern waren im Spätherbst weitergewandert, und nun stand ihr ein harter Winter bevor.

Weihnachten stand vor der Tür, und wir wollten unsere gute Stube mit einem Christbaum schmücken. Wir fällten eine kleine, rund einen halben Meter hohe Fichte und behängten sie mit den schmalen Blechstreifen von den Kaffeebüchsen, die man mit Hilfe eines Schlüssels aufwickeln mußte. Wir bogen sie auf, bis sie wie glänzende Kugeln aussahen, zogen Popcorn auf Fäden und hängten es dazu, und der Baum konnte sich sehen lassen.

Am Heiligen Abend hörten wir Radio. »Stille Nacht, heilige Nacht« und all die anderen Weihnachtslieder kamen über den Äther.

Abend für Abend konnten wir persönliche Durchsagen von allen möglichen Leuten am Yukon oder am Kuskokwim empfangen. Irgend jemand war verletzt oder krank, und per Funk wurde um Hilfe gebeten. Und irgendwo, bei irgendwem fand man immer Gehör. Sei es ein Doktor in Bethel, in Nome oder womöglich sogar in Holy Cross. Manchmal meldete sich auch eine Schwester vom staatlichen Gesundheitsdienst, die irgendwo stationiert war und den Spruch empfangen hatte. Darauf erfolgte eine genaue Beschreibung der Krankheitssymptome beziehungsweise der Verletzung, und sie ließ sich in allen Einzelheiten über die richtige Behandlungsmethode aus. Wir lernten dabei eine Menge dazu, vor allem aber, daß ein Hilferuf stets empfangen wurde.

In den Südstaaten gibt es das gewöhnliche Kaninchen, in den

Weststaaten den Eselshasen. In den Nordstaaten, in Kanada wie auch in Alaska, ist der Schneehase weit verbreitet. In Alaska gibt es zudem den nahezu sagenumwobenen Polarhasen. Er wird fünfundzwanzig bis dreißig Pfund schwer, und wenn er aufrecht dahockt, wirkt er fast wie ein mittelgroßer Hund. Im Winter sind sie schneeweiß, bis auf die schwarzen Ohrenspitzen. Sie ziehen in großen Trupps durch die Tundra und halten sich an die Senken, in denen die Weiden wachsen, denn von denen ernähren sie sich.

Irgendwann im Januar kam Ann, die allein draußen vor der Hütte gewesen war, herein und schaute mich mit ungläubigem Blick an.

»Fred, komm raus, und guck dir das an!«

Ich ging mit, und sie deutete zu den Bäumen hin. Da hockte einer, ein richtig großer. Ich schaute tiefer in den Wald und sah zwei, drei andere.

»Das sind Polarhasen. Schau sie dir genau an. Soweit südlich kommen die selten. Kaum jemand hat sie bislang zu Gesicht bekommen.«

Bis Mitte April, als Matt uns abholte, hatte Ann allerlei neue Erfahrungen gesammelt, und ich fand es wunderbar, daß sie bei mir war, an meinem Leben teilhatte. In ihrem Beisein hatte ich die Welt dort mit anderen Augen gesehen, Gemeinschaft erlebt, wo zuvor nur ein einsames Dasein gewesen war.

Die Nachrichten, die uns in Dillingham zu Ohren kamen, handelten größtenteils vom Krieg. Ganz Europa stand in Flammen.

Ich mußte an das Ende des letzten Krieges denken, als ich noch ein Kind war. Angeblich war das der Krieg gewesen, nach dem ein für allemal Schluß sein sollte mit sämtlichen

Kriegen, und Abertausende Männer hatten ihr Leben dafür hingegeben, um Frieden auf Erden zu schaffen. Irgendwo mußten all diese Toten in stummem Protest aufschreien.

Die Vereinigten Staaten versorgten Großbritannien mit kriegswichtigen Gütern. Nahrung ist für die Kampfmoral ebenso wichtig wie Munition, und daher gingen wir in diesem Sommer sieben Tage die Woche rund um die Uhr auf Lachsfang. Es gab weder Schonzeiten noch Schutzgebiete. Wir legten die Netze aus, bis der große Zug vorüber war.

Ann und ich waren dieses Jahr spät dran. Erst Mitte August hatten wir alles beisammen.

»Fred, ich muß dir etwas sagen. Wir bekommen ein Kind.«

Ich nahm sie in die Arme und drückte sie an mich. »Dann bleiben wir eben diesen Winter in der Stadt.«

Sie stieß mich weg. »Nein, Fred, das tun wir nicht. Das Baby ist erst Ende März fällig. Matt kann uns ja in der letzten Februarwoche abholen. Dann haben wir immer noch reichlich Zeit. Ich möchte nicht den ganzen Winter über hierbleiben.«

Ich versuchte nur halbherzig, es ihr auszureden. Statt dessen schmiedete ich Pläne für eine neue Hütte. Sie sollte größer sein, und ich wollte sie mit einem Holzboden ausstatten. Dazu brauchte ich eine Dechsel*. Irgend jemand in der Stadt besaß bestimmt eine. Heine Hildebrandt hatte früher mal allerhand Hütten gebaut. Er bewirtschaftete jetzt ein kleines Restaurant, und ich suchte ihn auf. Er sagte, er habe genau das, was ich brauchte, und werde es mir morgen früh bringen. Als ich gerade gehen wollte, sah ich hinten in der Küche einen Mann.

* Beilähnliches Werkzeug zum Aushauen von Kerben für den Blockhüttenbau und zum Glätten der Stämme. Das Blatt der Dechsel ist meist leicht gekrümmt.

»Ist das nicht John Shipton?«

Heine nickte. »Ja, das ist John.«

»John?« rief ich, und er blickte auf und kam zur Durchreiche.

»Ja?«

»John, hast du Lust, mal wieder rauf zu den Tikchiks zu gehen? Wir sind mal gemeinsam dort gewesen.«

Er schaute mich mit gequältem Blick an.

»Nein, Mister Hatfield, das muß jemand anders gewesen sein. Ich wohne seit jeher hier.«

»Oh. Ja, natürlich.«

Ich winkte Heine zu, worauf er mit mir hinausging.

»Was ist mit ihm los?«

»Die haben ihm in der Anstalt am Hirn rumgeschnippelt. Seither kann er sich an nichts mehr erinnern. Er weiß nicht mehr, was für fürchterliche Angst er mal gehabt hat.«

»Aber er hat gewußt, wer ich bin. Er hat sich an meinen Namen erinnert.«

»Na ja, Fred, du hast ja einen Gutteil dazu beigetragen, daß er noch lebt. Du hast ihn da droben unter deine Fittiche genommen und ihn flußabwärts geschafft. Ihr beide seid lange zusammengewesen. Das hat er sich wahrscheinlich irgendwie gemerkt.«

»Das hätte man ihm nicht antun dürfen. Ich bin nach wie vor der Meinung, daß sich das im Lauf der Zeit von selbst erledigt hätte.»

Am nächsten Morgen holte ich die Dechsel ab, und kurz nach zehn, an einem strahlend schönen Tag, brachen wir auf. Wir waren noch etwa zwei Meilen vom Fichtensee entfernt, als ich zufällig zum Himmel aufblickte und eine Bergkette sah, die sich da oben, über dem Flugzeug, so klar und deutlich abzeichnete, daß ich einzelne Wälder zu erkennen meinte. Ich tippte Matt an die Schulter und deutete nach oben.

Er nickte. »Hab' ich schon mehrmals gesehen, immer hier in der Gegend.«

Ann schaute mich verwundert an. Ich mußte an den alten Peetla denken und an Frank Waskeys Theorie von den Trugbildern und dem Brennpunkt.

Diesmal griff kein Grizzly das Flugzeug an. Matt schwebte ein und landete. Er steuerte die Maschine zum Ufer, und wir stiegen aus und begaben uns zur Hütte. Fest und stattlich stand sie da. Mit einer Ausnahme. Wieder war das Dach beschädigt, an der gleichen Stelle wie im Jahr zuvor.

»Fred, das ist jedes Jahr das gleiche mit den Grizzlys.«

»Ich weiß. Deswegen baue ich diesen Herbst weiter drunten am See eine neue Hütte. Vielleicht lassen sie die in Ruhe. Vielleicht ist es dir noch nicht aufgefallen, aber unmittelbar vor uns führt ein Bärenpfad vorbei. Vielleicht liegt es nur daran.«

Matt flog los und ging die zweite Ladung holen, und er versprach uns, so rasch wie möglich zurückzukehren. Wir trugen unsere Sachen zur Hütte und waren gerade dabei, das Heu für unser Bett zu mähen, als wir seine Maschine anfliegen hörten.

»Ich habe jede Menge Zeit«, erklärte uns Matt, nachdem alles ausgeladen war. »Ich kann dir und Ann dabei helfen, wieder alles in Schuß zu bringen, bevor ich los muß.«

Matt hatte immer viel Zeit für uns übrig, und wir waren froh, daß er uns zur Hand ging. Er wußte, daß Ann schwanger war, aber wir wiesen ihn vorsichtshalber einmal mehr darauf hin, daß er uns Ende Februar abholen sollte.

Ich hatte Ann eine neue Hütte versprochen, und ich suchte

dafür eine Stelle aus, die ein Stück weiter unten am See lag, dort, wo gerade, kräftige Bäume standen, die genau die richtige Länge hatten.

Eine Hütte zu bauen ist nicht allzu schwierig, wenn man die Bäume richtig fällt. Ich schlug meine in einer graden Reihe um und ästete sie ab, ging dann drei Meter weiter und hieb die nächste Reihe um. Am hinteren Ende angelangt, rollte ich die Stämme auf den beiden Baumreihen, die mir als Riese, Holzrutsche, dienten, zum Bauplatz. In einem anderen Gehölz schlug ich einen weiteren Ring stattlicher Bäume und machte mich dann an den Hüttenboden, behaute die Stämme von allen vier Seiten und kerbte sie ein, damit sie sich in die Querbalken fügen ließen, die ich bereits gelegt hatte. Unsere neue Hütte maß vier mal fünfeinhalb Meter, daher war der Boden entsprechend aufwendig. Als ich alle Stämme behauen und verlegt hatte, nahm ich die Dechsel und glättete sie. Zwei Wochen dauerte es, bis ich damit fertig war, doch danach hatten wir einen Boden, der sich jederzeit fegen und sauber halten ließ. Mitte Oktober war alles vollbracht. Zudem hatte ich ein neues Lager gebaut und unsere sämtlichen Wintervorräte dort verstaut.

Es wurde kalt und somit höchste Zeit, daß ich uns Fleisch für den Winter besorgte. Ich brach eines Morgens auf und folgte dem alten Wildpfad entlang der Baumgrenze zum Cañon. Als ich zum Rande der Schlucht kam, sah ich am Hang unter mir einen stattlichen Elchbullen. Er hatte den Kopf gesenkt und zog ganz langsam dahin. Ich erlegte ihn mit einem Schuß in den Hals. Wenn man einen Elch auf diese Weise abschießt, läuft er normalerweise noch ein paar Schritte oder dreht sich kurz um, bevor er zu Boden geht. Der hier brach auf der Stelle zusammen.

Ich stieg zu ihm hinunter, und als ich die Decke abgezogen hatte, wurde mir klar, weshalb er so träge gewirkt hatte. Er hatte einen schweren Bluterguß an der Brust, und die Flanke war in Höhe der Rippen von den Schaufelsprossen eines anderen Elches durchbohrt. Er hatte mit einem anderen Bullen gekämpft und verloren. Er hatte ein Loch in der Lunge, und ich glaube, er wäre nicht mehr allzu weit gekommen. Ich zerteilte das Fleisch in handliche Stücke und hängte sie an einen Baum, lud, soviel ich tragen konnte, auf mein Packbord und ging nach Hause.

Wir hörten an diesem Abend Radio, aber wir waren dabei nicht mehr so frohgemut wie früher. Der Krieg breitete sich aus, und immer mehr Länder wurden hineingezogen; es war, als würde die Welt von einer Handvoll Wahnsinniger regiert.

Ann wollte am nächsten Tag unbedingt mitkommen und mir helfen, das Fleisch nach Hause zu schleppen. Wir brachen früh auf und waren gerade am Rand der Schlucht, als die Sonne am Horizont aufging. Ich schaute den Cañon entlang und sah etwa vierhundert Meter vor uns einen Elch. Er stand zwischen zwei Bäumen, und seine Schaufeln, die im Sonnenlicht wie pures Gold über der nachtschwarzen Decke leuchteten, reichten von einem Stamm zum andern. Es war ein mächtiges Tier, prachtvoll und riesengroß. Ich machte Ann auf ihn aufmerksam. »Dafür hat sich das frühe Aufstehen doch gelohnt, nicht wahr?«

Kaum hatte ich die Worte ausgesprochen, als er auf uns zuhielt. Er kam angesprengt wie ein Rennpferd, und sein Hufschlag klang auf dem gefrorenen Boden wie der Lärm von hundert Trommeln. Ich griff zu meinem Gewehr, und das Herz rutschte mir in die Hose, als mir klar wurde, daß ich es nicht mitgenommen hatte. Ich dachte, es wäre mir bloß im Weg – die Grizzlys waren jetzt droben im Hügelland, und ich hatte geglaubt, ich brauchte es nicht. Es war ein schwerer

Irrtum gewesen, aber jetzt ließ sich nichts mehr daran ändern.

Hinter uns waren ein paar kleine Tundrafichten. Man hätte mühelos mit der Hand um den Stamm fassen und ein Eichhörnchen aus der Krone schütteln können, so dünn waren sie, aber sie mußten genügen.

Wir rannten zu ihnen und warfen die Packborde weg. Ich half Ann hinauf und kletterte anderthalb Meter weiter auf den nächsten. Wir mußten nicht lange warten. Weder zuvor noch hinterher habe ich je wieder einen Elch gesehen, der auch nur annähernd so groß war. Er blieb unter Anns Baum stehen und riß mit den Vorderhufen den Boden auf. Ann hatte eine rote Jacke unter die Tragseile ihres Packbords gesteckt. Die sah er nun, spießte sie mit den Schaufeln auf und schleuderte sie mit einer unwirschen Kopfbewegung fünf Meter weit weg. Dann machte er kehrt und zog den Hang hinunter.

Ann schaute zu mir her, worauf ich den Kopf schüttelte. Kurz darauf hörten wir, wie er wieder den Hang heraufkam, um einen letzten Blick auf uns zu werfen. Elche können nicht besonders gut sehen, und dieser hier hatte uns vermutlich für Artgenossen gehalten. Ob Bulle oder Kuh spielte dabei keine Rolle. Er war bereit zum Kampf oder zur Paarung, je nachdem, wie es sich fügte. Das war der Bulle, der den anderen, den ich erlegt hatte, so fürchterlich zugerichtet hatte. Er wandte sich wieder ab und zog den Hang hinab. Wir blieben noch eine Weile, wo wir waren, dann kletterte ich von meinem sicheren Ansitz hinunter und ging vorsichtig zum Rand der Schlucht. Nichts war zu sehen, und ich hörte keinen Ton. Er war fort.

Ich ging zu Ann und half ihr vom Baum herunter. Wir kehrten zum Rand des Cañons zurück, hielten eine Weile

Ausschau und lauschten. Ich ging, hinunter zu der Stelle, wo unser Fleisch hing, und verstaute eine Ladung auf meinem Packbord. Danach begaben wir uns auf den Heimweg, und Ann beschloß, daß sie für heute genug hatte. Ich machte noch mehrere Touren, bis ich unser ganzes Fleisch zur Hütte geschafft hatte. Mein Gewehr nahm ich diesmal mit, so wie ich es seither immer machte, wenn ich die Hütte verließ.

8

Krieg in der Wildnis

Der Dezember war angebrochen. Mit dem Wechsel der Jahreszeiten änderten sich auch unsere Unternehmungen. Die Minkjagd war vorüber, und ich war bereit zum Aufstellen der Marderfallen. Eines Morgens saßen Ann und ich am Tisch. Das Radio lief, und wir hörten den Wetterbericht und die Nachrichten aus Anchorage. Der Sprecher unterbrach seine Ansage mit folgenden Worten: »Dies ist eine Sondersendung. Die Japaner haben Pearl Harbor bombardiert.«

Ich weiß nicht mehr, was wir gesagt haben. Eine Zeitlang vermutlich gar nichts. Ich glaube, wenn man etwas derart Unfaßbares hört, etwas, das einen zutiefst erschüttert, dauert es eine Weile, bis man begreift, daß es den Tatsachen entspricht.

Es war früh morgens in Pearl Harbor. Fast alle schliefen noch, denn es war ein Sonntag. Die Japaner kamen tief angeflogen. Sie kamen in der Dämmerung. Als sie ihr Werk vollendet hatten, war unsere Pazifikflotte zerschlagen, und mehr als zweitausend Menschen hatten den Tod gefunden. Tags darauf erklärten Deutschland und Italien den Vereinigten Staaten den Krieg.

Ann und ich waren von der Außenwelt abgeschnitten, aber dennoch wirkte sich all das auf unser Leben aus. Unsere Gedanken und Gespräche wurden Tag für Tag aufs neue von den Nachrichten über den Krieg beherrscht. Die Pelztierjagd kam uns mit einemmal müßig und sinnlos vor. Wir hielten uns in der Nähe des Radios auf. Rußland, auf der anderen Seite der See gelegen, befand sich mit Deutschland im Krieg, aber bislang hatte Japan keinerlei Anstalten gemacht, gegen seinen einstmaligen Feind vorzugehen oder gar Alaska anzugreifen.

Der Januar war warm, und durch das Tauwetter weichte die Schneedecke auf. Dann wurde es wieder kalt, und bei Nacht sank die Temperatur auf bis zu vierzig Grad unter Null. Der Schnee war hart gefroren und verharscht, so daß man ohne Schneeschuhe darauf gehen konnte.

Es geschah am 19. Januar. Ann und ich gingen zwischen den Bäumen spazieren. Es war angenehm und erholsam draußen in der frischen, klaren Luft. Plötzlich brach Ann mit einem Bein durch den Harsch und rief mich zu Hilfe. Ich ging zu ihr und sah, daß ihr Gesicht bleich und schmerzverzerrt war. Sie hatte sich verletzt. Mir war klar, daß ich sie tragen mußte, aber ich wußte auch, daß die Schneedecke unter der doppelten Last nachgeben und ich dann ebenfalls einbrechen würde.

»Ich muß zurück und meine Schneeschuhe holen.«

Es konnte mir gar nicht schnell genug gehen, sosehr ich mich auch beeilte, und unterdessen packte mich die nackte Angst. Ich lud sie mir auf die Arme und trug sie zurück. Ich legte sie aufs Bett und zog sie aus, und dann sah ich, weshalb sie so hilflos war und Schmerzen hatte: Die Fruchtblase, in dem ihr ungeborenes Kind ruhte, war geplatzt. Das Kleine sollte erst in zwei Monaten zur Welt kommen, und eine tiefe

Beklommenheit und Hilflosigkeit übermannte mich. »Fred, was machen wir nun?« Ihre Worte zwangen mich dazu nachzudenken. Sie wartete darauf, daß mir eine Lösung einfiel.

»Hör mal zu. An den Seen am Wood River leben überall Menschen. In zwei Tagen kann ich dort sein. Irgend jemand hat bestimmt ein Hundegespann, mit dem ich nach Dillingham gelange, und in drei Tagen bin ich mit dem Flugzeug wieder hier.«

»Nein, Fred, laß mich bitte nicht allein.«

Wir besprachen alles. Wir wußten nicht genau, was passieren könnte, während ich weg war. Daher blieb ich.

Ann hatte ständig Schmerzen. Am nächsten Tag war sie müde und besorgt.

»Fred, das wird eine Frühgeburt. Unser Baby kommt entweder in ein paar Tagen zur Welt oder überhaupt nicht.«

»Keine Sorge, mir fällt schon was ein.«

Ich war ratlos und konnte nichts weiter machen, als bei ihr zu bleiben. Der zweite und dritte Tag vergingen und schließlich der vierte. Am fünften Tag war Ann halb bewußtlos. Ich baute aus einem leeren Kondensmilchkarton ein Kinderbett. Ich nahm eine Pipette für Augentropfen und kochte die Gummiblase, damit sie sich über eine kleine Flasche Vanilleextrakt ziehen ließ. Ich schnitt zwei Stück Bindfaden zurecht, die ich zum Abbinden der Nabelschnur benutzen wollte.

In den nächsten Tagen verzweifelte ich schier. Ann dämmerte vor sich hin und erkannte mich nicht mehr. Zum erstenmal in meinem Leben hatte ich richtig Angst.

In der zehnten Nacht war es eiskalt; es mochten gut und gern fünfundvierzig Grad unter Null gewesen sein. Ich sorgte dafür, daß es Ann in der Hütte immer warm hatte, und nun trat ich hinaus, um frische Luft zu schnappen. Es war kurz nach Mitternacht. Die Sterne strahlten am Firmament und wirkten so nah, daß man das Gefühl hatte, man könnte sie berühren.

Ich schaute hinauf zu den himmlischen Gefilden jenseits der Sterne.

»Lieber Gott, ich habe dich noch nicht um allzu viel gebeten. Jetzt mache ich es. Stehst du uns bitte bei?«

Die Antwort kam so bestimmt, daß es mir vorkam, als hätte er bloß darauf gewartet, geduldig gewartet, daß ich ihn darum bat.

Ich hörte einen Säugling schreien.

Ich rannte zur Hütte zurück und stürzte zu Ann. Der Kopf des Kleinen war bereits heraus. Ich tastete mich hinein und spürte die winzigen Schultern. Ich half dem Baby heraus. Nun war es auf dieser großen Welt. Es schrie immer noch, und ich wußte, daß alles in Ordnung war. Ich schaute zu Ann, die ihre Augen geöffnet hatte.

»Fred, ist unser Baby da?«

»Ja, mein Schatz, und es ist ein prachtvolles Kind.«

Ich wußte nicht recht, um wen ich mich zuerst kümmern sollte. Ich band die Nabelschnur an zwei Stellen ab und durchtrennte sie genau dazwischen. Ich hatte heißes Wasser auf dem Herd stehen, ließ einen Teil davon abkühlen und wusch das Baby. Ich füllte die Vanilleflasche zur Hälfte mit Milch, zur Hälfte mit Wasser und gab ein bißchen Maissirup hinzu. Das Baby, es war ein kleines Mädchen, saugte tüchtig an dem Nuckel, den ich gebastelt hatte. Anscheinend fehlte ihm nichts. Patricia Ann, geboren am 30. Januar um 0 Uhr 30. Geburtsort: der Fichtensee im Tikchik-Gebiet.

Ich wußte, daß noch eine Nachgeburt kam. Ann konnte mir nicht helfen, daher schlang ich mir die Nabelschnur um die Hand und zog vorsichtig. Zuerst tat sich nichts, dann spürte ich, wie etwas nachgab. Ich zog stetig weiter, und sie kam ziemlich mühelos ein fester, runder Klumpen, der seinen Zweck erfüllt hatte. Ich brachte ihn hinaus. Die langen Tage voller Hoffnungslosigkeit und Verzweiflung waren vorüber.

Ich kümmerte mich um Ann. Ich wusch sie und legte ihr ein paar Kissen unter die Schulter. Nachdem sie zehn Tage lang im Bett gelegen hatte, war sie froh, sich endlich wieder aufsetzen zu können.

Ich brachte ihr die Kleine, und in dem Blick, mit dem sie sie anschaute, lag alle Liebe dieser Welt. Drei Tage später war Ann wieder auf den Beinen und kümmerte sich selber um die Kleine. Ich konnte kaum glauben, daß es ihr nach der schweren Zeit, die sie durchgemacht hatte, schon wieder so gut ging.

Mitte Februar hörten wir in der Ferne ein Flugzeug, und kurz darauf landete Matt. Er hatte einen Begleiter dabei, einen Mann in Uniform. An seinen Namen kann ich mich nicht mehr erinnern, aber er war Major der United States Air Force.

Matt war überrascht, als er Ann mit der Kleinen sah, und wir erzählten ihm, was vorgefallen war.

»Ich weiß nicht, wohin du jetzt fliegst, Matt, aber komm zurück, sobald du kannst, und hol uns ab. Sowohl Ann als auch die Kleine brauchen ein paar Sachen, die wir hier nicht haben.«

»Klar doch, sicher. Hör mal, Fred, der Major ist anscheinend der Ansicht, daß du hier Gesellschaft hast.«

Das war eine seltsame Aussage, und ich wartete, daß mir der Major eine Erklärung dazu gab.

»Matt hat mir erzählt, daß Sie in dieser Gegend ziemlich viel herumziehen.«

»Bis zum siebten Dezember hab' ich das auch gemacht, bis

Pearl Harbor. Seitdem sind wir hiergeblieben und haben uns die Nachrichten vom Krieg angehört.«

»Haben Sie irgendwelche Schneeschuhspuren gesehen oder ein Flugzeug landen gehört?«

»Nein, mir ist nichts aufgefallen. Hier ist niemand außer uns.«

»Nun ja, wir haben aber festgestellt, daß aus dieser Gegend hier tagtäglich ein Wetterbericht an japanische Schiffe durchgegeben wird. Irgend jemand hat hier einen sehr starken Sender. Haben Sie was dagegen, wenn ich mir mal Ihr Radio anschaue? Ich tu' nur meine Pflicht.«

Ich schüttelte den Kopf. »Bitte sehr.«

Er nahm unser Radio vom Regal und schaute es sich an, ging dann hinaus und musterte unsere Antenne.

Als er wieder in die Hütte kam, stellte ich ihm eine Frage.

»Major, wie sind Sie denn ausgerechnet auf diese Gegend gekommen? Weiter nördlich sind auch noch riesige Landstriche.«

»Durch Kreuzpeilung. Damit läßt sich ein Standort auch über große Entfernungen hinweg ganz genau ermitteln. Wundern Sie sich nicht, wenn Sie in nächster Zeit Suchflugzeuge über diesem Gebiet sehen.«

Ich hätte ihm am liebsten gesagt, daß dies ein seltsames Tal war, daß man hier Dinge sah und Töne hörte, die es in Wirklichkeit gar nicht gab. Aber ich wußte, daß er das einfach für eine abwegige, unglaubliche Geschichte halten würde. Statt dessen wandte ich mich an Matt.

»Am Kuskokwim, in der Gegend von Aniak, leben auch noch ein paar Menschen. Das sind die nächsten weit und breit.«

Fünf Tage später kehrte Matt zurück und holte uns ab, und er erzählte uns, daß der Major seinen Mann unweit von

Aniak gefunden hatte. Es war ein Amerikaner japanischer Abstammung, und er war mit einem leistungsfähigen Funkgerät ausgerüstet gewesen. Am meisten hatte sich der Major darüber gewundert, daß er sich aller raffinierten Kreuzpeilung zum Trotz hundert Meilen nördlich von uns aufgehalten hatte.

Dillingham hatte sich verändert. Sämtliche ledigen Männer, die jung genug waren, waren eingezogen worden oder hatten sich freiwillig gemeldet. Der Großteil von ihnen war in einer Einheit zusammengefaßt, die sich *Alaska Scouts* nannte und eine wichtige Rolle in den Kampfhandlungen spielte, zu denen es in der Nähe von Alaska kommen sollte.

Da man die Landesverteidigung bislang straflos vernachlässigt hatte, war Alaska einer Invasion durch die Japaner schutzlos ausgesetzt, doch nach dem Angriff auf Pearl Harbor wurde man sich in den Vereinigten Staaten darüber klar, daß man von Alaska aus jederzeit nach Kanada und in die Vereinigten Staaten vorrücken konnte.

Um größere Truppenbewegungen zu ermöglichen, wurde 1942 mit dem Bau einer Überlandstraße begonnen, die Kanada und Alaska miteinander verband. Die Arbeiten fingen an drei Stellen zugleich an, und noch im gleichen Sommer war das Werk vollbracht – eine Kiesstraße, die mehr als fünfzehnhundert Meilen weit mitten durch die Wildnis führte. Außerdem wurde im gleichen Sommer bei King Salmon ein Flugfeld für die Jäger und Bomber der United States Air Force angelegt.

Anfang Juni 1942 bombardierten die Japaner Unalaska und Dutch Harbor, keine fünfhundert Meilen von Dillingham entfernt. Am 12. Juni 1942 nahmen die Japaner die Aleuteninseln Kiska und Attu ein. Der Krieg war uns ein ganzes Stück näher gerückt. In diesem Sommer fingen wir wieder Lachse, was das Zeug hielt. Wir fischten rund um die Uhr, sieben Tage die Woche, bis der große Zug zu Ende ging.

Der vorige Winter hatte Ann ziemlich zugesetzt, und ich rechnete eigentlich nicht damit, daß ihr nach den Tikchiks zumute war. Ich war dazu bereit, in Dillingham zu bleiben, wenn sie es wollte, aber das Land der großen Seen hatte sie in ihren Bann geschlagen. Sie wollte wieder dorthin.

Als Matt mit der ersten Ladung Proviant landete und wir zu unserer neuen Hütte kamen, erlebten wir eine freudige Überraschung. Das Dach war unbeschädigt, so daß wir die Rolle Zelttuch, die ich mitgenommen hatte, gar nicht brauchten. Matt brachte die zweite Ladung Vorräte, und ehe er wieder abflog, machte er uns einen guten Vorschlag.

»Derzeit ist in Dillingham schwer Fleisch zu kriegen. Dir und Ann steht doch je ein Elch zu. Warum schießt du diesen Herbst nicht zwei und bringst im Frühjahr einen mit? Für all das, was ihr nicht selber verbraucht, gibt's eine Menge Abnehmer.«

»Okay, wird gemacht. Ich warte bis zum ersten Frost und bereite alles vor, damit wir das Fleisch mitnehmen können.«

Matt brach auf, und wir machten uns an die Arbeit. Wir hatten ein zusammenklappbares Kinderbett mitgebracht, aber zuerst mußten wir die Hütte klarmachen. Ann war jetzt Mutter, und damit konnte sie nicht mehr mit mir Fallen stellen gehen.

Der zweite Dezember war ein regnerischer Tag. Es war ein ungewöhnlich langer Herbst gewesen, und ich wartete immer noch darauf, daß es kalt wurde, damit ich mich auf die Elchjagd begeben konnte. An einer ruhigen Stelle des Tikchik tummelten sich allerlei Äschen, See-, Regenbogen- und große Bachforellen, so daß wir keinen Hunger leiden mußten. Ich legte mein Regenzeug an, nahm mein Gewehr und die Angelrute und zog zum Fluß. In dem gut fünfzehn Zentimeter tiefen Schneematsch kam ich nur langsam voran. Als ich am Rande einer weiten Lichtung aus dem Wald trat, sah ich auf der anderen Seite ein Grizzlyweibchen mit zwei zweijährigen Jungen.

Es goß in Strömen. Ich hatte einen festen Regenhut auf, und es klang, als stünde ich unter einem Blechdach. Ich rührte mich nicht von der Stelle. Das Muttertier stieß ein lautes Grunzen aus, als es mich sah, und alle drei Bären kamen auf mich zu. Ich setzte mich auf einen Erdhügel und wartete. Normalerweise hätte sie die Zweijährigen diesen Herbst fortscheuchen müssen, aber offenbar hatte sie das nicht getan. Ich war mir sicher, daß sie davonziehen würde, nachdem sie mich in Augenschein genommen hatte, aber den Gefallen tat sie mir nicht.

Ein Grizzlybär stellt einen stets vor eine neue Herausforderung. Man kommt sich immer wieder ganz genauso vor wie beim ersten Mal, denn sie sind furchterregende Gegner. Das Weibchen kam näher und stellte sich auf. Sie brüllte ein paarmal laut, ging wieder auf alle viere und rückte weiter vor. Die Zweijährigen schnappten nach ihren Hinterpfoten, und sie schlug nach ihnen. Es war, als wollten sie ihr sagen: »Schnapp ihn dir«, worauf sie versetzte, daß das ihre Sache sei und sie es auf ihre Art erledigen würde.

Ich hoffte immer noch, daß sie mich in Ruhe ließ, doch als sie nur mehr siebzig Meter entfernt war, richtete sie sich erneut auf, ging wieder auf alle viere und rückte noch näher. Sie brüllte und grollte fortwährend vor sich hin, und ich wußte, daß sie es ernst meinte. Ich war bereit, und als sie sich etwa dreißig Meter vor mir ein weiteres Mal aufrichtete, wußte ich, daß es höchste Zeit war, und drückte ab.

Sie fiel hinterrücks um und war durch einen hohen Hügel vor meinen Blicken verborgen. Die beiden Zweijährigen rasten links vor mir auf den Wald zu – ich hörte, wie sie die Zweige herunterrissen und vor sich hinbrüllten. Ich wußte nicht genau, ob sich das Weibchen nicht wieder aufgerafft und mit den andern ins Unterholz verzogen hatte. Ich befand mich hier in der bestmöglichen Position, daher setzte ich mich an Ort und Stelle hin.

Nach etwa zwanzig Minuten ging ich vorsichtig zu der Stelle, wo das Weibchen zusammengebrochen war. Sie lag auf dem Rücken, hatte alle viere in die Luft gestreckt. In diesem Augenblick kamen die beiden Zweijährigen aus dem Unterholz und stürmten quer über die Lichtung. Ich feuerte einen Schuß über sie hinweg, um ihnen auf die Sprünge zu helfen. Dann brach ich das Muttertier auf, weil ich sehen wollte, was meine Kugel angerichtet hatte. Ich hatte ein Gewehr vom Kaliber .30–06, mit dem ich gut vierzehn Gramm schwere Kugeln verschoß. Das wuchtige Blei hatte Herz, Lunge und Zwerchfell durchschlagen.

Ich setzte mich eine Weile hin. Der Zusammenstoß hatte mich ein bißchen aufgewühlt, und ich mußte mich erst wieder beruhigen. Danach zog ich zum Fluß weiter, fing ein paar Regenbogenforellen und brachte sie nach Hause. In diesem Jahr war alles spät dran. Der Fluß war nach wie vor eisfrei, und immer noch zogen die Bären durchs Land.

Zu guter Letzt wurde es doch noch kalt, und nachdem ich unseren Wintervorrat besorgt hatte, begab ich mich auf die Suche nach einem Elch, den ich im Frühjahr mitnehmen wollte. Ich wollte einen großen, und ich entdeckte einen. Meiner Ansicht nach war er über fünfhundert Kilo schwer, davon gut und gerne dreihundert Kilo reines Fleisch. Ein willkommener Leckerbissen für die Familien, die den Winter über in Dillingham geblieben waren. Der Pelztierjagd widmete ich mich in diesem Winter eher halbherzig. Die Nachrichten vom Krieg hatten Vorrang vor allem anderen, und als Matt uns Mitte März abholen kam, waren wir bereit zum Aufbruch.

Nachdem wir in Dillingham gelandet waren, verstauten wir alles auf Matts Pickup, fuhren kurz bei unserer Hütte vorbei, brachten den Ölofen in Gang und luden unsere persönlichen Habseligkeiten ab.

Ann und unsere Kleine kamen mit uns zum Handelsposten, denn es dauerte eine Weile, bis die Hütte warm war. Matt und ich brachten das Elchfleisch in Tubbys große Kühlkammer.

Tags darauf waren Ann und ich immer noch damit beschäftigt, unsere Hütte in Schuß zu bringen. Wir hatten uns allerhand Lebensmittel besorgt und richteten uns nach und nach wieder ein. Es klopfte an der Tür, und ich ging hin und machte auf. Es war Larsen, der staatlich bestallte Wildhüter, und ich bat ihn herein.

»Nein, Fred, ich bin dienstlich hier. Meines Wissens haben Sie einen Elch mitgebracht. Haben Sie was dagegen, wenn ich mir den mal anschaue.«

Larson hatte mich überrumpelt, aber ich sagte ihm, er sollte einen Moment warten, bis ich mir eine Jacke geholt hätte.

Wir gingen zum Handelsposten, und ich führte ihn in die Kühlkammer. Er schaute sich das Fleisch an und wandte sich dann an mich.

»Wissen Sie eigentlich, Fred, daß bei Elchfleisch von Rechts wegen das Geschlecht des Tieres nachweisbar sein muß, ehe es zum Verzehr freigegeben werden darf. Anhand dieses Fleisches hier kann ich nicht erkennen, ob es von einer

Kuh oder einem Bullen stammt, und damit, fürchte ich, ist dem Gesetz nicht Genüge getan.«

Er ging hinaus, und ich machte mich auf den Heimweg. Ich wußte, daß er es damit nicht auf sich bewenden lassen würde. Zwei Tage später kam er wieder zu meiner Hütte.

»Fred, die Jagdaufsichtsbehörde in Juneau hat mir den Auftrag erteilt, das Fleisch zu beschlagnahmen.«

Damals habe ich einen Fehler begangen. Mir hätte klar sein müssen, daß jeder Auftrag aus Juneau per Funk übermittelt werden mußte, und ich hätte mir die Niederschrift vorlegen lassen müssen. Ich tat es nicht. Statt dessen führte ich ihn zum Kühlraum, und er trug mein Fleisch hinaus und lud es auf einen Lastwagen. Es waren elf Stück. Ich habe jedes einzelne gezählt.

Tags darauf war ich im Handelsposten, als John Bradshaw hereinkam. Er war seit einem Jahr US-Marshal, und er war tüchtig.

»Fred, so leid's mir tut, aber der Friedensrichter hat einen Haftbefehl gegen dich erlassen.«

Es traf mich nicht ganz unvorbereitet. Die von der Bundesregierung eingesetzten Friedensrichter trugen nur wenig dazu bei, daß den Menschen in Alaska Gerechtigkeit zuteil wurde, vor allem in den abgelegenen Gebieten nicht. Ich wußte nicht, wo der derzeitige Amtsinhaber herkam, aber ich wußte, daß er ein Cousin von Larson war. In Dillingham war der Friedensrichter oberste Rechtsinstanz, Vorsitzender und Geschworenenkammer zugleich, ohne daß er irgendwelche juristischen Kenntnisse mitbringen mußte. Die einzige Grundlage, auf die er sich bei seiner Rechtsprechung bezog, war ein Buch, in dem die diversen Verstöße aufgeführt und die entsprechenden Strafen festgeschrieben waren. Wobei es je nach Schwere der Tat reichlich Ermessensspielraum gab.

Ich wußte, daß mir ein, zwei Monate Gefängnis und eine empfindliche Geldstrafe blühten.

»John, ich brauche noch zwei Stunden Zeit. Kannst du dich bis zwei gedulden?«

»Mach' ich doch, Fred. Wir sehn uns um zwei beim Friedensrichter.«

Die Army hatte draußen beim Hospital eine Funkstation, die von Sergeant Bill Withrow, seiner Frau und den beiden Kindern bemannt war. Ich kannte Withrow ziemlich gut. Ich hatte ihm geholfen, den hohen Antennenmast für sein Funkgerät aufzubauen. Seitdem konnte man seinen Sender in ganz Alaska empfangen. Ich fuhr mit Tubbys Pickup hin und erklärte ihm, was ich auf dem Herzen hatte.

Judge Tony Diamond saß in Anchorage zu Gericht. Er war ein gestandener Mann, ein hervorragender Jurist, und er war ehrlich. Die Diamond High School und der Diamond Boulevard waren nach ihm benannt.

Ich schrieb die Nachricht und reichte sie Bill.

Judge Tony Diamond
Anchorage, Alaska

Ich hatte in einem privaten Kühlraum Elchfleisch gelagert. Es wurde von Carlos Larson, von Amts wegen Wildhüter in dieser Gegend, beschlagnahmt, weil sich das Geschlecht des Tieres nicht nachweisen ließ. Ich muß mich heute nachmittag um zwei Uhr zur Verhandlung vor dem Friedensrichter einfinden. Ich brauche Ihre Hilfe.

Hochachtungsvoll
Fred Hatfield
Dillingham, Alaska

»Bill, ich glaube, darauf kriegst du eine Antwort. Wenn ja, könntest du sie mir dann in die Stadt bringen? Du findest mich wahrscheinlich beim Friedensrichter.«

Danach kehrte ich in die Stadt zurück und war um zwei im Gericht. Larson war der Anklagevertreter.

»Euer Ehren, dieser Mann wird beschuldigt, im Besitz von Elchfleisch gewesen zu sein, ohne daß sich das Geschlecht des Tieres nachweisen ließ.«

»Larson, ich habe diesen Elch letzten Winter nach dem ersten Frost erlegt. Das ist lange her.«

»Das ist Mißachtung des Gerichts, Euer Ehren.«

Der Friedensrichter schlug mit dem Hammer auf.

»Mißachtung wird festgestellt. Fahren Sie fort, Mister Larson.«

»Euer Ehren, aufgrund der Jagdvorschriften muß das Geschlecht eines erlegten Elches nachweisbar sein, bis das Tier zum Verzehr gelangt. Dies war nicht der Fall.«

»Larson, das läßt sich so drehen und wenden, daß es auch für das gilt, was ich bei mir daheim auf den Tisch bringe.«

»Mißachtung des Gerichts, Euer Ehren.«

»Mißachtung festgestellt.« Wieder ein Hammerschlag.

Ich hörte, wie die Tür aufging und wieder geschlossen wurde, und drehte mich um. Bill Withrow kam mit einem Packen Papiere in der Hand auf uns zu. Er gab mir eins, reichte eins dem Friedensrichter und eins Larson. Ich las meines.

Fred Hatfield
Dillingham, Alaska

Bei Elchfleisch, das in einem Lagerraum aufbewahrt wird, ist ein Nachweis des Geschlechts nicht erforderlich. Ihr Fleisch wurde zu Unrecht beschlagnahmt und wird Ihnen binnen drei Stunden zurückerstattet werden. Ich habe dem Friedensrichter und dem zuständigen Wildhüter, Carlos Larson, eine entsprechende Mitteilung zugesandt. Ich werde der Jagdaufsichtsbehörde in Juneau einen Brief schreiben.

Judge Tony Diamond
Anchorage, Alaska

Der Friedensrichter und der Wildhüter zogen so bestürzte Mienen, daß es geradezu sehenswert war. Es war, als ob Judge Diamond im Gerichtssaal wäre und vorwurfsvoll mit dem Finger auf sie deutete.

Als der Friedensrichter seine Sprache wiedergefunden hatte, brachte er kaum mehr als ein Flüstern zustande. »Das Verfahren wird eingestellt.«

Larson brachte an diesem Nachmittag mein Fleisch zurück und hängte es wieder dorthin, wo er es weggenommen hatte.

Eine Woche später wurde der Friedensrichter abberufen, und nach knapp einem Monat wurde Larson nach Seward versetzt. Die Familien, die in Dillingham überwintert hatten, bekamen ihr Elchfleisch.

Seinerzeit gab es wahrhaftig eine Vorschrift in bezug auf Elchfleisch, die wie folgt lautete: »Bei Elchfleisch muß sich das Geschlecht des erlegten Tieres nachweisen lassen, bis es zum Verzehr gelangt.« Das Erlegen von Elchkühen war untersagt, und aufgrund dieser Verordnung mußten sich zum Beweis dafür, daß es sich bei dem fraglichen Tier um einen Bullen handelte, die Hoden an einem der Hinterstücke befinden, auch wenn es an einem Fleischgestell bei den Tikchiks hing. Aber ich hatte das Fleisch in einem Lagerraum aufbewahrt, und Larson hatte die Vorschrift so ausgelegt, daß sie seinen Zwecken diente. Im Jahr darauf wurde die Verordnung geändert. »Bei Elchfleisch sollte sich das Geschlecht des erlegten Tieres nachweisen lassen, bis es zur Lagerung gelangt«, lautete der Text nun. Damit entsprach sie fast wortwörtlich der Auslegung von Judge Tony Diamond.

In diesem Frühjahr eroberten amerikanische und kanadische Truppen die Aleuteninsel Attu zurück, und im August räumten die Japaner die Insel Kiska. Man schrieb das Jahr 1943, und das Kriegsgeschehen wendete sich allmählich zugunsten der Alliierten.

Für Ann, Patricia und mich wurde es im August wieder Zeit, die Stadt zu verlassen und nach Hause zurückzukehren. Wenn ich heute daran denke, kommt es mir geradezu unglaublich vor, daß wir dieses Land der großen Seen für unser Zuhause hielten, aber so war es.

Unsere neue Hütte war gut in Schuß. Vielleicht hatten die Grizzlys begriffen, daß wir auf jeden Fall zurückkommen würden, ungeachtet dessen, was sie anrichteten. In all den Jahren, die wir danach im Land der Seen zubrachten, beschädigten sie nie wieder eine unserer Hütten.

Jetzt, da wir ein Kind dabeihatten, schien die Zeit viel schneller zu vergehen. Über unser Radio erfuhren wir nach wie vor die neuesten Nachrichten vom Krieg. Japan, Deutschland und Italien erkannten nun, daß ihnen die ganze Welt entschlossen entgegentrat, daß sie langsam, aber sicher den Krieg verloren.

Die Nächte wurden kalt und frostig, und ich wußte, daß nun die Paarungszeit der Elche begann. Ich hatte gelernt, wie man einen Elch anlockt. Ich hatte schon so oft den Ruf der Kuh nach einem Bullen gehört, daß ich ihn täuschend echt nachahmen konnte. Wenn sich irgendwo im Umkreis von einer Meile ein Bulle aufhielt, würde er meinen Ruf hören, und ich wußte, daß er zu mir kommen würde.

Ich entfernte mich nicht allzu weit von der Hütte. Ich ging durch den Wald bis zum Wildpfad am Rande der Tundra und suchte mir eine Stelle aus, an der die richtigen Bäume standen, Bäume, in denen man eine Stange zum Aufhängen des Fleisches anbringen konnte. Ich rief drei-, viermal hintereinander und wartete.

Ich sah ihn kommen, sah, wie er stehenblieb, den Kopf senkte und die Schaufeln ins Tundramoos grub. Er hob den Kopf und schüttelte das Moos ab. Ich stieß einen kurzen, tiefen Grunzlaut aus, und er kam näher. Als er nur mehr dreißig Meter entfernt war, erschoß ich ihn. Es war ein stattlicher Bulle, und bis ich das Fleisch zerteilt hatte, war es höchste Zeit, daß ich mich auf den Heimweg begab. Ich nahm die Leber mit und war kurz vor Einbruch der Dunkelheit wieder bei der Hütte. Ann, die den Schuß gehört hatte, hatte die Bratpfanne bereits auf dem Herd stehen. Wir führten ein herrliches Leben da droben.

Am nächsten Morgen frühstückten wir zeitig. Das Fleisch hierher zu schaffen war zwar nicht schwer, aber es würde eine Weile dauern. Als ich zu dem Wildpfad kam, baumelte nur mehr eine zerbrochene Stange von einem der Bäume, an denen ich mein Fleisch aufgehängt hatte.

Ich zog mich vorsichtig zurück und ging etwa hundert Meter weit hinaus in die offene Tundra. Ich wußte, was sich dort im Unterholz aufhielt. Ein Grizzly hatte die Stange heruntergerissen, mein Fleisch ein paar Meter weggetragen und es mit Laub und Moos bedeckt. Jedes Stück befand sich jetzt vermutlich an einer anderen Stelle, und der Bär war ebenfalls dort und beobachtete mich. Das war jetzt sein Fleisch, und er gedachte es auch zu behalten. Das beruhte auf Gegenseitigkeit, denn ich wußte, daß es mein Fleisch war, und hatte vor, es mir zu holen.

Ein Grizzly bringt ein gewisses Maß an Geduld auf, aber es währt nicht lange, und dann wird er sehr ungehalten. Er fing schließlich mit einem tiefen, kehligen Knurren an. Ich hörte ein paar Zweige knacken und dann ein wütendes Gebrüll. Ich sah, wie ein Busch niedergedrückt wurde, und wußte nun, aus welcher Richtung er kam. Er zögerte nicht. Sofort ging er auf mich los, ein fünfhundert Kilo schwerer, fuchsteufelswilder Grizzly. Ich verpaßte ihm einen Schuß in die Brust, dann noch einen. Keine meiner Kugeln hatte genau da gesessen, wo ich ihn treffen wollte – in der welligen Tundra war er ein schwieriges Ziel –, aber sie hatten ihn aufgehalten. Der dritte Schuß erwischte ihn, als er noch etwa fünfzehn Meter von mir entfernt war, und diesmal brach er zusammen und rührte sich nicht mehr. Ich lud mein Gewehr nach, setzte mich an Ort und Stelle hin und wartete eine Weile.

All das trug sich so nahe bei der Hütte zu, daß Ann die Schüsse vernommen hatte, und nun hörte ich sie nach mir rufen. Ich brüllte, so laut ich konnte, und machte mich auf den Weg zur Hütte. Ich mußte ihr zeigen, daß ich noch heil war.

»Ist schon gut. Ein Grizzly hat unser Fleisch geklaut und ist wild geworden, weil ich's ihm nicht überlassen wollte.«

Ich setzte mich an den Tisch, und sie goß mir Kaffee ein.

»Fred, ich mache mir jetzt immer mehr Sorgen um dich. Manchmal, wenn du weg bist, stell ich mir unwillkürlich allerlei Sachen vor. Ich habe regelrechte Angst davor, daß du eines Tages nicht mehr heimkommst.«

Ann war wieder schwanger, aber diesmal sollte das Kind nicht vor Juni kommen.

»Du weißt doch, daß das Unsinn ist. Du machst dir zu viele Gedanken, und das brauchst du nicht.«

Während ich sie in den Armen hielt und ihr zuredete, gingen mir genau die gleichen Gedanken durch den Kopf. Ich hatte ein paar tüchtige Männer gekannt, die nicht mehr heimgekommen waren. Für Ann würden dann schwere Zeiten anbrechen. Früher oder später mußte ich mir eine andere Beschäftigung suchen. Ich mußte das Dasein in der Wildnis aufgeben. Der bloße Gedanken daran, daß wir dann auf das Leben verzichten müßten, das wir hier in dieser Gegend führten, drängte alles andere in den Hintergrund.

Ich kehrte zu unserem Fleisch zurück. Die vier Vorder- und Hinterstücke samt den Seiten waren nicht schwer zu finden, und von dem einen oder anderen mächtigen Gebißabdruck einmal abgesehen, hatte der Bär kaum Schaden angerichtet. Zu guter Letzt hatte ich alles bei der Hütte verstaut.

Patty war zwei Jahre alt. Sie und ihre Mutter waren viel allein, aber seit einiger Zeit konnte sie sprechen und war ein richtiges kleines Plappermaul geworden, so daß Ann Gesellschaft hatte. Den ganzen Winter über hatte uns das Radio mit den Nachrichten vom Krieg versorgt. Italien war zusammengebrochen, und die Japaner wurden langsam zurückgedrängt. Wir waren froh, als es Frühling wurde und Matt uns abholte. Seitdem Krieg herrschte, konnten wir es immer kaum erwarten, wieder an die Küste zu kommen, wo wir mit Leuten reden konnten und näher am Geschehen dran waren.

Unser zweites Kind kam am 5. Juni 1944 zur Welt. Diesmal, im Krankenhaus, fiel es Ann viel leichter. Es war wieder ein Mädchen, und wir nannten es Nancy.

Henry Rhoel und ich fischten wieder zusammen, und wieder waren wir rund um die Uhr im Einsatz. Bis zum 25. Juli fingen wir Tag für Tag und jede Nacht Lachse, bis der große Zug vorüber war. Zwei Tage darauf eroberten amerikanische Truppen die Insel Guam zurück, und fast ein Jahr später bekamen wir in Dillingham das erste Opfer dieses Krieges zu sehen.

Sie hieß Angela und war sechzehn Jahre alt. Kaum eine Stunde nachdem sie auf dem kleinen Flugplatz aus der Maschine gestiegen war, hatte jeder in der Stadt von ihr und ihrer Geschichte gehört, und alle wollten ihr helfen.

Angela war auf Attu geboren und aufgewachsen, einer kleinen Aleuteninsel, die 1942 von den Japanern besetzt wurde.

»Sie sind bei Tagesanbruch gelandet. Sie kamen schnell zur Küste, in kleinen Motorbooten. Draußen auf See konnten wir ihr Schiff vor Anker liegen sehen. Wir hörten Explosionen und Schüsse. Keiner von uns wußte, was los war.

Ich wurde von meiner Familie getrennt und auf ein Schiff gebracht. Immer noch fielen Schüsse. Ich konnte sie hören, als ich weggebracht wurde. Nach ein paar Tagen hat das Schiff, auf dem wir waren, den Anker gelichtet, und wir waren lange unterwegs. Als wir wieder vor Anker gingen, waren wir auf der Insel Guam.

Ich war zwei Jahre auf Guam. Die Mädchen, die mit mir auf dem Schiff waren, verschwanden einfach. Tag für Tag wurde ich behandelt wie ein Tier, bis ich jedes Zeitgefühl verlor, weil ich wußte, daß sich nie etwas ändern würde.

Dann, im Jahr 1944, war es auf einmal so, als ob die ganze Welt in die Luft fliegt, und dann landeten die Amerikaner. Marineinfanteristen haben mich gefunden und weggebracht, und ich gelangte auf ein Lazarettschiff. Schließlich kamen wir in die Vereinigten Staaten, aber ich mußte noch lange im Krankenhaus bleiben. Als ich dieses Frühjahr endlich entlassen wurde, habe ich gesagt, ich möchte nach Attu zurückkehren. Ich wollte wieder heim. Man hat mir gesagt, daß dort niemand mehr lebt. Niemand außer amerikanischen Truppen. Ich glaube, da ist mir klargeworden, was das für Schüsse waren, die ich an dem Morgen gehört habe, als mich die Japaner wegbrachten.

Mein Vater, meine Mutter und mein Bruder waren dort geblieben. Alle Menschen, die ich kannte, lebten auf Attu. Allzu viele gab's dort nicht.«

Deutschland kapitulierte im Frühjahr 1945, Japan am 2. September. Der Krieg hatte sechs Jahre und einen Tag gedauert.

Im Frühjahr 1946 kehrten sämtliche Männer zurück, die in den Krieg gezogen waren. Die meisten waren bei den *Alaska Scouts* gewesen, und einige hatten an der Rückeroberung von Attu teilgenommen. Ich wußte, daß Gene Balcom dort gewesen war, und er erzählte mir, wie es gewesen war.

»Wir sind an zwei gegenüberliegenden Stellen auf der Insel gelandet. Wie zwei große Wellen. Die Japaner hatten sich gut eingegraben, und wir verloren eine ganze Menge Männer, aber als wir uns in der Mitte der Insel begegneten, war alles vorbei.

Attu ist ein öder, windiger Flecken Erde, und die Menschen dort haben in Grassodenhäusern mit runden Dächern gelebt. Ich bin in drei davon reingegangen. Es war überall das gleiche Bild. Rundum an den Erdwänden Menschen, einer neben dem anderen. Sie hatten sich dort hinsetzen müssen. Einige waren umgekippt, ein paar saßen noch an der Stelle, an der man sie erschossen hatte. Sie hatten ihre Kleider an, aber es waren nur noch Skelette. Da waren Mütter dabei, die ihre Kinder im Arm hatten.

Ich habe Glück gehabt. Ich war bei dem Trupp, der gleich

wieder abtransportiert wurde. Ich war froh, daß ich wieder wegkam.«

Dr. Salazar wurde im Sommer 1946 versetzt, und ein anderer Arzt, ein gewisser Dr. John Libby, übernahm seinen Posten und leitete ab jetzt das Hospital.

Eines Tages sah Dr. Libby Angela in der Stadt, und bei beiden muß diese Begegnung einen ganzen Schwung Erinnerungen ausgelöst haben. Er war Feldarzt bei der Marineinfanterie gewesen, als Guam zurückerobert wurde. Er war der Doktor, der Angela behandelt und versorgt hatte.

Sie waren sich auf der Insel Guam, Tausende von Meilen weit entfernt, zum erstenmal begegnet, und nun fand ihre zweite Begegnung in der kleinen Ortschaft Dillingham statt, an der Küste des Beringmeers.

9

Veränderungen

Der Gouverneur von Alaska wurde vom Präsidenten der Vereinigten Staaten ernannt. Er vertrat den Präsidenten und die Interessen der Bundesregierung in diesem Territorium, daher unterstanden ihm auch die meisten Bundesbehörden, unter ihnen auch die Fischerei- und Jagdaufsichtsbehörde. Bis zur Bristol-Bai, weit im Westen, reichten die Machtbefugnisse des Bundes anscheinend nicht, und infolgedessen kümmerte sich niemand um den Erhalt der reichsten Lachsfanggründe der Welt.

Um die Fangquote zu steigern, hatten die Konservenfabriken früher, vor meiner Zeit, die Flüsse mit ihren Netzen völlig abgeriegelt. Dadurch war kaum noch ein Lachs zum Laichen gekommen, was die Voraussetzung für den großen Lachszug ist, bis man schließlich begriff, was man damit anrichtete, und diese Fangmethode aufgab. An der Bristol-Bai hatte nach wie vor die Lachsindustrie von Alaska das Sagen, und die Bundesregierung mischte sich wenig oder überhaupt nicht ein. Sie bestimmte, daß Segelboote benutzt werden mußten, sie bestimmte den Fischpreis, sie beherrschte einen Großteil der Wirtschaft dieser Gegend.

Jedes Frühjahr traf ein Versorgungsschiff aus Seattle ein und ging an der Mündung des Nushagak vor Anker. Es beförderte Nachschub für die Handelsposten und die Konservenfabriken. Leichter fuhren hinaus zu dem Schiff und kehrten mit Tausenden Kartons voller leerer Konservendosen zurück, Dosen, die diesen Sommer mit Lachs gefüllt werden würden. Alle warteten begierig auf das Schiff, denn es brachte auch Unmengen frisches Obst und Gemüse, das erste, das wir seit dem letzten Herbstschiff, vor neun Monaten, zu Gesicht bekamen.

Das Versorgungsschiff traf nie vor Juni ein, aber 1951 ging bereits Mitte Mai ein Schiff draußen vor der Küste vor Anker. Während wir noch hinausschauten, sahen wir, wie ein Boot zu Wasser gelassen wurde. Binnen weniger Minuten war es am Pier vor dem Handelsposten vertäut. Ein ganzer Haufen von uns war zugegen, als ein Mann die kurze Leiter zum Pier heraufkletterte. Es war Frank Shield, der Direktor der Peninsula Packers.

Ich sah Kisten voller Orangen und Äpfel auf dem Deck stehen, und ich sah die Motorwinde, die am Heck angebracht war. Das war ein Fischerboot, aber es hatte einen Motor.

»Wenn die Männer vielleicht die Obstkisten zum Pier raufschaffen könnten. Ich kann mir vorstellen, daß die Kinder in der Stadt ganz scharf drauf sind. Wenn ihr euch das Boot mal anschaun wollt, bitte sehr.«

Wir trauten unseren Augen kaum, als wir an Bord gingen. Das ganze Deck war rundum mit einer Reling gesichert. Am Heck befand sich der Stauraum für die Lachse und die Netze. Unter Deck war eine kleine Kombüse, und es gab Kojen, in denen man gemütlich schlafen konnte. Nur über ein Segel verfügte es nicht. Es wurde von einem Chris-Craft-Motor angetrieben.

»Auf dem Schiff da draußen sind dreißig solche Boote. Ich brauche sechzig Männer, die damit umgehen können.«

Ich muß wohl nicht eigens sagen, daß ich sofort unterschrieb. Jeder Mann, der dort anwesend war, machte es, und ich glaube, es dauerte nicht einmal eine Stunde, bis jedes Kind in der Stadt gleichzeitig eine Orange zu schälen und einen Apfel zu essen versuchte.

Die Firma Peninsula Packers hatte ein Fabrikschiff im Einsatz – die frisch gefangenen Lachse wurden an Bord ausgenommen und eingefroren. Es war das erste von vielen Fabrikschiffen, welche die Bristol-Bai anlaufen sollten. Zum erstenmal hatte die Lachsindustrie von Alaska Konkurrenz bekommen. Auch deren Schiffe hatten jetzt Motorboote an Bord, aber die goldenen Zeiten, da nichts und niemand ihrer Raffgier Einhalt gebieten konnte, waren ein für allemale vorbei.

Die kleinen Friedhöfe bei den Konservenfabriken wurden nicht mehr gebraucht. Gras und Unkraut wucherten rund um die Holzkreuze, und nach einer Weile waren sie kaum mehr zu sehen. Binnen weniger Jahre waren die großen Konservenfabriken der Lachsindustrie von Alaska nicht mehr in Betrieb. Ihre Zeit war abgelaufen, und niemand weinte ihnen eine Träne nach.

Ich saß am Seeufer und sah ihnen zu. Sie tauchten und tollten lachend umher. Sie tobten wie Robben durchs Wasser, Ann und ihre Mädchen. Patty war elf, Nancy war neun, und Sharon war sieben. John saß bei mir am Ufer. Er war ein Jahr alt.

Es war ein warmer August gewesen, und Ann und die Mädchen waren fast tagtäglich baden gegangen. Sämtliche Seen in dieser Gegend waren vor langer Zeit von Gletschern

ausgehobelt worden. Hinter mir befand sich eine kleine Endmoräne, knapp zwei Meter hoch, die sich den ganzen See entlang erstreckte.

Ich hörte einen Laut hinter mir, ein kurzes, tiefes Grunzen, und wußte, was das bedeutete. Ich nahm mein Gewehr, robbte zu der kleinen Anhöhe hinauf und schaute mich um. Ein Grizzly stand da, hatte sich auf die Hinterhand aufgerichtet und drehte den Kopf hin und her, als prüfe er die Luft. Er befand sich an einer ungünstigen Stelle, über fünfzig Meter weit weg zwar, aber genau zwischen uns und der Hütte.

Ann hatte gesehen, wie ich den kurzen Hang hinaufgekrochen war, und dafür gesorgt, daß alle still waren. Als ich wieder hinunter zum Strand robbte, schwammen sie leise zum Ufer. Ich nahm Ann am Arm flüsterte ihr zu, was los war.

»Schnapp dir John, und halt ihm notfalls den Mund zu, damit er still ist. Lauf mit den Mädchen am Ufer entlang, aber macht keinen Lärm. Geht in die Hütte. Ich behalte unseren Besucher im Auge.«

Sie verlor keine Zeit. Ich pirschte mich wieder auf die Anhöhe und beobachtete den Bären. Kaum waren Ann und die Kinder an dem kurzen Pfad angelangt, der zur Hütte führte, da brach er in Richtung See auf, worauf ich mich auf den Heimweg machte. Als ich auf dem Pfad zur Hütte war, stand er am Ufer, sah mich und kam in mächtigen Sätzen auf mich zugesprungen. Ich rannte zur Hütte. Er konnte mir nicht gefährlich werden, denn ich hatte einen ordentlichen Vorsprung, und ich töte niemals ein Tier, wenn es nicht unbedingt sein muß. Ich glaube, er wollte lediglich wissen, was los war.

Ich war bei der Hütte, als er unseren Pfad erreichte. Er wurde langsamer, kam aber weiter auf mich zu.

»Ann, hol ein paar Pfannen und Töpfe, und schlag sie zusammen. Vielleicht haut er dann ab.«

Ich glaube, der seltsame Lärm und die fremden Gerüche aus der Hütte gaben den Ausschlag. Schniefend und grunzend machte er kehrt. Ich trat aus der Hütte, ging ein Stück den Pfad hinunter und beobachtete ihn, als er über den Ausläufer des Hügels am See davonzog.

An diesem Abend, nachdem die Kinder im Bett waren, saßen Ann und ich auf den Stühlen, die ich gebaut hatte, draußen vor der Hütte. Bei schönem Wetter hielten wir das immer so.

»Ich habe dir und den Mädchen heute zugesehen, als ihr im See geschwommen seid. Patty ist beinah so groß wie du. In ein paar Jahren sind unsere Mädchen fast erwachsen, und ich bin dann nichts als ein alter Trapper, weißt du. Unsere Kinder kennen nichts als dieses Seengebiet. Jeden Sommer sind sie für kurze Zeit an der Küste, und alles, was sie dort sehen, sind Fischer und Trapper. Die meisten von ihnen sind tüchtige Männer, aber unsere Mädchen müssen mehr von der Welt sehen. Sie kennen nur das, was wir ihnen beigebracht haben. Ich denke schon eine ganze Weile drüber nach und habe es immer vor mir hergeschoben. Jetzt wird nichts mehr aufgeschoben. Das ist das letzte Jahr, das wir hier zubringen.«

Ich schaute zu Ann und sah, daß sie versonnen lächelte.

»Ich habe gewußt, daß du mich darauf ansprechen würdest, wenn die Zeit reif ist, wenn du bereit bist. Hast du dir schon überlegt, wo wir hin wollen, wohin du uns bringen willst?«

»Ich habe an die Kenai-Halbinsel gedacht. Dort gibt es etliche kleine Städte, und die haben bestimmt gute Schulen. Außerdem ist es eine hervorragende Elchgegend, und ich habe gehört, daß es dort auch ein paar Farmen gibt. Wir

müßten also keinen Hunger leiden. Und irgendwie finde ich schon irgendeine Arbeit.«

Als ich davon sprach, daß ich mir Arbeit suchen wollte, wie mir einige Männer geraten hatten, war mir gar nicht wohl zumute, aber ich verdrängte dieses Gefühl.

Eines Abends im Spätherbst, kurz nach Anbruch der Dämmerung, waren die Mädchen noch draußen. Wir hatten ihnen zigmal gesagt, daß sie in der Nähe der Hütte bleiben sollten, und nun kamen sie hereingerannt.

»Papa, da draußen sind Wölfe.«

»Ich weiß, ich kann sie hören.«

»Tja, Papa, wieso heulen die eigentlich so?«

»Ihr habt sie doch früher schon gehört, und ihr wißt, daß sie sich bloß unterhalten. Vermutlich fragen sie sich, was wir hier machen. Seht ihr, das ist ihr Land, und sie bringen hier den Großteil ihres Lebens zu. Geht ruhig wieder raus. Bleibt in der Nähe, dann behelligen sie euch nicht.«

Ich fragte mich, wie viele Mädchen schon mal vor einem Grizzly davonlaufen mußten, wie viele schon mal den Gesang der wilden Wölfe gehört hatten. Vielleicht war es letzten Endes doch für etwas gut, daß die Mädchen ihre jungen Jahre in dieser Gegend zugebracht hatten.

In diesem Winter verging die Zeit rasch. Ich wußte, daß ich nie mehr eine Fallenstrecke ablaufen würde. Ich wußte, daß ich nicht noch einmal einem Wildpfad folgen würde, und der Frühling kam nur allzu schnell. Als Matt uns abholte, nahm ich lediglich mein Gewehr mit. Ann und die Kinder nahmen ein paar Sachen mit, die sie behalten wollten, alles andere ließen wir da. Als wir über die großen Seen flogen, fragte ich mich, ob ich sie jemals wiedersehen würde. Das hier war lange Zeit mein Zuhause gewesen.

Ich brachte Ann und die Kinder in der Stadt unter. In diesem Sommer hatte ich nicht vor, auf Fischfang zu gehen, denn ich wußte, daß ich alle Zeit, die mir zur Verfügung stand, brauchen würde, um einen neuen Wohnsitz für meine Familie zu finden. Außerdem mußte ich dafür sorgen, daß die Kinder im Herbst zur Schule gehen konnten.

Ich hatte noch nie vor irgend etwas wirklich Angst gehabt, aber als ich in die kleine Maschine stieg, die mich nach Anchorage bringen sollte, war mir mulmig zumute, denn ich hatte nicht die geringste Ahnung, was ich machen wollte. Ich wußte nur, daß ich ein Zuhause für meine Familie finden und irgendwie dafür sorgen mußte, daß sie ein Auskommen hatten.

»Ann, siehst du die flache Stelle da drüben? Das Gelände fällt auf drei Seiten ab. Dadurch kann das Wasser abfließen. Dort werden wir ein Fundament aus Beton legen, das unser Keller werden wird. Und auf diesem Fundament werden wir uns ein Haus bauen, ein Haus mit vielen großen Fenstern.«

Ich schaute zu Ann und sah das versonnene Lächeln, das mir so vertraut war.

Als ich Ann 1954 in Dillingham zurückgelassen hatte, war ich schließlich in Homer gelandet, auf der Kenai-Halbinsel. Ich hatte einen Antrag auf zwei Hektar Land aus Bundesbesitz gestellt, und es gehörte uns jetzt. Ich hatte eine Anstellung bei der Homer Electric Company bekommen und war jetzt, nach fünf Jahren, Leiter eines Arbeitstrupps.

Ann und ich standen vor unserer Hütte, acht Meilen außerhalb von Homer am »alten Highway«, als ich mich mit ihr über das schöne Haus unterhielt, das wir uns bauen würden.

Homer war eine hübsche kleine Stadt, die sich an die Küste der Cook-Bai schmiegte, aber der Homer Spit war noch

besser – ein schmaler Streifen Land, vier Meilen lang, der wie ein Finger ins Wasser hinausragte und auf die hohe Bergkette auf der anderen Seite der Kachemak-Bai wies. Wir hatten einen herrlichen Wohnsitz gefunden.

Vier Jahre dauerte es, bis unser Haus fertig war, aber es sah genauso aus, wie ich es Ann versprochen hatte. Selbst in der Küche hatte sie zwei große Fenster. Ich hatte dreißig Jahre lang in Blockhütten gelebt, mal hier, mal dort, und Ann hatte fünfundzwanzig Jahre lang gemeinsam mit mir in einer gewohnt.

Als wir in unser neues Haus zogen, hatte jeder sein eigenes Zimmer. Es war, als ob wir in einer Villa lebten.

Im Jahr 1963 waren unsere drei ältesten Mädchen fort. Sie hatten die Schule in Homer abgeschlossen, hatten geheiratet und lebten jetzt weit weg, in den Staaten. John war elf Jahre alt. Frank war neun – er war im August des Jahres geboren, in dem wir nach Homer gekommen waren –, und Cathy war 1962 zur Welt gekommen, kurz nachdem wir in unser neues Haus gezogen waren.

Ann setzte sich sehr für die Alaskan Crippled Children's Association ein. Sie nahm an sämtlichen Zusammenkünften am Ort teil und besuchte jeden Kongreß auf Staatsebene. Schließlich wurde sie zur Vizepräsidentin dieses Verbands gewählt, der sich für die Belange behinderter Kinder einsetzte. Wir alle führten ein erfülltes und angenehmes Leben.

Ende Juni saßen Ann und ich spätabends, als die Kinder schon im Bett waren, im Wohnzimmer. Der Mond war strahlend hell, und wir hatten das Licht ausgeschaltet. Von unserem Sitzplatz aus konnten wir durch die großen Fenster, die zur Straße führten, die Caribou Hills sehen.

Wir bemerkten den roten Schein am Horizont. Flam-

menzungen schossen von den lodernden Bäumen in den Himmel. Drüben am West Hill brannte der Wald.

Wir stiegen in unser Auto und fuhren in Richtung Stadt. Nach zwei Meilen stießen wir auf die Straße zum West Hill und fuhren hinauf. Kurz darauf waren wir oben auf der Kuppe, wo wir anhielten und uns umschauten. Wir sahen die Flammen unter uns: Ein langer Waldstreifen stand in Brand, und das Feuer kroch den Hang herauf, in Richtung Straße, fraß sich durch das trockene Gras.

Während wir das Schauspiel betrachteten, kamen sie aus dem Dunst und Qualm – zwei Elchkälber, die vor ihrer Mutter einhertrabten, den Hang hinaufzogen, vor dem Feuer flüchten wollten. Sie blieb hinter ihnen, drängte sie weiter, sorgte dafür, daß keines zurückblieb. Kaum hatten sie die Straße erreicht, als eins der Kälber in dem flachen Graben zu Fall kam. Das andere stand mit seiner Mutter auf der Straße und wartete auf den Nachzügler. Schließlich kehrte die Mutter zurück und beugte den Kopf zu ihm hinab. Sie redete ihm gut zu, und es bemühte sich. Wir sahen, wie es versuchte, sich wieder aufzurappeln, aber es konnte nicht mehr.

Viel Zeit blieb ihnen nicht mehr. Das Feuer kroch rasch den Hügel herauf, und dichter Qualm trieb über die Straße. Eine Elchkuh gibt ihr Leben für ihre Jungen hin, und ich wußte, wie sehr sie litt, wie verzweifelt sie war, als sie von dem einen fortlief und mit dem anderen im dichten Wald auf der anderen Seite der Straße verschwand. Wenigstens dieses eine versuchte sie in Sicherheit zu bringen.

Ich stieg aus dem Auto, ging zum Graben und schnappte mir das Kalb. Es war schlaff wie ein nasser Lappen. Es war etwa zwei Monate alt und dürfte um die dreißig Pfund gewogen haben. Es bestand fast nur aus vier langen Beinen. Ich ging zu Anns Seite, und sie machte die Tür auf, worauf ich

ihr das Kalb auf den Schoß legte. Allmählich wurde auch für uns die Zeit knapp, denn das Feuer war jetzt bis dicht an die Straße vorgedrungen. Ich kehrte um, und wir fuhren den Hügel hinunter zum Highway.

Noch ehe wir heimkamen, war das Kalb auf Anns Schoß fest eingeschlafen. Ich trug es ins Haus, und wir gingen in Franks Zimmer. Frank schlief, und sein Bett war groß genug für beide, und so schlugen wir das Bettzeug zurück und legten den kleinen Kerl dicht neben Frank, mit dem Kopf auf dem Kissen. Sein Fell war von der Anstrengung und der Angst, die er ausgestanden hatte, immer noch feucht, und er brauchte die Wärme, die Frank ihm spendete. Wir deckten sie zu. Frank schlief tief und fest weiter.

Frank staunte am nächsten Morgen nicht schlecht, nachdem er sich vom ersten Schreck erholt hatte, und war dann eingeschnappt. Er kam in unser Zimmer und sprach uns flüsternd an.

»In meinem Bett ist ein Elch. Es ist ein Kalb.«

»Na ja, der kleine Kerl war so müde, als wir ihn gestern abend mit nach Hause gebracht haben. Am West Hill hat's gebrannt. Wir haben ihn an der Straße gefunden. Er konnte nicht mehr.«

»Ihr hättet mich aufwecken sollen – ich hätte mich auf ihn wälzen können. Das nächste Mal weckt ihr mich.«

Ann nahm eins von Cathys Milchfläschchen und füllte es mit einer kräftigen Portion Kondensmilch und einem Schuß Wasser. Dann gab sie ein bißchen Maissirup hinzu und zog den Nuckel drüber. Das Kalb schlief noch, als ich es auf den Arm nahm und ins Wohnzimmer trug. Dort lag ein dicker, weicher Teppich, auf dem die kleinen Hufe Halt fanden, so daß es nicht ausrutschte. Es nahm die Milchflasche an, und als es fertig war, stupste es Ann an; sie war jetzt seine Mutter,

und es wollte mehr. Aber mit Gefühlsduselei war es nicht getan. Ich rief die Jagdaufsichtsbehörde an, worauf jemand vorbeikam und es abholte. Die unterhielten oberhalb von Palmer eigens eine Auffangstelle für versprengte Kälber.

10

Erdbeben und Elchmassaker

Der 27. März 1964 war ein Karfreitag. Nach der Arbeit fuhr ich immer mit dem Firmenlaster nach Hause. Ich nahm ihn mit, weil ich jede Woche zwei-, dreimal mitten in der Nacht angerufen wurde, wenn bei jemandem der Strom ausgefallen war. Ich mußte mich von Berufs wegen darum kümmern.

Frank und John blieben nach Unterrichtsschluß in der Schule und trainierten Basketball oder Baseball. Sie warteten immer an der Straße vor dem Schulhaus, da sie wußten, daß ich um halb sechs vorbeikommen und sie abholen würde.

An diesem Nachmittag waren wir bereits auf dem Heimweg. Es war Punkt 17 Uhr 36.

»Papa, der Schnee fällt von den Baumwipfeln.«

»Da droben weht wahrscheinlich ein heftiger Wind, Frank.«

Ich konnte den Laster kaum noch in der Spur halten. Ich hatte das Gefühl, als ob es mich von Kopf bis Fuß schüttelte, und da ich dachte, mir könnte vielleicht irgendwas fehlen, hielt ich an. Ich machte die Tür auf und stieg aus, und fast wäre ich hingefallen, wenn ich mich nicht am Griff festgehalten hätte. Jetzt wußte ich, was das war. Es war, als würde die Erde von einer riesigen Hand gepackt und tüchtig durchgeschüttelt werden.

Ich stieg wieder ein, und wir warteten. Der Laster wurde auf der einen Seite hochgewuchtet, landete dann krachend wieder auf allen vier Rädern. Immer heftiger tobten die Gewalten, und eine Zeitlang dachte ich, der Laster würde umkippen. Fast fünf Minuten dauerte es, bis die Erde wieder zur Ruhe kam, aber uns kam es viel länger vor.

Als wir heimkamen, rannte ich sofort zum Haus.

»Ann, bist du heil geblieben? Ist irgendwas kaputt?«

»Drunten im Keller ist ein Wasserrohr geplatzt.«

Ich rannte hinunter, drehte den Haupthahn ab und stürmte wieder hinauf.

»Ann, ich muß los. Ich weiß nicht, wann ich heimkomme.«

Ich kam drei Tage lang nicht mehr heim. Strommasten waren umgeknickt, Querstreben gebrochen, und überall lagen die Drähte herum. Wir konnten die Leitungen gar nicht reparieren; dafür war der Schaden zu groß. Wir flickten alles nur notdürftig zusammen, damit die Leute wieder Strom hatten.

In Homer stürzten ein paar Hütten ein, aber größere Gebäude gab es nicht, und daher waren die Schäden nur gering, und niemand wurde verletzt. Das Homer Spit und die ganze Küste der Kenai-Halbinsel sackten zwei Meter ab, aber die beiden Meerbusen, die Cook-Bai und die Kachemak-Bai, bewahrten uns vor der großen Flutwelle, die sämtliche Städte und Ortschaften entlang der Küste und auf den Aleuten verwüstete.

In Alaska kehrte gerade der Frühling ein, und die Temperatur stieg. Die Menschen wetteten bereits darauf, wann das

Eis auf dem Nenana schmelzen würde. Die alljährliche Wette auf die Eisschmelze auf dem Nenana war ein großes Ereignis, und dem Sieger winkten fünfzig- bis hunderttausend Dollar.

Tief unter der Erdkruste, in ewiger Finsternis, wo es keine Jahreszeiten gibt, brodelt eine mächtige, pechartige Masse um den ehernen Kern dieses Planeten. Diese gewaltige Masse dehnt und zerrt an der Erdkruste, und dort, wo die Kruste zu dünn ist, bricht sie entzwei. Alaska liegt auf einem verhältnismäßig dünnen Stück Erdkruste, weshalb dort auch die Erde so häufig bebt und rumort.

An diesem Karfreitag jedoch grollte, wand und schüttelte sich die Erde über sechshundert Meilen hinweg, über Gebirge und Städte, Wälder und eisige Ströme, über weite Schneefelder, durch die sich lediglich Tierfährten zogen. An unzähligen Orten brach sie auf, wölbte sich an hunderterlei Stellen, brachte Häuser zum Einsturz, warf Bäume und Leitungsmasten wild hin und her, ließ Straßen bersten, Brücken einknicken und fegte Lawinen aus Schnee, Schlamm und Gestein von den Berggipfeln, und draußen auf See wühlte sie mächtige Wellen auf. Auf einer Fläche von rund dreihunderttausend Quadratkilometern wurde der Boden durch die gewaltigen Kräfte im Innern der Erde angehoben oder sackte ab, mancherorts um fast zwei Meter, mitunter aber auch um mehr als zehn. An manchen Küstenabschnitten standen hinterher Piers und Hafenanlagen auf dem Trockenen; anderswo, dort wo sich die Erde gesenkt hatte, wurden Häuser, Wälder und Strände überflutet und zerstört.

Anchorage, die größte Stadt von Alaska, liegt auf einem Sockel aus Mergel. Unter den gewaltigen Kräften, die bei einem heftigen Erdbeben freigesetzt werden, wird dieses kalkhaltige Sedimentgestein weich und nachgiebig wie Pudding.

Viele Wohn- und Geschäftshäuser, vor allem im Westen der Stadt, versanken einfach im Boden.

Am 27. März 1964 verformte sich die Erdkruste heftiger als bei jedem anderen Erdbeben, das vorher oder seitdem verzeichnet wurde. Das Erdbeben, das 1906 San Francisco heimsuchte, hatte eine Stärke von 7,9 auf der Richter-Skala, das von 1989 kam auf 7,1. Beim Beben von Alaska wurde eine Stärke von 9,2 gemessen. Die Spitzenwerte auf der nach oben offenen Richter-Skala liegen bei 9,5.

Alles in allem kamen bei dem stärksten Erdbeben in der Geschichte Nordamerikas nur hundertzwanzig Menschen ums Leben. Die Anzahl der Opfer war unglaublich niedrig, was manche auf die geringe Bevölkerungsdichte von Alaska, die kleinen Städte, die breiten Straßen und die niedrigen Gebäude zurückführten; andere fanden im Gebet eine Erklärung.

Im Denali Theatre an der Fourth Avenue in Anchorage lief an diesem Nachmittag eine Kindervorstellung. Um 17 Uhr 36 geriet das Gebäude ins Schwanken, und das Licht erlosch. Die schummrige Notbeleuchtung ging an, und der Geschäftsführer rannte durch den mittleren Gang nach vorn.

»Bleibt sitzen, Kinder! Rührt euch nicht vom Fleck!« schrie er. Es war, als befände sich das Kino in einem Aufzug. Fast fünf Meter tief versank es im Boden, und fünfhundert Kinder blieben auf ihren Stühlen sitzen. Als das Gebäude aufgehört hatte zu schwanken, half der Geschäftsführer den Kindern beim Hinausklettern. Nicht eines war verletzt worden. Von sämtlichen Gebäuden rundum waren nur mehr Trümmerhaufen und geborstener Beton übrig, doch der Teil des Denali, der noch aus der Erde ragte, hatte standgehalten.

Die meisten Todesopfer gab es in Valdez. Dort wurden einunddreißig Männer, Frauen und Kinder, die am Kai standen und dem Frachter Chena beim Löschen seiner Ladung zusahen, von einer riesigen Flutwelle fortgerissen, welche die Stadt zerstörte.

Die Chena wurde rund zehn Meter hochgehoben, dann sackte sie ab. Sie wurde erneut hochgehoben und sackte wieder ab. Als das Wasser ein drittes Mal anstieg, wies ihr Bug auf die offene See hinaus. Inzwischen hatte das Schiff Fahrt aufgenommen, so daß es tiefere Gewässer ansteuern und sich in Sicherheit bringen konnte. Zwei Männer an Bord wurden durch herabstürzende Frachtstücke getötet, einer erlag einem Herzanfall.

Weit im Südwesten, in Kodiak Harbor, saß Bill Cuthbert, ein alter Fischer, beim Abendbrot in der Kombüse seines fünfundzwanzig Meter langen Fischerboots, der Selief. Im Frachtraum lagen Alaska-Königskrabben im Wert von dreitausend Dollar, die er am nächsten Morgen in der Konservenfabrik abliefern wollte.

Die erste Flutwelle war eher sanft, ein allmähliches Aufwogen, gefolgt von einem gemächlichen Abebben. Die zweite Welle brandete donnernd an, und binnen weniger Sekunden waren sämtliche Dalben, jeder Anker, jede Leine und jeder Pier geborsten und zerschlagen, und der Hafen war ein einziger wirbelnder Wasserstrudel.

Don Church von der Staatspolizei von Alaska war für die gesamte Inselkette der Aleuten zuständig. Als die erste Flutwelle Kodiak erreichte, raste er zum Polizeirevier, löste über Seefunk Alarm aus und versuchte all die kleinen, abgelegenen Ortschaften zu erreichen. Einige waren auf Karten verzeichnet, andere hatte er nur in seinem Notizbuch vermerkt. Ortschaft um Ortschaft funkte er an, und danach setzte er sich mit den Fischerbooten in Verbindung. Die meisten meldeten sich, aber für einige kam die Warnung zu spät.

Bill Cuthbert auf der Selief hörte den Warnruf.

»Selief, Selief, können Sie mich hören? Selief, wo sind Sie?«

»Sieht so aus«, antwortete Cuthbert, »als ob ich hinter dem Schulhaus von Kodiak bin, etwa sechs Straßen weit vom Hafen weg.« Die Selief war über Bäume und Häuser hinweggerissen worden und schließlich auf der Seite liegengeblieben.

Chenega war ein kleines Fischerdorf an der Küste des Prince-William-Sunds. Nur Minuten nach dem ersten starken Beben brach die von den seismischen Erschütterungen ausgelöste Flutwelle über Chenega herein und tilgte die Ortschaft vom Antlitz der Erde. Dreiundzwanzig der insgesamt sechsundsiebzig Menschen, die dort lebten, kamen um. Die Überlebenden wurden in die umliegenden Hügel geschwemmt, wo sie höher klettern und sich in Sicherheit bringen konnten.

Tina Vlasoff befand sich noch in der verwüsteten Ortschaft, als die zweite Welle anbrandete. Sie hatte die Arme mit aller Kraft um ein Holzkreuz auf dem Friedhof geschlungen. Das tobende Wasser hatte ihr bis auf eine Socke sämtliche Kleider vom Leib gerissen. Sie sah die dritte Welle kommen, hielt sich an dem Kreuz fest, drückte sich flach zu Boden, vergrub das Gesicht in den Armen und betete. Tina stand furchtbare Ängste aus, doch vielleicht wurde ihr auch große Gnade zuteil, denn sie überlebte.

Der Sachschaden, den das Erdbeben anrichtete, wurde auf drei Milliarden Dollar geschätzt. Bis zum Erdbeben am Karfreitag verdankte Seward seinen Wohlstand hauptsächlich der Schiffahrt. Regelmäßig liefen Frachter und Öltanker den Hafen an, und ein Großteil der Fracht wurde mit der Alaskan-Railroad oder auf dem Seward Highway in andere Teile des Landes gebracht. Texaco und die Standard Oil Company hatten dort an der Küste riesige Tanklager errichtet.

Nachdem durch das Erdbeben der Hafen und die Verladebahnhöfe zerstört worden waren, war die gesamte Wirtschaftskraft der Stadt ruiniert. Die Schienen waren verbogen wie Spaghetti. Eine Diesellokomotive war hundert Meter weit von den Gleisen weggeschleudert worden. Die riesigen Öltanks barsten, und das Öl ging in Flammen auf. Die fast zwanzig Meter hohen Wellen, die an die Küste brandeten, waren im Schein der Feuersbrunst blutrot. Der Raum Seward sank um rund einen Meter ab, aber trotz aller Verwüstung kamen nur dreizehn Menschen ums Leben.

Vielerorts brachte dieser Karfreitag Tod, Verwüstung und Schrecken, doch in Anchorage kam es auch zu einem unfreiwillig komischen Zwischenfall.

Eine Touristin, die sich in Hewitt's Drugstore in der Innenstadt aufhielt, bekam es sichtlich mit der Angst zu tun, als beim ersten Beben die Glasvitrinen mit den Kameras und anderen Sachen schepperten. Der Verkäufer versicherte ihr, daß dies kein Grund zur Besorgnis sei. »Hier gibt's ständig leichte Erdbeben.«

Ehe der Verkäufer wußte, wie ihm geschah, wurde er hinter dem Ladentisch zu Boden geworfen, und unter den wiederholten Erdstößen fiel der Großteil seiner Waren von den Regalen und flog im ganzen Laden herum. Als er wieder stehen konnte, schaute er über den Ladentisch und entdeckte seine Kundin, die sich gerade wieder aufrappelte. »Meine Güte«, sagte sie und wischte sich die Kleidung ab, »ich begreife nicht, wie die Leute hier mit so was ständig zurechtkommen.«

Ich glaube, auf der Kenai-Halbinsel gab es die größten Elchherden der Welt. Die Sommermonate verbrachten sie in den Caribou Hills, und etwa Anfang November, wenn der Schnee kam, zogen sie ins Tiefland, in die Nähe der Städte und quer durch das Land. Dies war ihr Winterquartier gewesen, lange bevor hier Menschen lebten. Zu dieser Jahreszeit hatten sie anscheinend keine Angst vor Menschen. Ich habe gesehen, wie sie den Bauern das Heu aus den Schobern draußen auf den Feldern fraßen. Manchmal sahen die Leute, die am Stadtrand von Homer wohnten, welche in ihren Gärten stehen.

Ein Schulbus holte unsere drei Kinder morgens ab und setzte sie nachmittags wieder vor dem Haus ab. Ich weiß nicht mehr, wie oft sie an der Straße standen und nach ihrer Mutter brüllten: Wieder einmal standen Elche in der Auffahrt, und sie wollten, daß sie herrauskam und sie verscheuchte. Ann, die immer darauf achtete, ob der Schulbus anhielt, kam sofort lächelnd und mit einem Besen in der Hand aus der Haustür. Mir ist nicht ein einziger Fall bekannt, bei dem ein Elch jemandem etwas zuleide getan hätte.

Im Jahr 1964 ergriff die Jagdaufsichtsbehörde eine Maßnahme, die unnötig und eine Schande war. Man befand, daß es im Verhältnis zu den Bullen zu viele Elchkühe gab, und so wartete man, bis die Elche aus den Bergen kamen, und gab dann die Jagd auf sämtliche Tiere frei, die keine Schaufeln trugen. Vom 23. bis 30. September war der Abschuß erlaubt. Ein acht Tage währendes Gemetzel, dem hauptsächlich Kühe und Kälber zum Opfer fielen.

Die meisten Männer, die im Herbst regelmäßig auf Elchjagd gingen, waren empört. Ich redete mit dem Wildhüter, der seit vielen Jahren bei der Behörde tätig war.

»Fred, ich weiß, daß es falsch ist, aber was, zum Teufel, kann ich dagegen tun?«

Scharenweise kamen die Leute aus Anchorage herunter. Die meisten hatten noch nie im Leben einen Elch geschossen. Das waren keine Jäger. Durch die neue Verordnung wurde ihnen die Sache leicht gemacht.

Ich ging zur Niederlassung der Behörde in Homer und redete mit einem der Biologen dort. Er hatte sich das alles ausgedacht. »Sobald mehr als zehn Kühe auf einen Bullen kommen, werden möglicherweise einige Kühe nicht gedeckt. Andere werden zu spät gedeckt und kalben dann zu spät, was wiederum bedeutet, daß diese Kälber im Winter eine geringere Überlebenschance haben.«

Er war Biologe, was natürlich bedeutete, daß er ein Fachmann sein mußte, aber er hatte ein paar Sachen übersehen. Die Hälfte der Kälber, die in dieser Novemberwoche getötet wurden, waren kleine Bullen. Und selbst wenn sie nicht geschossen wurden, starben jedesmal zwei Kälber, wenn eine Kuh getötet wurde, denn die meisten Kühe haben Zwillinge. Ohne dic Mutter überstehen Kälber den Winter nicht. Sie muß ihnen einen Weg durch den tiefen Schnee bahnen. Sie brauchen sie nachts, wenn es womöglich dreißig Grad unter Null ist, damit sie sich an sie kuscheln und sich wärmen können.

Einem Ehepaar mit drei Kindern, die alt genug waren, um auf die Jagd zu gehen, standen fünf Elche zu. Es dauerte nicht lange, und ganz Homer war mit Elchhälften und Hinterstücken übersät. Eines Tages sah ich einen Pickup mit einem Haufen toter Kälber. Ich kannte den Mann, der danebenstand; daher hielt ich an und stieg aus dem Laster, mit dem ich unterwegs war.

»Ernie, warum hast du das getan?«

»Die hab' nicht alle ich erlegt, Fred. Die Jungs sind noch nicht wieder aus dem Wald zurück.«

»Aber Ernie, das ist doch bloß ein Haufen Haut und Knochen. Das Fleisch ist viel zu dünn und sehnig. Das kann man nicht essen.«

»Aber Fred, es ist erlaubt.«

»Ja, Ernie, ich weiß, daß es erlaubt ist.« Wie hatte doch der Biologe gesagt? Zu spät geborene Kälber überstehen womöglich den Winter nicht.

Im Laufe dieser Hatz auf schaufellose Elche kam es vor, daß Frauen, die noch nie ein Gewehr in der Hand gehabt hatten, auf Elchkühe schossen. Jedes Kind, das groß genug war, ein Gewehr zu halten und anzulegen, durfte auf sie schießen. Ich möchte nicht einmal schätzen, wie viele Elche einen Bauchschuß erlitten und sich ins dichte Unterholz schlugen. Ein derart waidwund geschossener Elch läuft noch ein ganzes Stück weit und legt sich dann hin. Es dauert eine ganze Weile, bis er daran stirbt.

Ich kann mich noch an eine traurige Begebenheit erinnern, die ich in diesem ersten Winter, da die Elche abgeschlachtet wurden, erlebt habe. Ich ging wie gewöhnlich auf Schneeschuhen den Anchor River flußaufwärts und machte Jagd auf Schneehühner. Eines Tages sah ich einen Schwarm Raben vor mir. Sie machten sich an irgend etwas zu schaffen und flogen auf, als ich näher kam. Es war ein Elchkalb, und sie hatten ihm bereits die Augen ausgehackt. Darüber hinaus hatten sie Löcher in seine Bauchdecke gerissen, aus denen die Eingeweide quollen. Das Kalb war am Verhungern, aber es lebte noch. Ich erschoß es, kehrte um und ging heim. Irgend jemand hatte seine Mutter getötet.

Zwei Jahre lang ließ die Jagdbehörde den Bestand an schaufellosen Elchen ausdünnen. Im dritten Jahr befand man, daß es nun zu viele Bullen im Verhältnis zu den Kühen gäbe, und so wurde die Jagd auf Bullen freigegeben. Dazu brauchte man Motorschlitten. Der Elchbulle wurde so lange durch den tiefen Schnee getrieben, bis er nicht mehr konnte, dann wurde er abgeschossen.

Für fünfzig Dollar konnte man einen ganzen Elchbullen kaufen, zerlegt und frei Haus geliefert – nach Einbruch der Dunkelheit selbstverständlich. Ich weiß es, denn mir wurde einer angeboten. Der Mann, der mir einen Elch verkaufen wollte, machte das von Berufs wegen, solange die Tiere zum Abschuß freigegeben waren. Noch etliche Jahre nachdem die Elchbestände ausgedünnt worden waren, mußte ich mich per Flugzeug in die Berge bringen lassen; wenn ich eine Woche lang da draußen blieb, fand ich vielleicht einen Bullen für unseren Wintervorrat. Die Elche werden wiederkommen, wenn man sie in Ruhe läßt. Ich glaube, heutzutage würde sofort durch lautstarken öffentlichen Protest verhindert werden, daß auf Kenai noch einmal Jagd auf schaufellose Elche gemacht werden darf.

11

Zeit der Einsamkeit

Homer wuchs nur langsam. Hierher kam keiner, der reich werden wollte, das war nicht die richtige Stadt dafür. Jeden Sommer verirrten sich ein paar Leute hierher. Manchen gefiel es, und die blieben dann.

Jack Scott besaß ein Lebensmittelgeschäft. Er war der Meinung, Homer sei groß genug, daß sich eine Bowlingbahn rentierte, und gestaltete seinen Laden dementsprechend um. Er mußte hinten einen Anbau errichten, damit er länger wurde, aber er war fest entschlossen, eine Bowlingbahn anzulegen. Meiner Ansicht nach hatte Jack irgendwann und irgendwo ziemlich viel Bowling gespielt, denn allem Anschein nach beherrschte er es ganz gut, als seine neue Anlage eröffnet wurde.

Rund um Homer gab es eine Menge Sport- und Freizeitmöglichkeiten, aber nun konnte man erstmals auch Wettkämpfe austragen. Ich glaube, noch ehe die Bahn fertig war, bildeten sich schon die ersten Mannschaften. Jeder in der Stadt war fest entschlossen, Bowling zu spielen. Wie sich herausstellte, lernten wir es alle. Im Laufe der Zeit wurden wir alle immer besser, aber einige beherrschten es richtig gut, und manch einer entwickelte sich sogar zu einem regelrechten Könner.

Ann war einer dieser Könner. Sie fuhr zu jedem Bowlingturnier in Alaska – ob in Fairbanks, auf Kodiak oder in Anchorage, sie war immer dabei. Sie besaß Pokale, die davon kündeten, daß sie bei drei Turnieren den Wettbewerb im Dameneinzel gewonnen hatte. Eines Samstags im April 1972 erfuhren wir, daß in Seward ein Turnier stattfinden sollte. Ich war nicht weiter überrascht, als Ann mir mitteilte, daß sie gern daran teilnehmen würde.

»Das ist zweihundert Meilen weit weg, Schatz.«

»Das Turnier fängt um halb zehn an. Wir können doch früh losfahren.«

Wir brachen um fünf Uhr morgens auf und nahmen Cathy mit. Gegen neun trafen wir in Seward ein, und bis wir unsere Bowlingschuhe angezogen hatten, fing das Turnier auch schon an. In einem Nebenraum, der durch eine Trennwand von den Bowlingbahnen abgeteilt war, stand ein Flipperautomat, und ich gab Cathy eine Handvoll Vierteldollarmünzen, damit sie sich beschäftigen konnte.

Ich hatte gerade zwei Kugeln geschoben, als ich plötzlich das Gefühl hatte, daß irgend etwas nicht in Ordnung war. Ich schaute zu der Bahn, an der Ann spielte, und sah, wie sie die Hand nach dem Tisch mit den Punktelisten ausstreckte. Dann fiel sie zu Boden.

Ich rannte zu ihr. Sie lag auf dem Rücken und rang keuchend um Atem, dann hörte sie auf. Ich kniete mich neben sie, beatmete sie von Mund zu Mund und drückte mit beiden Händen in Höhe des Herzen auf ihren Brustkorb. Der Krankenwagen kam, und man legte ihr eine Sauerstoffmaske an. Ich blieb bei ihr, als sie in den Krankenwagen geschoben und zum Hospital gebracht wurde.

Dort legte man Ann auf einen Tisch in der Notaufnahme, und eine Schwester brachte dünne Drähte an, die zu einem EKG-Apparat führten. Der Doktor knetete mit beiden Händen ihr Herz, und ich betrachtete die gerade Linie auf dem Gerät. Sie schlug nur aus, wenn er auf ihren Brustkorb drückte. Er versuchte es eine ganze Weile. Dann hörte ich, wie er sagte: »Tut mir leid.«

Ich wandte mich an ihn, und er sagte: »Sie war bereits tot, bevor sie hierherkam. Es war aussichtslos.«

Ich schaute zu Ann. Ich glaube, ich habe fast erwartet, daß sie jeden Moment wieder aufwachte.

Wenn jemand unerträgliche, niemals endende Schmerzen leidet, kann der Tod eine Erlösung sein. Aber Ann war so glücklich, so voller Lebensfreude gewesen, daß ich mich einfach nicht damit abfinden konnte, wie sie da lag. So ruhig und reglos.

»Hatte Ihre Frau früher schon mal Herzbeschwerden?«

»Nein. Ihr hat nichts gefehlt.«

Ich beugte mich über Ann, küßte sie auf die Stirn und ging.

Ein Streifenwagen stand draußen und brachte mich zurück zur Bowlinghalle. Unsere Freunde erwarteten mich, aber ich schüttelte nur den Kopf. Ich war so außer mir vor Trauer, daß ich zu keiner anderen Gefühlsregung fähig war, und ich weiß auch nicht, warum ich zu der Frau an der Theke gegangen bin. Sie kassierte die Antrittsgebühren und sorgte auch für alles andere, was zum Spielbetrieb gehörte.

»Wie bringt man einem kleinen Mädchen bei, daß seine Mutter tot ist?«

Mit hilfloser Miene schaute sie mich an. »Ich weiß es nicht«, sagte sie.

Ich wandte mich ab und sah Cathy. Sie spielte immer noch

am Flipper, hatte gar nicht wahrgenommen, was vorgefallen war. Ich ging zu ihr.

»Cathy, wir fahren jetzt heim.«

»In Ordnung, Daddy.«

Wir gingen hinaus, stiegen ins Auto, und ich ließ den Motor an.

»Wo ist Mama?«

Auf diese Frage wahrheitsgemäß zu antworten war alles andere als leicht. Cathy schaute mich nur an, als ich es ihr sagte, wandte sich dann ab und starrte aus dem Fenster.

Ich setzte zurück auf den Highway, und wir fuhren weg. Es war die längste Strecke, die ich je im Leben zurückgelegt habe, denn Cathy wandte sich nicht ein einziges Mal an mich. Erst als wir zu Hause waren, kam sie zu mir und klammerte sich fest. Danach weinte sie eine ganze Zeitlang. Hinterher sah ich sie nie wieder weinen. Vielleicht hat sie es nachts auf ihrem Zimmer getan, als sie allein war.

Frank war achtzehn und ging das letzte Jahr auf die High School. Er rief seine Brüder und Schwestern an, und tags darauf waren alle da. Frank kümmerte sich um alles. Freunde von ihm, die das nötige Gerät hatten, um den gefrorenen Boden aufzubrechen, halfen ihm dabei, das Grab für seine Mutter auszuheben.

Ich fuhr am nächsten Tag zum Friedhof, um nachzusehen, ob er zurechtkam. Er stand unten in Anns Grab, hatte eine Schaufel in der Hand und strich sorgfältig die Wände glatt. Ich fuhr wieder weg, ohne mich bemerkbar zu machen.

An dem Tag, da Ann beerdigt wurde, hatten die Geschäfte in der Stadt geschlossen. Die Kirche war so voll, daß viele ihrer Freunde draußen stehen mußten. Nach dem Trauergottesdienst fuhren wir zum Friedhof, wo Frank, John und ich den Sarg mittrugen – das war unsere Pflicht. Es war kalt, und über die Bergflanke fegte der Schnee. Einer unserer Freunde hatte Cathy, die vor ihm stand, unter seinen Mantel genommen.

Ich schaute zu ihr und sah ihren flehentlichen Blick. Ich wußte, daß Ann das nicht gewollt hätte. Ich konnte Cathy nicht länger leiden lassen, daher ging ich zu ihr.

»Komm, wir gehen heim.«

»Daddy, wo ist Mama?«

»Sie ist bei uns, Cathy. Sie wird immer bei uns sein.«

Ich schaute in ihr kleines, betrübtes Gesicht und hatte den Eindruck, daß sie wieder einen Schimmer Hoffnung faßte.

»Weißt du, Cathy, deine Mutter wird immer bei dir sein, wenn du sie brauchst.«

Wir fuhren heim und gingen ins Haus. Es kam mir leer vor, und ich war froh, als die anderen Kinder heimkamen. An diesem Abend, nachdem alle im Bett waren, saß ich in dem großen Lehnsessel im Wohnzimmer und dachte über dies und jenes nach. John würde bald wieder nach Anchorage zurückkehren, wo er arbeitete. Die drei ältesten Mädchen würden wieder heim in die Staaten fliegen. Frank wollte im Herbst in Hawaii auf die Universität gehen. Damit blieben nur Cathy und ich übrig.

Im Haus war alles still. Ich stieg die Treppe hinauf und lief leise den Flur entlang. Patty lag in Cathys Bett. Ich ging zu unserem Schlafzimmer, und im schummrigen Licht der Nachttischlampe sah ich Cathy. Sie lag eingerollt da und hatte ein Foto von ihrer Mutter an die Brust gedrückt. Ich ließ sie in Ruhe und ging zu Franks Zimmer. Ich hörte einen leisen Laut und trat neben sein Bett. Ich weinte im Schlaf. Sachte faßte ich ihn an seine Schulter und kehrte zu meinem Sessel zurück.

Das Leben geht weiter, heißt es so schön, und man kann

es sich Tag für Tag neu gestalten. Ich konnte mir das nur schwer vorstellen.

Ich mußte daran denken, wie ich einst, vor langer Zeit, Ann gebeten hatte, mich zu heiraten.

»Ann, wollen Sie mich heiraten und mit mir in dieses Land der großen Seen gehen?«

»Fred, ich will. Ich will Sie heiraten, und ich werde überall mit Ihnen hingehen.«

Ann war erst neunundvierzig gewesen, als sie starb. Ich wünschte, sie hätte noch eine Weile bei mir bleiben dürfen, doch das war müßig, so als wünschte man sich etwas beim Anblick einer Sternschnuppe. Nur wenn man Glück hat, fällt eine. Vielleicht geschah das in dieser Nacht, denn als ich dasaß, hörte ich deutlich Anns Stimme.

»Keine Sorge, Fred, alles ist gut.«

* * *

Zwei Tage darauf waren alle fort, bis auf Frank, Cathy und mich. Cathy hatte am 4. Mai Geburtstag. Sie wurde zehn Jahre alt. Ein paar Tage danach kam Frank zu mir.

»Papa, ich bin bald mit der Schule fertig. Wär's dir recht, wenn ich dann nach Hawaii gehe? Ich kann mich schon mal ein bißchen dort umsehen und mir einen Job suchen. Dann bin ich im Herbst bereit fürs Studium.«

Zum erstenmal wurde mir klar, daß er wirklich fortgehen würde, und Hawaii war weit weg.

Ich hatte ihm beigebracht, wie man mit der Angelrute auf Forellen geht. »Wirf die Fliege immer stromaufwärts aus, und laß sie langsam und locker abwärts treiben. Halte die Spitze der Rute aufrecht, damit die Fliege auf dem Wasser schwimmt. Laß sie durch sämtliche Strudel und Gegenströmungen treiben, denn dort halten sich die Forellen auf, und da beißen sie an.« Ich hatte ihn auf die Elchjagd mitgenommen und ihm beigebracht, wie man einen Bullen anlockt. »Wenn du den Bullen mit diesem Ruf anlocken kannst, mußt du ihn nicht mühsam im Unterholz aufspüren.«

Er reiste in der ersten Juniwoche ab. Cathy und ich begleiteten ihn zum Flugplatz, wo wir noch eine Weile beisammen waren, ehe seine Maschine ging. Wir redeten über alles mögliche, nur nicht darüber, daß er uns verließ. Ich sagte ihm, daß es ihm an seinem neuen Wohnsitz, einem Ort wie Hawaii, bestimmt gefallen würde. Er versprach, uns zu schreiben. Dann wurde es wirklich Zeit, daß er aufbrach, und er umarmte uns beide.

»Cathy, sei ein braves Mädchen, und kümmere dich um Papa.«

Wir schauten ihm hinterher, als er die Treppe zu der Maschine hinaufstieg. Unter der Tür drehte er sich noch einmal um und winkte, dann war er weg.

Ich wünschte, er hätte nicht fortgehen müssen.

Unser Wohnzimmer hatte vier große Panaramafenster, eins an jeder Seite und zwei zur Straße hin. Am Fenster auf der Nordseite stand eine Couch, auf der Cathy und ich spätabends immer saßen. Fünf Minuten nach elf tauchte am Horizont im Nordwesten ein Satellit auf. Er kam immer zur gleichen Zeit, auf die Minute genau. Er sah aus wie ein großer, strahlender Stern. Etwa zwei Minuten lang flog er langsam und würdevoll über den Nachthimmel, ehe er im Südosten am Horizont verschwand.

Eines Nachts, als wir ihn gerade betrachteten, wandte sich Cathy an mich.

»Daddy, hättest du Lust, irgendwo anders hinzuziehen?«

Ich war zweiundsechzig Jahre alt und war nach Anns Tod vorzeitig in Rente gegangen. Cathy und ich konnten uns aussuchen, wohin wir uns begeben wollten.

»Ich weiß, was wir machen, Cathy. Wir verkaufen unser Haus und fliegen nach Seattle. Dort besorgen wir uns ein Auto und machen es genau wie dieser Satellit. Wir ziehen durch die Gegend.«

Es war im Juni. Cathy und ich standen im Vorraum der St. Mary's Chapel.

Vor zwei Jahren, 1981 war es, hatte sie auf der West High School von Charlotte, North Carolina, ihren Abschluß gemacht. Cathy sah ihrer Mutter ziemlich ähnlich. Sie war eine Schönheit, und sie trug ihr Hochzeitskleid.

Die St. Mary's Chapel war weit über hundert Jahre und wurde jetzt für Hochzeiten genutzt. Wir hörten, wie die Orgelmusik einsetzte, worauf Cathy sich bei mir unterhakte und ich mit ihr den Gang entlangschritt und vor dem Altar stehenblieb. Ich gab Cathy weg, und sie wurde Mrs. Michael Rogers.

Ich war jetzt dreiundsiebzig Jahre alt und hatte nicht vor, an der anschließenden Hochzeitsfeier teilzunehmen. Ich stand draußen vor der Kirche und sah zu, wie die Hochzeitsgäste in ihre Autos stiegen. Cathy und Michael kamen heraus, und ich sah, wie sie nach mir Ausschau hielt. Sie entdeckte mich, kam auf mich zu, flog in meine Arme und schmiegte sich an mich.

»Daddy, ich liebe dich.«

Cathy würde mich jetzt verlassen, und ich wußte, wie es ist, wenn man sich ein bißchen einsam fühlt.

12

Das Land der großen Seen

Tags darauf traf ich zu später Stunde in Anchorage ein und verbrachte die Nacht im Westward Hotel. Am nächsten Morgen stieg ich in die Maschine nach Homer.

Cathy und ich hatten Homer vor elf Jahren verlassen, und die Stadt war seither größer geworden. Am Flughafen gab es jetzt eine Leihwagenagentur. Ich mietete mir ein Auto und fuhr den West Hill hinauf zum Friedhof. Ich ging zu Anns Grab und kniete mich hin, zupfte an dem schütteren Gras, das dort wuchs. Ich nahm mein Taschentuch, rieb an der Bronzetafel, bis sie blank war und glänzte, und las die Worte:

Ann Hatfield, 1923–1972
Geliebte Ehefrau von Fred

»Schatz, ich gehe zu unserem kleinen See bei den Tikchiks zurück. Du und ich haben dort eine ganze Zeitlang gelebt, und ich weiß, daß ich dich dort finden werde. Die Kinder haben sich prächtig gemacht, und wir alle lieben dich.«

Ich fuhr zurück zum Flughafen und wartete auf die Maschine nach Anchorage. Am nächsten Morgen stieg ich in

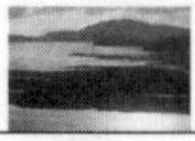

eine andere Maschine, und wir flogen nach Westen, zur Bristol-Bai.

Wir kreisten über Dillingham, ehe wir landeten. Es war kaum zu glauben, wie sehr sich alles verändert hatte. Wo vor dreißig Jahren noch eine kleine Ortschaft gewesen war, befand sich nun eine ziemlich große Stadt. Mit Kies bestreute Straßen erstreckten sich in sämtliche Richtungen. Eine Reihe stattlicher Bauten säumte die Hafengegend; später erfuhr ich, daß es Kühlhäuser für Lachse waren.

Wir landeten, und ich begab mich zum Büro des Dillingham Air Service. Ich setzte mich eine Weile hin. Seit langem hatte ich nichts mehr von den Leuten an der Bristol-Bai gehört, und ich war mir nicht sicher, ob noch jemand lebte, den ich früher mal gekannt hatte. Ich ging zum Schalter und sprach das Mädchen dort an.

»Kennen Sie einen Mann namens Orville Braswell?«

»Jeder kennt Orville.«

»Könnten Sie vielleicht zusehen, ob Sie ihn erreichen können, falls er ein Telefon hat?«

Sie wählte eine Nummer und reichte mir den Hörer. »Hallo?« meldete sich eine Frauenstimme.

»Fred Hatfield hier. Ist Orville da?«

»Er ist irgendwo hinten draußen. Sind Sie der Mann, der früher bei den Tikchiks gelebt hat?«

»Ja, der bin ich. Ich bin am Flugplatz.«

»Ich komme gleich vorbei und hol dich ab.«

Das war Alice gewesen. Sie und Orville hatten etwa zur gleichen Zeit geheiratet wie Ann und ich. Ich setzte mich hin und wartete, und kurz darauf hielt ein Pickup vor dem Büro. Ich ging hinaus. Ich erkannte sie auch noch nach dreißig Jahren und umarmte sie.

»Wie geht's Orville?«

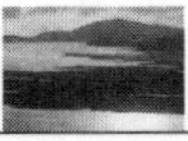

»Genauso wie immer. Älter ist er geworden, wie wir alle.«

Sie wohnten nach wie vor in dem Haus, das Orville vor vierzig Jahren gebaut hatte.

»Orville ist in einem der Schuppen hinter dem Haus. Wahrscheinlich hängt er Flotthölzer an ein Fischnetz.«

Ich ging nach hinten und hörte jemanden in einem der Nebengebäude herumhantieren. Es war Orville, und wir schüttelten uns die Hand. Zum erstenmal seit langer Zeit.

»Fred, ich habe nicht damit gerechnet, daß ich dich noch mal sehe.«

»Ich war mir auch nicht sicher, ob noch jemand lebt.«

»Viele sind's nicht mehr. Komm, wir gehen ins Haus.«

Wir setzten uns an den Küchentisch.

»Wie viele von uns sind noch übrig?«

»Die eine Hälfte sitzt hier am Tisch, Fred. Du und ich. Matt Flenzburg und Red Tilton stellen die andere Hälfte. Wie alt bist du, Fred?«

»Dreiundsiebzig.«

»Damit bist du der Jüngste. Ich bin achtundsiebzig, Red Tilton ebenso. Matt Flenzburg ist achtzig. Was, um alles auf der Welt, treibt dich denn noch mal in diese Gegend?«

»Es gibt zwei Sachen, die ich machen möchte. Ich möchte zum Togiak-See fliegen und zusehen, ob ein Flugzeug in der Nähe von dem Bach landen kann, auf den ich bei dem Gebirgspaß gestoßen bin, dem Bach, der angeblich voller Gold ist.«

»Fred, du gibst nicht so leicht auf.«

»Darum geht's nicht. Ich habe bloß nicht mehr allzu viel zu tun. Ich will auch zu den Tikchiks fliegen. Ich möchte eine Nacht an dem kleinen See zubringen, an dem Patty zur Welt gekommen ist.«

Orville schaute mich an und nickte.

»Du hast Glück. Ich hab' einen Sohn, Leon heißt er. Der ist Pilot von Beruf und hat eine eigene Maschine. Der kann dich überallhin bringen, wo du hinwillst, und ich würde gern mitkommen.«

»Du mußt ein Stück Zelttuch für mich auftreiben, Orville, das ich als Regenschutz aufspannen kann. Außerdem brauch ich zwei, drei Decken und eine Axt, und du mußt mir dein Gewehr borgen.«

Am nächsten Morgen brachen wir zum Togiak-See auf. Wir flogen über den See und in die Klamm, die zum Paß führte. Ich deutete auf den Bach, und Leon flog ihn etwa zwei Meilen in jede Richtung ab und hielt Ausschau nach einer halbwegs ebenen Stelle, auf der er mit den Rädern landen konnte, beziehungsweise nach einem kleinen See in der Nähe, auf dem er mit den Schwimmern niedergehen konnte. Nirgendwo war etwas zu sehen.

»Für den Bach brauchst du einen Hubschrauber, Fred. Der kann dich genau da absetzen, wo du hin willst.«

»Vielleicht nächstes Jahr.«

Wir flogen über eine Bergkette und dann über den dritten See hinweg. Es war der größte der Tikchiks, über fünfundvierzig Meilen lang. Aus dem hier hatte ich Forellen geholt, die fast so groß waren wie ich.

Leon landete schließlich auf einem stattlichen Fluß. Er war knapp oberhalb einer ganzen Reihe von Stromschnellen niedergegangen, und ich sah, wie die Maschine in der starken Strömung rückwärts abtrieb. Ich tippte ihm auf die Schulter.

»Leon, wenn du mit der Maschine in die Stromschnellen da drunten gerätst, kommst du nie wieder raus. Die sehen ziemlich wild aus.«

Er lachte, gab Gas, und wir stiegen wieder auf. Orville wandte sich an mich.

»Fred, weißt du, wo wir sind?«

»Nein, ganz und gar nicht.«

»Das da ist der Nushagak. Kannst du dich noch dran erinnern, wie du John Shipton, als er durchgedreht ist, droben am Rat Lake entdeckt hast? Auf diesen Flüssen hier hast du ihn zur Küste gebracht. Du bist mit einem Kanu durch diese Stromschnellen gefahren.«

»Damals sind sie mir nicht so wild vorgekommen.«

»Die Stromschnellen haben sich nicht verändert, Fred. Aber du. Das ist etwa vierzig Jahre her.«

Wir flogen weiter nach Norden, und nach einer Weile kamen wir über einen kleinen See, einen See, den ich kannte. Er war durch einen schmalen Wasserlauf mit einem anderen, kleineren See verbunden.

»Ist das die Gegend, wo du und Ann gelebt haben, Fred?«

Ich nickte. »Hier ist Patty zur Welt gekommen.«

Leon nahm das Gas zurück und kreiste über dem See, und dann sah ich es. Es sah fast so aus, als hätte die Hütte lange darauf gewartet, daß wir zurückkehrten. Dann, als sich nichts tat, mußte sie mit einemmal eingefallen sein, denn die gespaltenen Stämme, mit denen das Dach gedeckt war, lagen dicht nebeneinander am Boden, in Reih und Glied. Ich meinte beinahe die Kinder zu sehen, die am Seeufer spielten, und Ann, die auf sie aufpaßte. Eigentlich hätte dort eine Hütte stehen müssen, fest und trutzig.

Die hohen Berge ringsum, die weiten, tiefen Täler und die wilden Flüsse, die ändern sich nicht. Menschenwerk aber und der Mensch an sich sind nicht beständig, und irgendwann ist nichts mehr von uns übrig.

Leon deutete nach unten. Unmittelbar unter uns, ganz in der Nähe der alten Hütte, trieben sich zwei Grizzlys herum. Der eine war riesengroß und hatte einen gut dreißig Zentimeter breiten Silberstreifen, der sich über den ganzen Rücken entlangzog.

»Lande dicht bei der alten Hütte, geht das?«

Wir stiegen alle aus, und Leon vertäute die Maschine am Ufer.

»Weißt du, Orville, wenn sich hier Grizzlys rumtreiben, muß ich ständig ein Feuer brennen haben. Rauch mögen sie nicht. Ich brauche eine Menge Holz, und du und Leon müßt mir beim Einsammeln helfen.«

Orville und ich schafften nicht allzu viel, aber Leon brachte stapelweise Holz angeschleppt. Sie halfen mir dabei, das Schutzzelt aufzubauen und ein tüchtiges Feuer in Gang zu bringen. Außerdem ließ mir Orville sein Gewehr und seine Axt da.

»Fred, ich hol' dich morgen früh wieder ab.«

»Nur keine Eile. Komm einfach im Lauf des Tages vorbei.«

Danach flogen sie ab, und ich ging zu der Stelle, wo einst die Hütte gestanden hatte.

Es war schwer zu begreifen, daß kein Mensch mehr hiergewesen war, seitdem Ann, die Kinder und ich vor so langer Zeit fortgezogen waren. Alles wirkte so trostlos und verlassen. Ich sah ein kleines rostiges Stück Eisen am Boden liegen. Ich hob es auf, und es zerbröselte in meiner Hand. Es war ein Überrest des alten Ofens. Sonst war nichts weiter übriggeblieben. Ich kehrte zum Feuer zurück und blieb eine Weile dort sitzen. Dann nahm ich mein Gewehr und ging zum Seeufer, zu dem kleinen Wasserlauf. Die Steine, mit denen Ann und ich Weißfische gefangen hatten, waren nach wie vor da, ordentlich aufgehäuft, wie wir sie hinterlassen hatten. Ich nahm ein paar und baute damit eine Sperre quer durch den Wasserlauf. Dann setzte ich mich hin und wartete auf die Fische. Auch sie hatten sich nicht verändert. Sie schwammen nach wie vor einmal rund um die beiden Seen, immer von rechts nach links. Sie gerieten in meine Falle, und ich verbaute ihnen den Fluchtweg. Ich fischte drei heraus und legte die Steine wieder zurück, stapelte sie ordentlich übereinander.

Ich nahm die Fische aus und scharrte einen Haufen Glut aus dem Feuer. Ich verteilte sie über den Fischen, und eine Viertelstunde später waren sie gar.

Die Dunkelheit brach an, und so suchte ich mir ein weiches Fleckchen am Ufer des Sees und setzte mich hin. Eine Elchkuh und ihre zwei Kälber kamen aus dem Weidendickicht und ästen unten am Wasser, wo zarte Kräuter wuchsen.

Auf der anderen Seite des Sees zeichnete sich der Umriß des Hügels vor dem Nachthimmel ab, der Hügel, auf den Ann und ich so oft geklettert waren.

In weiter Ferne hörte ich den Ruf der Wölfe. Sie hatten den Qualm des Feuers gerochen, und ich wußte, daß sie herkommen würden.

Die Grizzlys hatten den Ruf ebenfalls gehört und verzogen sich.

Die Elchkuh trieb ihre Kälber in ein Weidendickicht. Dort würden sie sich hinlegen und ruhig verharren.

Jetzt herrschte völlige Stille, denn jedes Lebewesen in diesem Land hatte äußerste Hochachtung vor einem Wolfsrudel.

Binnen kürzester Zeit waren sie da. Der klagende, herrliche Gesang eines einsamen Wolfs kündigte sie an.

Ich mußte daran denken, wie Ann und ich hier gesessen hatten, als die Wölfe kamen.

»Fred, sind die Wölfe so einsam, wie sie klingen?«

Heute nacht klang ihr Gesang genauso wunderbar wie

damals. Aus tiefster Kehle stimmten sie ihn an. Dann wurde er immer höher, bis er jäh abbrach. Danach war anscheinend jeder mal an der Reihe und durfte den Gesang der wilden Wölfe anstimmen.

Dann war es vorüber, und sie verzogen sich wieder. Sie hatten sich umgesehen, wußten jetzt, woher dieser seltsame Geruch kam, und kehrten zu ihren angestammten Jagdgründen zurück. Die Stille, die sie verbreitet hatten, würde noch eine Zeitlang anhalten.

Kaum daß ich hier war, fielen mir wieder so viele wunderbare Sachen ein, Kleinigkeiten nur, die Ann und ich gemeinsam erlebt hatten, und ich wußte, weshalb ich unbedingt noch einmal hatte zurückkehren wollen. Auf Schritt und Tritt, wo immer ich heute auch ging, hatte Ann mich begleitet, und nun, in der Stille der Nacht, umfing mich ein Gefühl tiefsten Friedens.

Das Buch der Zeit will mit Erinnerungen gefüllt werden, und fast kommt es einem so vor, als ob man sein ganzes Leben noch einmal Revue passieren läßt. Die Liebe und Treue, die Ann und ich miteinander teilen durften, würden nie vergehen, denn die bewahrte ich im Herzen wie im Sinn, und nichts, nicht einmal der Gang der Zeit, konnten sie mir nehmen.

Ich stand auf, kehrte zu dem verglimmenden Feuer zurück und legte das restliche Holz nach. Bis morgen früh sollte das reichen. Ich kroch unter das Behelfszelt, wickelte mich in die Decken und schlief ein.

Das Geräusch von Leons Maschine weckte mich. Er war früh dran, denn die Sonne spitzte gerade über den Horizont.

Er steuerte die Maschine dicht ans Ufer und stieg aus.

»Wie hast du die Nacht verbracht?«

»Es war eine herrliche, eine wunderbare Nacht.«

Wir verstauten das Gewehr, die Axt, die Decken und die Plane, die ich als Zelt benutzt hatte. Wir steigen ein, und Leon steuerte zum Ende des Sees. Er jagte den Motor hoch, das Flugzeug wurde zusehends schneller, und dann hoben wir vom Wasser ab. Er legte die Maschine in die Kurve, zog sie dann hoch und nahm Kurs auf die Küste.

All das, was ich dort hatte finden wollen, weilte nun bei mir, und ich schaute nicht zurück.

Fred Hatfield, geb. 1910, kam 1933 in Alaska an, einem Land, das viel zu bieten hatte. Hatfield fand was er gesucht hatte. Die harten, langen Winter verbrachte er allein, später mit Frau und Kindern, in der Wildnis. In den kurzen Sommern schlug er sich als Berufsfischer durch. Im Alter von 80 Jahren schrieb er seine Erinnerungen nieder. Entstanden ist der authentische Lebensbericht des »letzten« echten Trappers: »Jeder Leser wird sich wünschen, an seiner Seite gewesen zu sein.« (Kirkus Review)